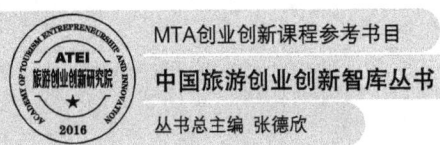

MTA创业创新课程参考书目
中国旅游创业创新智库丛书
丛书总主编 张德欣

旅游创业启示录
互联网+时代的
中国旅游女性创客

朱迎波 / 著

旅游教育出版社
· 北京 ·

责任编辑：刘彦会

图书在版编目（CIP）数据

旅游创业启示录：互联网+时代的中国旅游女性创客 / 朱迎波著. -- 北京：旅游教育出版社，2019.5
（中国旅游创业创新智库丛书）
ISBN 978-7-5637-3915-8

Ⅰ.①旅… Ⅱ.①朱… Ⅲ.①旅游业－创业－研究－中国 Ⅳ.①F592.6

中国版本图书馆CIP数据核字(2019)第048571号

中国旅游创业创新智库丛书
旅游创业启示录
——互联网＋时代的中国旅游女性创客
朱迎波 著

出版单位	旅游教育出版社
地 址	北京市朝阳区定福庄南里1号
邮 编	100024
发行电话	（010）65778403 65728372 65767462（传真）
本社网址	www.tepcb.com
E - mail	tepfx@163.com
排版单位	北京旅教文化传播有限公司
印刷单位	北京虎彩文化传播有限公司
经销单位	新华书店
开 本	710毫米×1000毫米 1/16
印 张	17.25
字 数	257千字
版 次	2019年5月第1版
印 次	2019年5月第1次印刷
定 价	59.00元

（图书如有装订差错请与发行部联系）

内容简介

自2014年党和政府提出"大众创业 万众创新"的号召后,我国的双创事业持续推动并继续深化。2017年党的十九大报告指出:我国进入新时代,需要创新引领发展,需要激发和保护企业家精神,鼓励更多社会主体投身创新创业。特别是随着"互联网+"的迅猛发展,基于互联网的新业态成为新的经济增长动力,互联网支撑大众创业、万众创新的作用进一步增强,互联网成为提供公共服务的重要手段。作为现代服务业的重要组成部分,旅游业是女性从业者发挥优势的最适宜舞台。本书以布非洲创始人施盈盈、唯恩私人度假联合创始人韩雨霏、EDAOLE(一道乐)跨境购物联合创始人杨李燕铭、葡语农庄董事长杨慧琦、无二之旅联合创始人蔡韵、珀金斯景观设计创始人谭璇、TRAVELZOO旅游族®亚太区总裁洪维、兴博旅投规划设计院董事长刘霞、老舍茶馆董事长尹智君、一块去旅行联合创始人徐敏、精彩旅图董事长张江霖共11家旅游企业的女性董事长或创始人、联合创始人为案例,对女性创业者风采、创业动机、创业环境、创业历程、创业团队、企业概况、创业感悟、国家和部分省(直辖市、自治区)女性创业政策与活动等方面进行总结和描述,将想进入旅游领域进行创业的人士尤其是女士颇为关心的问题抛给这些走在女性旅游创业前沿的领舞者,让后进创业者找寻女性创业的真谛,也希冀能够将女性旅游创业的火种传递给更多的人,让越来越多的人关注女性的发展,关心女性的未来。

本书适合旅游相关的女性创业者或者是有创业想法的从业者、研究人员、研究生和本科生等阅读参考。

《中国旅游创业创新智库丛书》编委会

主　　任：张德欣
联合主任：厉新建　谷慧敏
副 主 任：秦　宇
执行主任：李　彬
总 主 编：张德欣
委　　员：（排名不分先后）

秦　宇	李　彬	温　婧	蔡　红	钟栎娜	严　艳	张　华
王加梁	李　龙	卢雪英	钟　伟	李朋波	朱迎波	周　彬
孙　憬	曾博伟	董文萃	陈　晔	王　恒	李云鹏	张广福

旅游创业创新研究院专家顾问团：（排名不分先后）

魏小安	厉新建	易开刚	赵新良	张凌云	张　辉	秦　宇
薛兵旺	江金波	谷慧敏	张玉钧	王　凯	白　凯	郭英之
李　想	吴忠宏	李　原	张朝枝	周玲强	曾博伟	卢政营
郑向敏	徐　虹	张河清	沈建龙	周春林	罗　军	洪清华
于敦德	叶一剑	郑敏庆	陈云岗	张晓军	黄栋庆	刘汉奇
荀　亮	蒋　涛	陈　亮	袁润兵	钱建农	曾　松	信宏业
陈安国	朱万峰	李燕琴	王兆峰	明庆忠	刘玉兰	洪　维
单　平	汪早荣	黄　俭	严力蛟	余学兵	吴建华	何士祥
王利杰	马培瑞	吴　峥	董　锴	梁　军	郭万超	董长破
李瑞跃	李　飞	易文捷	金　松	刘　春	姜　颖	方远平
马　勇	乔秀全	陈长春	王京凯	张海峰	张广福	龚德海

寄 语

创业照耀旅游的星空，女性则让星空更加绚丽多彩！创业需要激情、理想和情怀，更需要理性、逻辑和商业能力，需要耐心和长期的坚守。那种和投资人喝一杯咖啡，说一个故事，就创业成功的故事只存在于电影中，绝大多数创业的成功还是技术模式、商业模式和团队合作的成功。展望未来，我们既要看到随着旅游市场的增长、科技创新和产业格局的演化，国家旅游产业正迎来全新的发展机遇，也要看到企业面临着投资趋于谨慎、市场营销和人力资源成本上升，以及大集团和跨国公司所带来的商业竞争加剧的压力。我常常是忧心忡忡，又信心满满。衷心祝愿旅游领域的创业者科学把握大众旅游的基本面，强化科技应用和文化创意，以品质为导向，让更多的人实现美丽中国旅游梦。

戴斌

教授　博导、中国旅游研究院院长、文化和旅游部数据中心主任

在创业圈里，存在着许多优秀的女性，或许她们背负着更多的压力，或许她们有更多干扰的声音。女性在这个时代扮演着多种角色，在家中，她们可能是女儿、妻子、妈妈；在外面可能是创客、员工、领导。特别是在旅游业中创业的女性，更加不容易。因为旅游业直面不同地区、不同性别、不同年龄、不同语言、不同阶层、不同性格等的消费者，工作难度大、复杂程度高。不过，女性有女性的优势，细心、周到，让客人感到温暖。作为旅游业的女性创客，只要有理念、有思想、有计划、有行动，坚持下去就一定能够成功！本书以波布非洲创始人施盈盈、唯恩私人度假联合创始人韩雨霏等11巾帼创客为例，书写了在互联网+时代旅游业女性创客成功经验，为打算创业的女性朋友提供参考。我衷心祝福旅游业的女神创业者们，事业成功，花开别样红！

王琪延

中国人民大学　教授　博导、亚洲休闲产业促进会会长

女性与创客更像是一对矛盾体。从来没有轻松的创客，特别是那些大浪淘沙后的成功创客，无疑都以大量时间的投入与巨大的压力承受为前提。这一切，与社会对女性角色的认同以及女性天然对家庭的更多担当，都是如此格格不入。然而，正是有了那些不畏艰难、敢于挑战的女性，旅游业才给游客带来了更多细腻如丝、柔美似水、浪漫倾心的体验。谢谢这些杰出女性的付出，也祝愿她们在百转千回的尽头，都能迎来柳暗花明的艳阳天！

李燕琴

中央民族大学　教授　博导

如今，越来越多的女性创业成功，成为各行业翘楚。和男性创业者相比，女性领导者更具亲和力，善于倾听，对信息的捕捉能力强，注重细节管理，不盲目冒进，这些特质都有助于女性创业者走向成功。研究表明，由女性经营管理的公司存活期要长于男性运营的公司。这是女性创业的优势所在。当然，女性的性格特征及其在家庭中的角色也给女性创业带来了一定的挑战。因此，女性创业者要具有良好的心态和宽广的胸怀，追求事业成功，同时不能忽略了生活。成功的女性不但是社会的半边天，更是家庭温暖的港湾和依靠。

郭万超

中宣部专家、国家科技部专家、北京市政府文化创意产业专家、博导

我始终认为产业也是有性别的。

如果说将 IT 产业比喻成一位眼镜后面充满睿智目光的谦谦君子，将教育行业形容成奉献和慈爱的母亲化身，相信会得到很多人的认同，但是旅游业是什么呢？恐怕就见仁见智，莫衷一是了。但我一直认为旅游产业是一位风姿绰约的女性。

干旅游靠什么？靠用力、靠用功。用力就是资源整合力、财力、人力，用功就是顺势而为、坚持不懈、充满智慧。回顾产业，用力加用功者多，成效卓越者寡。为何？缺少了体现产业特色的那一点点灵气：用心和用情！

用力诚可贵，用功价更高，但用心体现了产业的活力，用情彰显了产业的温度。缺少了这二者，何来服务、吸引和发展呢。用心和用情体现了产业的阴柔之美，反衬了山河的险峻和历史的深厚。你能说旅游产业的女性特征不显著吗？旅游产业也是一个女性从业者超过半数的产业，80万导游队伍，女性十之有七，谁能说产业的繁荣能缺少女性的贡献呢。

同样，旅游产业也为女性创业者提供了广阔的天地，多少巾帼英雄在这个五彩的天地中打造着自己的理想，展现着自己的作为。

让我们赞美这个美丽的行业，赞美这些美丽的创业者。

信宏业

共青团"青年之声"旅游服务联盟主席、文化和旅游部信息中心副主任、教授这是一个"大众创业 万众创新"的时代，是一个梦想和拼搏的时代，智慧的星火如种子般播种在世界的每个角落，更迎来了伟大女性们创业的"她"时代。女性作为人类生命的延续和孕育者，赋予了更多的与生俱来的爱心与包容，蕙质与温柔，独立与坚韧的特质，她们神奇的无穷的创造力和自己匠心独具的方式在旅游业的发展中为国家、社会、百姓和行业及家庭增添活力、增添动力、创造财富，同时发现自我，塑造自我，实现自我。创业创新是一场无性别的运动，当梦想之花生根、发芽、绽放之时，就是你们更加美丽，旅游业更加美丽，世界更加美丽之时！

武国樑
全国工商联旅游业商会秘书长

这是一个"大众创业 万众创新"的时代，也是一个互联网崛起的时代。互联网的普及带来了机会的公平性和均等性，营造了有利于女性创业的条件，拓展了女性创业的空间领域，为女性创业提供了发展契机，开启了女性创业的"她"时代。在这个过程中，女性应充分发挥她的耐心、感性、细腻、坚韧等特质，精准地把握游客的需求，享受创业所带来的存在感、自豪感和喜悦感。坚信人民追求的美好生活就是我们创业的方向，在文化传承、社会建设和社会治理中展现女性创业的"她力量"。

殷红梅
贵州师范大学国际旅游文化学院院长 教授

在文化部和旅游局融合的这个时间节点上，文化和旅游圈子的人有更多的发挥空间和话题感爆棚，跃跃欲试，但切勿拿"为赋新诗强说愁""柳暗花明又一村"的抽象感情与缥缈来做旅游，应符合转型升级的需求变化。具有创新型、个性化的旅游定制服务，无疑是一种从小众引导大众消费与体验的行为，能在一起的必定是价值观相似或有共同话题的人们。

了解完各位文旅行业女性创客，深深感觉到了未来新旅游无限的希望和活力。她们有着国际化的视野与敢于跨界破题的魄力，在政策的大环境下，更加了解消费重心倾斜的年轻一代群体，愿意"有态度"的分享独树一帜的生活方式和生活理念，引导更多对于当下精神生活不满足的人们。创造新的商业模型与模式背后有着无限的情怀与艰辛，取其所长补己所短的包容与担当。大家都在顺势而为的关注政策与"互联网+旅游"的趋势，具备文旅创客所具有独立的思考能力，从眼前和长远角度考虑问题。狭路相逢勇者胜，加油！

最后，此书必看，这是一本不只是旅游人才关注的书。

程一鸣
清控文旅总裁

创业维艰，对大部分男性来说，创业本身就是一项非常艰难的事情，而对女性来说，在存在性别歧视观念的社会中从 0 到 1 创立一家公司所面临的挑战会更大。

值得庆幸的是，现在我们可以在旅游业看到有这么多女性创业者和她们所创立的公司，并可以享受到他们的产品和服务。毋庸置疑，文旅业的女性创业者促进了该产业的繁荣发展。当前国内文旅业正处于前所未有的创业创新时期，同时人们的休闲消费需求正日趋多元化、个性化，文旅业需要勇于打破常规、不断创新的冒险者，这样消费者才能享受到更多优质美好的休闲产品和服务，整个产业才会更加充满发展活力，更加成熟。

她们是更值得敬佩的一群人，因为她们可能会遇到更多的困难甚至偏见。尽管如此，跟过去相比女性创业者不再是小众，在不懈的努力奋斗下，她们的力量正在不断增强，她们的企业也在不断发展壮大，她们的产品和服务将赢得更多消费者的青睐。

刘照慧

执惠旅游创始人兼 CEO

本书为我们展示了旅游女性创客们的艰辛与快乐，为我们打开了新的视角，让我们看到了中国旅游女性创客们在双创大潮中发挥的重要作用及突出贡献。本书重点突出旅游女性创客们的创业心路历程与价值持续输出能力，这是一本值得一读的优秀著作！

陈静

中国高校创新创业孵化器联盟秘书长、

中关村网络教育产业联盟执行秘书长、

中国"互联网+"大学生创新创业大赛教育部国赛专家评委

总 序

　　创业是一个国家经济活跃的象征，创新是一个民族进步的灵魂，二者也是一个国家兴旺发达的不竭动力。中华民族的发展历程中，有关创业创新的例子不胜枚举，大到开疆拓土，小到手工作坊，无不体现华夏儿女的创业创新精神与智慧力量。特别是伴随全球经济进入后金融危机时代下的深度调整期，我国经济发展面临着进入新常态下的诸多挑战。此时，由国家最高层号召和推动的经济供给侧改革和"双创"活动则成了推动我国经济发展和转型升级的重要引擎，创业与创新活动不仅仅是国人实现"中国梦"、过上美好生活的重要方式，更是上升到国家和民族层面的实现"中华民族伟大复兴"的重要途径。

　　2015年3月5日，李克强总理在十二届全国人大三次会议政府工作报告中提出"互联网+"行动计划。2015年7月，国务院印发《关于积极推进"互联网+"行动的指导意见》。同年9月16日，国家旅游局下发《关于实施"旅游+互联网"行动计划的通知》，"该通知"指出，旅游业是国民经济的综合性产业，是拉动经济增长的重要动力。以互联网为代表的全球新一轮科技革命正在深刻改变着世界经济发展和人们的生产生活，对全球旅游业发展正带来全新变革，旅游与互联网的深度融合发展已经成为不可阻挡的时代潮流。不管是互联网+旅游，还是旅游+互联网，这两大最具发展潜力的领域，都是新常态下中国经济快速发展的重要驱动力量。与此前后，双创也在全国兴起，并影响着中国社会发生深刻的变化。

　　2018年《政府工作报告》强调，要促进大众创业万众创新上水平，形成线上线下结合，产学研用协同、大中小企业融合的创新创业格局，打造"双创升级版"。2019年李克强总理政府工作报告中称：进一步把大众创业万众创新引向深入。鼓励更多社会主体创新创业，拓展经济社会发展空间，加强全方位服务，发挥双创示范基地带动作用。面向市场需求和弘扬人文精神结合起来，善聚善用各类人才，中国创新一定能更好发展，为人类文明进步作出应有贡献。

　　中关村智慧旅游创新协会（简称"旅创协"）是以"旅游创业创新"为核心，

跨界旅游及科技领域，经民政部门正式注册的全国性社会团体。本着以"中国旅游互联网产业技术创新发展与服务"为导向，构建"政府引导、科技支撑、企业参与、合作共赢"的旅游互联网产业技术创新环境，通过"资源对接、行业聚合、创新实践、服务社会"持续提升旅游互联网创新能力，积极推进旅游互联网创新成果推广和学术交流，促进旅游行业健康发展。

2016年是中国旅游产业发展的重要一年，李克强总理在首届世界旅游发展大会上指出，旅游业是"大众创业，万众创新的大舞台"，各地政府也加快产业布局与政策落地，全国上下掀起一股创业创新热潮。金秋九月，由中关村智慧旅游创新协会发起，特邀旅游业中外顶级学者、智库领导人、产业领军人物及知名投资人等为核心组建"旅游创业创新研究院"，为旅游行业创业创新提供理论支持与实战分享，为营造创业创新环境，提供创业创新建议及服务，助推旅游产业健康有序发展为重要使命。

为响应党和国家号召，顺应时代要求，完善市场和社会需求，致力于推动"大众创业万众创新"及"互联网+旅游"成为中国经济新常态下的新引擎。旅游创业创新研究院与各高校、科研院所及产业界通力合作，组建《中国旅游创业创新智库丛书》编委会，编撰旅游创业创新系列书籍，以积极推动创业创新成为时代潮流，汇聚经济社会发展的强大新动能；积极推动各类创新要素融合互动，让一代"创客"的奋斗形象成为创新中国、智慧经济的重要标识。

系列书籍目前主要有三个套系，一是蓝皮书系列，以《中国旅游企业创新创业发展报告》为题，每年一本，较为全面与系统地分析当年旅游业创新创业发展实践情况及趋势；二是以《旅游创业启示录》为题，深入到旅游行业创业的细分领域进行优秀案例的汇总提炼，如周边游、乡村旅游、出境游、海岛游等；三是专家论丛系列，以学院派及实战派专家为主，集结其学术研究及落地实践的深度解读观点文章成册。

旅游、互联网、创业、创新，是本智库丛书的关键词。本丛书汇聚旅游学术界与产业界力量，一来记录中国旅游业发展变迁史，二来为政府、高校、媒体、研究机构、产业界与创业者们提供相应的决策与分析参考，也可作为高校相关专业、EDP、MBA/MTA、创业学院的教材或案例集。

创客们，借用六小龄童老师的话与大家共勉：苦练七十二变，才能笑对八十一难。当时代造就你的同时，你也创造了时代。

大家加油！

总主编：张德欣

2018年教师节于中关村创业大厦

序 1

　　看到 11 位女性在互联网＋新时代的旅游创业故事，我首先想到是，我们之所以关注女性创业，是每当社会经历一个重大挑战或社会转型的时候，都会重新审视女性和社会的关系。在创新创业这个领域，女性在什么位置？11 位美丽女性聚焦了新产业中的女性创业者的生存发展状态，可以看作新时代创业创新的一个小小的标本体系。

　　读到她们的故事，第一印象，旅游行业不再是传统行业，女性在旅游行业的创业也并无天然优势。看她们的经历，在互联网＋新时代，哪个创业的女性不需要同样较高的教育程度和水平？哪个成功不需要同样的创业激情和同等的智慧能力、不需要同样的创业精神和领导能力？这个领域真正是"男女平等"的，同在一个激烈竞争的市场上打拼，无论线上线下，唯有产品说话，有谁能从产品供给中区分出产品提供者的性别差异？

　　但是我们从 11 位女性的创业选择中，还是看到了新时代女性创业"相对论"。多数女性朋友是因为"喜欢旅行"而选择了互联网＋新时代的旅游产业，有的甚至只是因为"喜欢"而离开已经成功的职场一头扎进这个"吃喝玩乐"的产业领域。因此，"她"的"自主选择"带给新产业更多的诗意追求，带来对旅游旅行的新想象新理解，带来她们对构建工作和生活关系、服务者和被服务者关系的各种新理想新实验。允我"漂离"出去评价一句，"她思想"往往是一种具有摆脱现实束缚的有超越力的思想。很多"她"，对事业成功的理解与传统不一样：首先商业要成功，但是商业成功只是创业的一种指标，在这种指标外还有更被看重的"价值系统"。比如看重才情挥洒、智慧知识的创造创新，重视自我完善程度的提高，追求自己在工作中的快乐，还有力求生活和工作美好协调。这些观念很现代，女性创业者定义的成功，具有新时代的社会特点，她们有更复杂的动能体系。

　　"产业人"说"产业话"，回到产业角度评价，更加看重的还是创业者对旅游新产业贡献的价值，不论男女。这 11 位女性多半从事的是新业态，很多还是生长在传统领域的土壤之上的新业态,但是有"她们"赋予的新理解、新观念和新的交互模式,开发和促成了新的市场,为行业提供了新的产品和服务。她们有做定制旅游的,有做旅游新媒体的,还有传统文化创新的,但是她们都把产品做出了与众不同的新模样,已经成为和正在成为新产业的新品牌,作为"老产业人",我看到了她们在开拓旅游业新世界中的新业绩。

其实我们又回到了最基本的判断上去,新时代的新产业对女性创业并没有"优惠标准",产业认同的标准还是新产品、新品牌,包括新思想和新的价值体系。女性创业者故事的基本意义在于告知时代,女性在新旧产业转换的关键时期,已经智慧地"切入"到新产业的各个环节中去。开拓旅游业的新世界,"她"没有缺席。

杜一力
原国家旅游局副局长
2019年1月

序 2

改革开放以来,我国实现了从旅游短缺型国家到旅游大国的历史性跨越。旅游业全面融入国家战略体系,走向国民经济建设的前沿,成为国民经济战略性支柱产业。

40年的旅游业发展中,女性群体是重要参与者和杰出贡献者。作为现代服务业的重要组成部分,旅游业是女性从业者发挥优势的最适宜的舞台。世界旅游组织发布的《全球旅游业女性从业人员报告》指出,"女性在旅游行业劳动力当中占重要比重,旅游业能为女性,特别是发展中国家和地区的女性提供各种收入机会。女性加入旅游业成功的概率几乎是从事其他行业的两倍"。在我国的旅行社、旅游饭店等紧密相关的细分行业中,女性员工平均占比超过50%,在一些省份和行业中甚至超过60%,女性已成为推动旅游经济发展的主要力量。

我们正在经历一场数字革命,技术创新大大激发了人类创造力,为女性接受教育和职业发展创造更多机会。互联网+给予旅游业女性的创业赋予新的能量与内涵,在大众创业、万众创新中,女性插上了创业的翅膀,用智慧、魅力、本色开启创业新时代。女性创业者,已经成为旅游业的一道亮丽的风景线。

本书中的主角们,正是在互联网+这个大时代背景下,基于移动互联网载体,擅用互联网思维营销,面向旅游业服务的弄潮儿们。她们美丽、优雅、知性、豪爽,既有本土创业者,也有海外华人;她们干事业目光深远、着眼全局,同时又足履实地、勇于创新;她们的业务涉及旅游产业的不同领域和层面,同时又不断进行理念创新、产品创新、业态创新、技术创新、管理创新,并取得了骄人成就。

这些女性,用"铿锵玫瑰"形容再合适不过。铿锵意为自信、独立与坚强,玫瑰意为美丽、温柔、感性,铿锵玫瑰两者结合,既代表现代女性追求独立、热爱自由、感受生命的时代精神,又展现东方女性温柔、秀美、含蓄的传统美德,铿锵玫瑰即是创业女性的完美诠释。

她们,不但是CEO或创始人,也是妻子与母亲。与男性创业者可以全情投入相比,女性还要兼顾到家庭子女,这其实给了她们更大的压力,加之创业成功本身就是小概率事件，所以女性创业更是一条艰苦而长远的路。作为女性创业者，需要具备"巾帼不让须眉"的韧劲和果敢，需要一个坚持的过程，才能超越时空限制、克服精力体力限制。所以对于她们，值得由衷钦佩和深深祝福。

我们适逢一个伟大的时代。时代赋予当代女性以新的使命，社会发展和经济进步为女性大显身手提供了宽广的舞台。新时代旅游业女性要不负重托、不辱使命，以更加旺盛的斗志、更加顽强的作风、更加扎实的工作，为促进我国旅游业的进步与发展，旅游业女性的进步与发展做出贡献。

不经历风雨，怎么见彩虹。创业的路上，玫瑰更铿锵。祝福旅游业的女性创业者们，砥砺前行，美好世界！

熊玉梅

中国妇女旅游委员会会长

2019 年 1 月

前　言

2012年，趋势大师Chris Anderson在《Makers》书中说："创客将掀起第三次工业革命，改变世界。"2014年，中国首次提出"大众创业　万众创新"，《2015年国务院政府工作报告》中提到"创客"和"互联网＋"及其一系列理念和行动计划。随着"互联网＋"的迅猛发展，基于互联网的新业态成为新的经济增长动力，互联网支撑大众创业、万众创新的作用进一步增强，互联网成为提供公共服务的重要手段。作为现代服务业的重要组成部分，旅游业是女性从业者发挥优势的最适宜舞台。

中华女子学院作为直属中华全国妇女联合会、教育部批准备案的全国第一所公办全日制本科女子普通高等学校，致力于学生的全面成长，鼓励学生理论创新与实践创业。编辑小组基于此理念，在中关村智慧旅游创新协会会长张德欣先生的建议下，本人主导并构建了本书的框架与结构，选定了女性旅游创业案例，确定了写作风格，王琪、杨晶、邵帅、杨晓玲、邓雨晴、孔琦、于涵、兰昌琼、王香丽、丁媛媛、穆旭、杨银萍、晏静和王瑞协同完成了相关工作。2017年张德欣先生与本人合作指导学生毕业论文，并入选北京高等学校高水平人才交叉培养毕业设计（创业类）支持计划项目。2017年7月，张德欣先生两次走进中华女子学院，为旅游管理专业学生讲授《互联网＋时代下的旅游创业及旅游市场分析》报告。2018年11月，兴博旅投规划设计院董事长刘霞走进中华女子学院，为旅游管理专业学生讲授旅游景区低碳发展和实践案例，分享旅游景区低碳管理理念与措施以及低碳旅游产品设计成果，让师生受益匪浅，并受督导组好评。

在写作过程中，案例中的女性旅游创客及其助手高度重视访谈，提供基础资料并在访谈初稿后提出宝贵修改意见。2018年12月16日，本人与无二之旅联合创始人蔡韵、兴博旅投规划设计院董事长刘霞、葡语农庄董事长杨慧琦共同完成了第五届中国旅游创业创新高峰论坛的"文旅融合与女性旅游创客"主题活动。在此特别表示感谢。

中国正处于大力发展服务业并鼓励创业的时代，2018年9月，兴博旅投规划设计院董事长刘霞荣获中国旅游协会颁发的"新时代旅游行业女性榜样公益人物"称号，老舍茶馆董事长尹智君荣获中国旅游协会颁发的"新时代旅游行业女性榜样管理菁英"称号。女性旅游创客已经走在时代的前沿，总结先行者经验，探究女性创业成功路径，将女性旅游创业的火种传递给更多的人，这是本书出版的重要意义。

编者

2019年1月

目 录

上篇 互联网+旅游女性创客案例

波布非洲创始人施盈盈 …………………………………………… 3
唯恩私人度假联合创始人韩雨霏 ………………………………… 15
Edaole（一道乐）跨境购物联合创始人杨李燕铭 ……………… 25
葡语农庄董事长杨慧琦 …………………………………………… 37
无二之旅联合创始人蔡韵 ………………………………………… 49
珀金斯景观设计创始人谭璇 ……………………………………… 64
Travelzoo 旅游族®亚太区总裁洪维 ……………………………… 74
兴博旅投规划设计院董事长刘霞 ………………………………… 87
老舍茶馆董事长尹智君 …………………………………………… 99
一块去旅行联合创始人徐敏 ……………………………………… 114
精彩旅图董事长张江霖 …………………………………………… 127

下篇 中国促进女性创业政策与活动

国务院办关于加快构建大众创业万众创新支撑平台的指导意见
（国发〔2015〕53号）…………………………………………… 143
国务院关于促进创业投资持续健康发展的
若干意见（国发〔2016〕53号）……………………………… 151

国务院关于做好当前和今后一段时期就业创业工作的意见
（国发〔2017〕28号）……………………………………………… 158
山东省促进女性创业的政策与活动 ……………………………… 166
江苏省促进女性创业的政策与活动 ……………………………… 170
安徽省促进女性创业的政策与活动 ……………………………… 175
浙江省促进女性创业的政策与活动 ……………………………… 179
福建省促进女性创业的政策与活动 ……………………………… 183
上海市促进女性创业的政策与活动 ……………………………… 190
广东省促进女性创业的政策与活动 ……………………………… 194
广西壮族自治区促进女性创业的政策与活动 …………………… 197
海南省促进女性创业的政策与活动 ……………………………… 200
湖南省促进女性创业的政策与活动 ……………………………… 203
河南省促进女性创业的政策与活动 ……………………………… 212
北京市促进女性创业的政策与活动 ……………………………… 215
河北省促进女性创业的政策与活动 ……………………………… 218
新疆维吾尔自治区促进女性创业的政策与活动 ………………… 226
陕西省促进女性创业的政策与活动 ……………………………… 231
青海省促进女性创业的政策与活动 ……………………………… 234
四川省促进女性创业的政策与活动 ……………………………… 237
云南省促进女性创业的政策与活动 ……………………………… 242
辽宁省促进女性创业的政策与活动 ……………………………… 245

附录A　旅游创业创新研究院 …………………………………… 249
附录B　中关村智慧旅游创新协会 ……………………………… 254

上篇

互联网+旅游女性创客案例

波布非洲创始人施盈盈

公司发展大事记：

2014年，成立波布非洲自媒体平台，向中国播发非洲的文化、旅行、经济信息，1年不到就成了中国最受欢迎的非洲类自媒体公众号，至今都是中国关注数量最多、阅读量最高的非洲类自媒体平台；（获得CCTV 4报道，中国日报报道，新华社报道）

2015年，开发了一系列非洲体验旅行项目，开拓了卢旺达、肯尼亚和坦桑尼亚目的地办公室。（获得CCTV2报道）

2016年，开发了埃塞俄比亚、南非、纳米比亚、马达加斯加、津巴布韦、博茨瓦纳、乌干达的体验旅行路线。（获得CCTV4报道）

2016年，组建了非洲目的地地接团队，拥有自己的Safari专用越野车和旅行车；有自己的全职司机和专职向导。（获得CCTV4报道）

2017年，稳固了非洲体验旅行项目，开发了诸多的公益+体验旅行相结合的项目；（获得CCTV4和北京台电视台报道，CRI报道，中国与非洲杂志报道）

2018年，上线马蜂窝平台。（获得CCTV法语频道报道）

主营业务： 波布是非洲体验旅行开创者，奉行"探索未知·体验极致"的价值观；通过波布你可以了解非洲这片古老的、文化多样的、生态保存完好的神秘大陆；你可以体验到震撼的大自然、狂野的动物、顶级的度假方式、精彩的人文、充满挑战的户外运动、公益活动等独特的体验项目。

所获荣誉： 2014年中国最受欢迎的非洲类自媒体公众号

2015—2018年中国关注数量最多，阅读量最高的非洲类自媒体平台

2019年3月，中国旅游研究院、携程旅游大数据联合实验室联合发布了《2018年中国游客出境游大数据报告》，报告显示，2018年中国公民出境旅游人数14 972万人次，比上年同期增长14.7%；中国出境旅游热进一步升温，稳居世界出境旅游的第一位；中国出境旅游进入了"消费升级"的阶段，旅游者增加支出购买更优质的旅游产品，从观光旅游转向深度体验享受海外目的地生活环境和服务。虽然出境游发展很快，但非洲旅游好像一直都是冷门，2014年去非洲的游客比重只占出境游市场的9.4%，相对于非洲海岛游的火爆，了解非洲大陆游的人更是少之又少，2016年谢霆锋参加的真人秀节目《十二道锋味》，节目组去了肯尼亚寻找味道的灵感，节目里萌萌的小象和小犀牛，令不少人对非洲大陆的旅行跃跃欲试。

或许你也是其中一员，憧憬着非洲之旅，却因为对这片大陆不够熟悉、安全、市场不成熟、价格等因素望而却步。就在我们刚刚对非洲大陆有些许了解的时候，有这样一位浙江姑娘，在6年前她就踏上了自己的非洲之旅，开始了非漂之旅，她热爱旅行，游历过非洲许多国家，还曾徒步游历卢旺达。自2010年到肯尼亚之后，她发现自己爱上了这片古老而神奇的大陆，性格开朗的她迅速和当地人打成一片，成了一个上知天文、下知地理的非洲通。非洲的奇葩故事，安全信息，上网技巧，各地美食攻略，生存指南，所有的疑惑，在她这里你都能找到。后来，她和小伙伴们运营了一个叫"波布非洲"的微信公众账号，在那里，他们向国内的朋友分享非洲的见闻和各类攻略，还会销售非洲特色商品，提供非洲定制之旅。现在，"波布非洲"成为行走非洲必知的公众账号。

这位活跃在东非的浙江姑娘，就是本文的主人公——施盈盈。

世界那么大，我想去看看

在创业之前，施盈盈就是一位资深的旅游达人，她说自己很喜欢旅行时自由自在的感觉。2001年，她开始了自己的行摄之旅，桂林、海南、西藏，当时仅有20岁的她，只身一人背包旅行，当时选择自助行的游客非常少，但她一直坚持自己做攻略、背包游。因为跟团旅游你要牺牲很多，很多不喜欢的项目也要参加，想要去的景点却不一定有，很多行程也不够人性化。当时的施盈盈非常憧憬旅行作家的生活，一边游览各地风景，一边尝遍各地美食，还能靠自己的文字挣点钱。在游历过国内大江南北之后，施盈盈开始了自己的环球之旅。但她最想去的地方，不是欧美这些热门的目的地，而是非洲。以当前考古学界的发现，人类起源于非洲。原始的环境、悠久的历史，都给非洲蒙上了一层神秘的面纱，除了中央电视台的《动物世界》之外，在中国快速发展的同时，施盈盈非常好奇：非洲现在是什么样子呢？所以她想去看看。

习近平主席去坦桑尼亚访问时，讲到了一对年轻夫妻去坦桑尼亚旅行后出了一本书。这坚定了施盈盈去非洲的决心，作为80后，应该在中非文化交流的过程中，做点什么事情。于是她毅然决然的辞去了国内的工作。2010年去了内罗毕，到了她一直很期待的非洲。等她真正踏上这片土地时，施盈盈才发现，原来非洲不只有天堂般的原始自然环境，还有出色的野生动物保护，有各种优质商品，有不管发生什么事情，总是很乐观的当地人。这一切，让她一下子爱上了这个地方。

非洲创业初体验

在非洲待了一段时间后，施盈盈感受到国人对非洲深深的误解。国内了解非洲的人并不多，即使我们国家在非洲援建中做了很多工作，大多数人对非洲是没有概念的。和朋友谈起时，通常得到的回答就是：食人族？黑奴？部落？贫穷！落后！还有赵忠祥老师主持的《动物世界》！但是要问现在非洲真正是什么样的，恐怕大部分人都要摇头了。

感受到神秘非洲魅力的施盈盈，想要把最真实的非洲呈现给国内的小伙伴，打消大家对非洲的误解。在波布非洲创业之前，施盈盈在非洲供职于新华社，加之自己文笔很好，于是她创办了全非购自媒体平台（也就是现在的波布非洲）。开始写一些非洲的风土人情、奇葩故事、生存指南、旅行攻略，销售非洲公益产品，当时最受人欢迎的东非早新闻固定板块的优质内容，让越来越多的驻非华人

关注起来。现在这个平台的粉丝，不只有非漂们，很多避不开"非洲劫"的国内法语系学生，也都是这个公众账号的忠实粉丝。为了更好地让国人接受波布的内容，波布非洲微信号的内容也是不断地进行调整，舍弃了一些针对在非华人的内容板块。随着旅游业务的开展，很多国内的朋友也成了波布非洲的忠实粉丝，如今这个公众账号已经变成行走非洲必知的微信号。

一个非洲故事、一次体验式旅行、一款匠心之作

虽然波布非洲把非洲故事带到关注者的朋友圈里，但施盈盈和她的团队发现，想要传递真实的非洲只靠分享故事是远远不够的，遥远大陆上的奇葩故事和大家好像没有什么关系，只不过在茶余饭后有了新的谈资。最真实的非洲面貌，在大家心里，其实还是个问号。那时，波布非洲团队就在考虑要不要开设旅行业务，毕竟耳听为虚眼见为实，只有真正体验了，才能有对非洲最真实的感受，但是体验式旅行的风口到没到？不同于以往"买买买""拍拍拍"的打卡模式，有多少人能够接受？

非洲有着丰富的旅游资源，在这片古老的大陆上，有最原始的自然景致，有备受欧洲皇室青睐的度假海岛，有奇伟壮观的赤道雪景乞力马扎罗山，有世界闻名的地球伤痕——东非大裂谷等除了雄伟瑰丽的自然景致，非洲还有各类珍奇野生动物，在国家动物保护区 Safari，看驰骋在草原上的野性动物，拍最美的星空，感受真实版的动物世界，运气好的还能看到壮观的天河之渡。非洲有不同的民族文化，这里有马赛人、红泥人、俾格米人等不同部落有着各自的独特文化，这里每天都发生着不同的故事，不仅如此，还可以去有着土豪之国之称的迪拜血拼，去文明古国埃及感受历史沉淀的味道。

非洲是个神奇的地方，在施盈盈眼里，非洲不同于其他目的地，是个能让浮躁的心静下来的地方、认真感受生命的地方。用她刚来非洲时当地人常对她说的一句话就是：Easy, this is african，在非洲，要学会慢下来感受生活。非洲是一个值得任何年龄段的旅行者去感受的目的地。除了首都等大城市，这里鲜有繁华的高楼大厦，人们过着简单的生活，却每天都很开心；这里的动物不同于国内动物园里的动物，它们足够野性，在这里，你要尊重自然，学会与它们的相处方式，才能更好地相处。很多关注者看到平台上的攻略，会问你们对非洲如此了解，为什么波布非洲不做旅游呢？其实市面上的旅行产品非常多，但是深入体验非洲的体验式旅行却不多见。于是，施盈盈和她的团队开始设计波布非洲的第一条旅游线路。在冯小刚导演的《私人定制》上映后，很多人都开始知道这个概

念,但很多人都觉得私人定制就是"奢华"。对于"定制=奢华"这种说法,施盈盈并不认同,每个人都有自己的喜好,传统的跟团游模式其实并不能满足每个团员的个性要求,定制旅游就是帮客户找到最适合自己的旅行方式,而不是最奢华的方式。非洲的旅游资源很多,在非洲,旅行有很多的打开方式,波布非洲的定制师会和客户沟通,根据客户喜好为客户定制符合其棱角的旅游行程。

神秘非洲产品

除了定制旅行,波布非洲还销售一些非洲产品。非洲有很多优质的商品,这里有优质的咖啡、红茶、巧克力,像乳木果油、百洛油等都是一线护肤品牌喜爱的原料,我们国内很少有人了解,更别说主动去用。除了这些农产品,波布非洲还销售非洲公益产品。在施盈盈办公桌上摆着一只肥皂石小象,施盈盈介绍说,波布非洲的肥皂石、马赛珠饰品、蜡烛等都是公平贸易组织认证的,这些产品来自贫民窟和妇女组织合作项目,这些产品既是当地的特色商品,又包含着当地人对美好生活的向往。一件马赛饰品通常要花费马赛妈妈一周的时间。她们用自己的劳动赚取生活费和孩子们的学费,每一件饰品都包含着妈妈对孩子的爱意。对于公益,施盈盈有着自己的独特理解,当前,非洲大多数人还生活在贫困线以下,出资帮助是一种方式,但除了改善当时的生活,起不了多大作用。想要真正帮助他们,就要让他们感知到美好生活是靠自己的双手创造出来的,让他们以自己的劳动换取报酬,这样当地人也会有被尊重的感觉。波布非洲会教给他们各种技能,比如培训电脑技能、绘画、音乐、武术、汉语等这些孩子和大人以后都会用到的实用技能。这些产品都蕴含着非洲父母对孩子们的爱和对家庭的责任,同时,马赛珠饰品也是米歇尔支持的项目。施盈盈希望通过有序的商业购买,提高当地人的收入,增加就业。"一个非洲故事、一次体验式旅行、一款匠心之作",施盈盈和她的团队,从内容开始做起,以产品推动文化,通过读非洲故事,体验非洲商品,感受非洲旅行,带给用户一个多维度的非洲新体验。

非洲旅游新趋势

提到去非洲旅游,很多人可能都不熟悉,但是提到毛里求斯,很多人都去过。马克·吐温曾经这样形容毛里求斯:"上帝先创造了毛里求斯,再仿照它创造了伊甸园。"这颗印度洋上的明珠,给不少国人留下了深刻印象。据毛里求斯旅游局发布的数据,仅2015年1月至8月,中国赴毛里求斯游客达到62 185

人次,中国成为毛里求斯第四大客源国。随着真人秀节目《我们相爱吧》中清新CP最后一站在塞舌尔开拍,引起了一阵塞舌尔海岛之旅的浪潮,在海岛游的火热和众多综艺节目名人效应影响下,越来越多非洲海岛,受到了国内旅行者的喜爱。中国旅游研究院发布的《2015年度中国出境旅游发展报告》中曾指出:2014年,我国出境旅游市场中,非洲仅占9.4%,同比增长80.9%,是出境游增长最快的地区。中青旅遨游网的数据显示:从2010年至2016年,中国游客赴非人数每年平均增长都在50%以上。由此可见,虽然目前非洲占旅游市场份额很小,但作为一个小众的旅游目的地,增速很快,非洲旅游市场,还是一片蓝海,有很大的开拓空间。

2016年6月1日,摩洛哥单方面给中国公民免签,引起了一轮摩洛哥旅游的热潮。截止到2016年8月18日,中非互免普通护照的国家有8个,单方面允许中国公民免签入境的国家和地区有13个,单方面允许中国公民办理落地签证的国家和地区有36个,对持普通护照的中国免签、落地签国家和地区共计57个。免签、落地签、东非三国签,以及非洲部分国家普及的电子签,都显示对中国游客欢迎的同时,也给游客带来极大的便利。

摸着石头过河

波布非洲并非施盈盈的第一次创业经历,在波布非洲之前,施盈盈还有过两次创业经历,此前她曾开过两次店。说起前两次创业经历来,施盈盈笑着直言,都比较失败。因为在创业经历之前,不管是在医院还是新华社,从事的都是执行类的工作。做执行工作虽然忙碌,但有一个好处,就是可以过得很舒服,没有什么精神压力,大的方针战略都是领导来制定,领导给安排的任务,圆满完成就好,其他的事情就不用操心了。但在自己创业后,施盈盈发现,运营一家公司并不容易,对于没有管理经验的她来说,一切都是未知的。公司上上下下都得自己操心,每天都面临着前所未有的挑战。施盈盈坦言,在创业伊始是比较迷茫的,有点手忙脚乱,由于经验缺乏,在经营中也没有人来指导,头两次创业就像是摸着石头过河。这两次失败的经历,让施盈盈认清了自己在管理方面和财务知识方面的欠缺,这也为后面的波布非洲创业奠定了一个良好的基础。起初,施盈盈和她的团队最初并没想过做旅游,毕竟大家不是科班出身,自己做旅游攻略还行,但是安排别人的行程,带别人一起玩就不一样了,要满足不同层次客户的旅行需求,达到高满意率不是件容易的事情。也因为自己爱旅行,一直觉得这个行业很神圣,因此在创业之初,并没想过涉足旅游行业,随着业务的发展和客户的需求,波布非洲开启了非洲旅游之路。

施盈盈和联合创始人都是浙江人,出国前,两个人也都在浙江工作,但是创业地点他们却选择在北京,而不是离家更近的上海或是杭州。施盈盈说最初是想在浙江开始的,当地政府也是大力支持,为他们提供创业用地。但后来考虑到波布非洲的联合创始人周红鑫家在北京,而且自己经常在肯尼亚,创业地点对施盈盈意义不大,如果在浙江的话,周红鑫会非常不方便。北京是一座开放、包容、创新的城市,这里的创业氛围很好,高校云集,人才众多,媒体、市场、公关资源非常多,此外非洲很多大使馆都在北京,选择北京创业的话,公司的签证业务也会很方便。最终,波布非洲就在北京成立了。

由爱而生

1. 上阵夫妻兵,创业闺蜜行

不同于一般的南方女子,施盈盈风风火火的性格很像北方姑娘,性格外向爽朗,说话也风趣幽默。公司的编辑非常喜欢和施盈盈聊天,行走非洲多年的盈盈对很多选题都有自己独特的看法,跟她聊过之后,公司的编辑们能文思如泉涌,写出幽默风趣,又干货十足的文章。

波布非洲创始团队有3个人,他们就是创始人施盈盈、联合创始人周红鑫和自然。自然和施盈盈是夫妻,原来在新华社非洲总分社工作,后来辞职和施盈盈一起创业。在波布非洲团队中,自然是技术担当,公司所有的技术难题,大家都会跑来找自然解决,他笑称自己是技术宅一枚。除了擅长互联网技术,他还是一名优秀的摄影师,是摄影爱好组织黑摄会的创始人。自然长驻肯尼亚工作5年,行走非洲12个国家,曾混过贫民窟,和非洲拳王过过招,与东非马赛人赛过跑,亲历过2013年肯尼亚西门恐怖袭击事件后,自然说这是一个技术宅到人文摄影师的完美蜕变。在深入体验了非洲的生活后,自然开始运营最初的波布非洲微信平台的雏形,很快,更擅长做内容的盈盈接管了这个微信平台的运营。

联合创始人周红鑫是施盈盈的好闺蜜,学生时期的她,是一个不折不扣的学霸,她对很多事情有自己的独特看法,周红鑫本科学的是生物技术专业,后来她发现比起做学术,她更期待做一些有趣的事情,于是在研一的时候,她毅然选择退学,开始了自己的北漂之路。和施盈盈不同,周红鑫此前都是在外企工作,但俩人有一个共同点,那就是都对非洲十分好奇,怀揣着各自的非洲梦。在工作了几年后,周红鑫辞掉了在亚马逊的工作,去了一直以来都想要去的非洲。对于两个人的相识,红鑫笑着说,其实她和施盈盈很有缘分,红鑫到非洲的第二天,两

个人就在新华社和联合国环境署的一个活动上结缘。当时的施盈盈已经有了创业的想法，在了解过非洲的旅行和产品资源后，红鑫觉得非洲的美好值得更多的国人了解，也开始对非洲创业有了兴趣。而施盈盈有序的商业销售让本地人提高了收入和就业，也让更多国人享受真正的旅行体验的商业理念，令周红鑫也十分认同，她们都十分认可非洲对于个人成长和人生的改变，价值观一致。而且，施盈盈以往的经历和对非洲的深切了解，让周红鑫更加坚信，施盈盈就是理想中的合作伙伴。狮子座和摩羯座是最佳工作拍档，就这样，狮子座的周红鑫和摩羯座的施盈盈在一起，开始了波布非洲的创业之旅。周红鑫现在在团队中负责波布非洲的运营和销售渠道拓展，理科出身的周红鑫对数字非常敏感，做事也非常严谨，在外企的历练，使得她做事非常高效，看问题的眼光独到。波布成员遇到困惑时，非常喜欢与她沟通，因为她说话言简意赅，简单几句话就能戳到痛点，让迷茫中的员工很快找到解决方案。

2. 将爱好进行到底

很多公司在招聘时非常看重工作经验，但相对于工作技能，施盈盈和她的团队成员，还是更看重乐观开朗，学习能力强，重点是喜欢非洲的人。因为业务需求，应聘者至少需要能熟练应用英语或者法语。在施盈盈看来，技能是可以培养的，但是热情却是发自内心的，因喜爱而生的热情，什么困难都浇不灭。波布的成员坚信，帮助别人成长，是一件很幸福的事情，团队成员都非常愿意分享经验，创始人也会亲自带领新员工成长。尽管目前喜欢非洲了解非洲的人不多，但是波布非洲还是会尊重个人的意愿，应聘者一定是很喜欢这个工作，因为如果对非洲无感，工作起来会很辛苦，也没有动力，又怎么能把真正的非洲传递给客户呢？施盈盈相信，发自内心的喜爱一件事情，一切都会迎刃而解。在波布非洲，工作氛围非常好，因为公司规模比较小，大家遇到什么问题，都可以直接走到负责人的工位直接交流。团队成员的关系也非常好，成员们都非常喜欢运动，工作之余大家会一起健身，一起聊非洲的故事。除了是运动健将，施盈盈还是个美食达人，有时施盈盈会烹饪美食，和大家一起分享。

把握当下，憧憬未来

1. 深度体验游首秀

在波布非洲创立以来，有一件事让施盈盈至今印象深刻。那是在波布非洲第一件旅行产品上线时，第一件旅行产品是体验式旅行行程。虽然自己是旅行达人，但是做产品却还是头一回，毕竟不是旅游科班出身，所以当时大家都比较紧张,希望能做到极致,让客户体验到真正的非洲魅力。施盈盈说,文案是我亲自写的,"很燃"!要知道,施盈盈的文笔很好,她曾写过点击量过百万的文章。当时,平台上的很多小伙伴看到之后,纷纷留言咨询,在很短的时间内,就有50多位咨询的客户。公司成员都对这个行程有信心,但令人吃惊的是,最终只有一位客户参加了波布非洲的此次旅游线路。团队后来分析了这个行程失败的原因,营销问题不大,价格也不是第一要素,问题出在了深度体验上。虽然相对于一般行程那种游客打卡式旅行,客户更愿意接受有体验式项目的产品,但是过于深度体验化,能接受的人就不一定多了。那次行程中的马拉松训练营体验,可能吓到了一些客户。产品的失败也将波布非洲当时的一个缺点暴露无遗:内容受众与客户不符。因为最初的波布非洲,是面向在非华人的自媒体,但是后来开设的旅游产品却是面对国内用户的。受众不同,也是产品失败的一个重要原因,知道这些后,施盈盈和团队改进了这次行程,后来,有近30名客户参加了这次体验旅行。行程结束后,大家都非常满意,尤其是在卢旺达与大猩猩近距离接触的经历,让大家在回国后还是惊叹不已,这才是真正的狂野非洲!

2. 重内容,更重服务

与其他旅行创业公司不同,波布非洲是以做内容起家的,后来才开设的旅行业务,所以关注波布非洲的用户都会感叹,波布的内容做得真好,看完平台上别人的攻略,自己也有想要去体验的想法。施盈盈说,"内容+产品"是波布非洲的特色。现在很多互联网旅行创业者和我们一样,都不是旅游科班出身,所以互联网旅行这个词非常值得商榷。旅游这个行业是服务行业,施盈盈觉得旅行是需要经过线下考验的,它是需要服务验证的,而互联网只是起到宣传作用,让用户知道了如果我去非洲,可以找谁来安排旅行。互联网只是个媒介,它能帮助企业传播自己的品牌,真正让用户感受的应该是服务,旅行的本质是不容忽视的。波布非洲在肯尼亚有自己的旅行社,施盈盈的团队也开发了很多体验项目。施盈盈一直觉得,首先要有优质的产品、靠谱的服务,然后加上线上的内容宣传,才是真正的"互联网+旅行",而且二者一定是均衡的,如果只是线上做得很大,但是线下服务却跟不上,全靠供应商,是没有什么意义的。像现在国内很火的达人经济,在非洲发展就有点不合适,驻非华人大多是因工作外派,非洲也没有那么多的留学生,有闲暇时间的人很少;另外,非洲的治安也和欧美国家不同,去Safari也还是需要专门的向导和Safari车,自助行的成本会非常高,安全隐患也很大,基本上国内的达人模式在非洲是行不通的。所以,"互联网+旅行"更应该重视服务,因地制宜。

3. 一切源于热爱

施盈盈坚信：因为热爱，才会坚持。波布非洲的成员也都非常喜欢非洲，也正是因为如此，每位成员都想要呈现最真实的非洲给用户。平台上会写非洲好的文章，也会写反映非洲劣性的文章。因此，曾经有同业批评波布非洲，"写这么多非洲不好的东西谁还会来非洲啊？"但是在施盈盈看来，这才是真正的非洲，我们既然了解非洲，就有责任把真实的非洲传播出去，而不是一边倒。其实，有很多不幸的事情是完全可以通过内容普及避免的。2013年上海一女游客受到河马袭击命丧纳瓦沙湖畔，这听起来非常恐怖，但是如果这位女游客知道：非洲的动物们野性十足，不同于我们在动物园里看到的动物，即使小河马非常可爱也不能接近，更不能触摸，因为这可能会令河马妈妈发怒而受到攻击，河马只是看起来笨重，但它们跑起来速度很快；在非洲，一定要和动物们保持安全距离，这场悲剧是不是就能避免呢？让客户感受真实的非洲，应该让他们和当地人一样，敬重大自然，真正地深入体验，而不是让大家不停地换地点打卡拍照。任何一个目的地都不是完美的，我们不能只消费非洲，只吸取不回报，知道了它不好的地方，就可以帮助非洲改变，所以波布非洲在发展旅行的同时，也开展了很多公益项目，帮助当地人改善生活处境。换个角度来说，我们每个人都需要各种体验，我们需要不断地去探索发现，拥抱生活，包括它的不完美。旅行是个做减法的过程，应该让更多的东西回归本质，做更多有意义的事情，而不是一味地追求完美。

作为行走非洲必知的公众账号，波布非洲在前端已经小有名气。在未来，波布非洲前端还是一个媒体，后端会建立一个平台，把目的地的特色项目都汇集到波布平台中来。因为非洲各地官方语言多种多样，波布非洲会建立统一的客服，为客户提供全方位的服务。另外波布非洲会在目的地建立自己的体验项目，建立自己的服务标准、自己的服务团队，这样不仅能促进当地就业，也能更大程度上保障服务质量。世界那么大，我们都想去看看，施盈盈是一个酷爱旅游的人，当然也想尽可能多地开发旅游目的地，带大家去体验不同地域的文化、领略不同的风景。施盈盈说在未来，波布可能会开发中东和南美的旅游项目，但不管是哪个目的地，体验式旅行这一点是不会变的，波布非洲在未来的路上，还是会通过内容来宣传项目，从文化的角度给客户带来更多的体验。

让旅行，回归本质

创业至今的波布非洲国内部，仍然维持不到10人的团队规模，在互联网行业盛行的"烧钱"模式下,为什么波布非洲不迅速融资快速做大呢?其实,一直都有投资人找施盈盈谈投资,其中有的投资人希望加大投资收购,将波布非洲并入集团公司旗下,按照集团的发展来运营波布非洲。但大多数投资商,还是尊重波布非洲的理念,让施盈盈放手去做。其实对于融资,施盈盈看得却非常淡,很多互联网企业在融资之后,为达到投资人高收益的预期,都会进行持续的"烧钱",依靠"补贴"的方式达到高成交率,但是如果投资人中断投资的话,企业资金链断裂,很可能会陷入失败的境地。在施盈盈看来,融资更像是一个助推器,融资之后是一个新阶段的开始,在融资之前,一定要有成功的盈利模式,过硬的产品和强大的团队。要资本后行,在融资之前,企业自身一定是强大的,融资只是一个锦上添花的过程,千万不能把融资当作救命稻草。

在当前,创业团队更应该坚持自己的价值观,做好产品,提供更优质的服务。波布非洲坚持在旅行中嵌入内容和文化,在目前团队规模并不是很大的情况下,并不能满足所有类型客户的需求。波布非洲会选择客户,对于很多人来说,旅行就是不断地换地方拍照,他们不愿体验当地的风土人情,像这样的客户,波布非洲都会拒绝。在波布非洲参加旅行的人,都会参加至少一个体验项目,深度体验当地的生活,这样的旅行,才会更充实更有意义。

寄语广大女性创业者和女大学生

其实创业非常不容易,对于大部分女性创业者来说更是如此,男性和女性创业者都有自己的优缺点,要根据自己的情况,来克服这些缺点。施盈盈说,在做旅游之前,有人跟她讲,旅游就是操着卖白粉的心,赚着卖白菜的钱,当时觉得听起来挺夸张,但是在创业的时候,才深切体会到。要 7×24 小时待命,客户、合作伙伴、同事,随时都有可能打电话给你,刚开始创业时施盈盈天天睡不好,总会担心出各种问题,比如这里的车出问题了,那个酒店的房出问题了,客户被小动物抓伤了之类的,用了很长时间才调整过来。可能很多人是为了财务自由、人身自由才选择创业,但是等真正创业之后就会发现,要做的事情比在公司里做执行者要多得多,其实创业之后反而不自由了,有这种心态创业的创业者,还是要三思而后行。首先创业者一定要有个好心态,不能患得患失。创业时,你是团队的决策者,整个团队都需要安排,创业过程中也会遇到各种挫折,不管发生什么,都不要害怕困难,车到山前必有路;学会控制自己的情绪,不要有太多的负面情绪,放平心态,保持从容淡定,学会自我修复。其次在创业之后,要主动吸纳新知识,需要学习的东西很多,公司的方方面面,都要涉猎,施盈盈一直怀抱着对旅游行业崇敬的心，认真地经营波布非洲。在工作之余，施盈盈还在学习财务类和旅游专业的知识，她很珍惜碎片化的时间，包里总是有一本书，在开会、回家的路上，她都忍不住要看一会儿。除了需要好心态、良好的知识储备以外，最重要的是要有一个健康的身体，身体是革命的本钱。不管多忙，施盈盈每天早上都跑个十公里，波布非洲的成员们也和施盈盈一样，都是狂热的运动达人，工作之余，大家会一起相约跑马拉松，创业很辛苦，有个健康的身体，工作起来才更有动力。

对于大学生创业能力的培养，施盈盈也分享了自己的观点。大学生的学校时光美好而短暂，在学校期间要尽可能多地储备知识，培养国际化的视野，参加各类活动，累积经验，为自己发展做积累。在学习之余，也要在保障自身安全的情况下多参加旅行，旅行可以让人短期内经历很多事情，能锻炼一个人多方面的能力，"读万卷书，行万里路"，在外面游历过之后，内心会丰富很多，发现很多新的想法。当见过外面的世界后，就不会只拘泥于眼前，面对突发情况时，也能平静地面对。在大学期间要多做尝试，尝试不同的领域，学会遵循内心，找到最适合自己的道路，做一个对社会有价值的人。

唯恩私人度假联合创始人韩雨霏

公司发展大事记：

2013 年，韩雨霏在北京工体首次创业。

2015 年，韩雨霏二次创业，唯恩私人度假初具规模。

2016 年，唯恩私人度假获得来自深澜资本数百万的天使轮投资，以移动互联网大潮来临为契机全新升级，总部定址北京。成为以线上覆盖旅游全流程、线下深耕目的地为主导的特色定制旅行服务提供商。

2016 年 7 月 30 日，唯恩私人度假旗下，中国第一家旅行主题俱乐部——呼和浩特 VANE CLUB 爱旅行俱乐部开幕。

2016 年 9 月，唯恩私人度假 APP 正式运行。

2017 年，旗下的唯恩旅学院已开设内蒙古、青岛、西安、天津分公司。

主营业务： 国际国内旅行产品定制、企业大型会议会展接待、海外奖励旅游、培训、游学、活动策划、设备租赁、品牌传播、数字营销以及明星艺人商务代言等。

所获荣誉： 任中关村智慧旅游创新协会监事单位

荣获第三届中国旅游创业创新高峰论坛（CTEIS）创业先锋奖、获得"2016 中国旅业互联网风云榜"最佳高端定制旅行服务商提名

今我来思，雨雪霏霏
——走进唯恩私人度假联合创始人韩雨霏

唯恩私人度假，是一家提供定制化私人旅行整体解决方案的专业服务商，致力于为都市新锐精英阶层提供前所未有的品质旅行度假体验，专注于为客户设计私属的完美度假体验。

网络上关于唯恩及其创始人的资料实在是太少太少了，这仿佛是一层神秘的面纱，令人不得不对它充满了幻想与期待。访谈的准备工作终于就绪，当我们见到唯恩的联合创始人韩雨霏女士时，便被她独有的风采占据了眼眸，作为这个"看脸"的时代，韩雨霏的颜值之高是有目共睹的。访谈当天她穿着简单大方而又不失时髦的黑白A字连衣裙，长发梳起，略施粉黛，踩着黑色小细跟的皮鞋向我们款款走来，步履行动之间有着职业高层的精明果敢，同时也有着女性特有的温暖与包容。这是一种独树一帜的美，不同于少女不知世事的单纯活泼，随着岁月的发酵愈久弥香。而后交心的沟通也无不在言语之间向我们证明着：气质，就是品质散发的味道。

宁为鸡头，不做凤尾（求学之路）

韩雨霏是位典型地道的北京姑娘，韩父韩母非常注重对孩子的成长教育，培养了她许多的兴趣爱好，以至于学生时代的她，虽说不精，但各种才艺却都能拿得出手。小小的韩雨霏心里感念父母的养育之恩，希望快点长大，给家人更好的生活。这是她内心自我进步的要求，自强的她，在毕业后的两年就在北京市中心拥有了自己的房子。

高考之后面临着志愿选择，因为从小多才多艺也考虑过做播音主持，但由于家中姑父是旅游从业者，从小耳濡目染，对这个行业也抱有期待，加之家人都支持女孩子进入旅游行业，秉承着宁做鸡头，不做凤尾的原则，机缘巧合最终进入了北京联合大学旅游学院学习。在这个北京并不出色的学校里，韩雨霏很自然地成为佼佼者。在学校期间，她利用各种时间兼职并力臻完美：做完家教，被辅导的学生家长会请她去珠三角旅游；舞蹈团演出做古代服饰表演的模特，在后台边化妆准备边背诵次日要考试的法语，也能取得优异的成绩。

做鸡头似乎能拥有一个充分展示自己、使自己有用武之地的舞台。有人说，与其在舒适环境中平凡地过一辈子，不如在艰苦环境中干一番事业。这样更能实现人生的价值。人生啊，即使偶尔有大雾迷蒙了双眼，但顺着心中信念的指引，通往康庄大道的路会越来越清晰，谁说当初的鸡头不能变为以后的凤首呢？

旅游以痛吻我，我报之以歌（坎坷的职业之路）

择业的时候，原本也有几个方向，班中少数的同学选择了酒店等行业，因为实习时在中旅做导游的原因，韩雨霏选择了旅行社，但毕业后的她并没有选择留任，21世纪之初，放弃了月薪小一万的工作，蠢蠢欲动的心驱使她向国旅投放了简历。那一年，国旅的录取比例是三千分之一。懵懂的她直到录取之后才惊觉自己做了一个多么惊险的选择。进入国旅之后，凭借着良好的形象，韩雨霏在国旅第一大部门美大部开始了正式的办公室生涯。

1. 永不止步的学习精神

对于入境工作，刚开始时她不能很好地和外国人接触，公司让这一批天之骄子发了一年传真。发印传真？不就是打下手，做杂活吗？有人百无聊赖，翻着白眼发传真，但是对于任何事情都力臻完美的韩雨霏来说，这是不能忍受的。再简单再无聊的事情，对于她来说都能找到独特的意义，更何况那是她刚刚毕业，几乎没有任何职业认知的时期呢。在没有智能手机的那个年代，收发的传真是公司精英智慧的结晶，不同的人对不同的客户有不同的表达沟通方式，无论是商务英语，还是中文文件，在职场上总有值得借鉴的地方。勤奋的她在收发传真的时候将有用的东西统统都背了下来，记在了笔记本上，远比课堂上学到的知识更多、更实用。可是，光是学习还满足不了韩雨霏的渴求，从一线转入二线，收入从可观的底薪加提成小一万到了微薄的两三千，如何才能满足自己的财务需求呢？韩雨霏在工作中处处都留意着，终于，她争取到了带入境周末团的机会。这是从美国来的两三人的小团，正好北京是最后一站，她需要周五下了班就马不停蹄地奔往机场，之后的两天带团，在星期一的早上凌晨四点起床去送机。在没有任何打车软件的时代，父亲要陪同女儿起床吃饭，送到胡同口，直到看女儿打了车记下车号，才能放心。送走客人之后韩雨霏还必须精神饱满地维持正常上班。这样的两天好的时候能赚到两万块，这样的高收入令韩雨霏的身体长期处于高负荷状态，直到身体出现问题之后才有所调整。

2. 勇于尝试的探索精神

在美大部工作中，她也渐渐地感觉到出于性格原因对入境工作的不适，于是她想尝试出境方面的工作。当时的国旅入境部门的确是有一小块业务是出境方面的，但是，出境的热度远不如入境。这个板块在公司里几乎无人问津，业务方面也是一片空白。但是，韩雨霏乐于尝试，敢于尝试。她利用入境工作的时差，每到下午两点左右就开始着手研究出境市场。没有客户，她就翻找厚厚的大黄页，找寻合适的商会、协会、组织寄信推销。功夫不负有心人，有一家埃及和土耳其的公司有这样的需求，回应了她。不知道下游供应商，就托朋友打听。好事多磨，总归是让韩雨霏做了一回拓荒者。她的心中无比激动，干劲十足。世上的事多是如此，做入境的时候还做出境，很多人不甚理解，但是如果星星没有与天空中的陨石发生激烈的碰撞，又怎么会有震惊世人的璀璨。

选择做出境，还有一个非常重要的原因。作为一个旅游人，只做入境，是没有机会出国的。世界这么大，为什么不能出去看看呢？拓展了业务，很快，韩雨霏就争取到了出国的机会。朋友承包了国旅门市，正好有一个惠普去日本的团，将出境事宜交给了她。看着空缺的领队位置，韩雨霏心里微微一动。她马上向领导反映，希望能补上这个空缺。看着韩雨霏突出的业绩，领导还有什么拒绝的理由呢？

渐渐地，韩雨霏的职业之路走到了第五年，受SARS、9·11等疾病和恐怖主义的影响，入境工作突然急剧下滑。机缘巧合，韩雨霏离开国旅，正式在中旅踏上了MICE商旅的职业生涯。

3. 机遇与挑战并存

进入中旅之后，韩雨霏的职业之旅也并不平坦。整个部门加上她也只有三个人。此时的她面临的最大问题就是没有客户。依然是找大黄页的老办法，但在两个助手的帮助下，不用再邮寄，而是直接采取了扫楼加推销的方式进行。在韩雨霏的鼓励和领导下，这个小小的三人团队在四个月的时间里就做出了中旅另一个团队全年的业绩。由于成绩突出，领导把一个文化部的单分派给了韩雨霏。接二连三出色地完成任务，领导肯定了韩雨霏出色的业务能力，也奠定了韩雨霏在中旅的地位。第二年韩雨霏带着团队接手另一个主做医药的部门。这对于她来说，既是机遇又是挑战。懂得扬长避短的她随即决定在幕后指挥，摸索模式，几次操作之后，服务医药客户的业务也慢慢熟练了，并连续两年业绩排名第一。

路漫漫其修远兮，吾将上下而求索（不断进取的创业精神）

网络信息的普及让韩雨霏发现了机会。她发现之前的一个朋友好像与以往大不一样了，朋友圈发的东西也越来越时尚和开阔。细问之下，原来是上了北大汇丰商学院。朋友的劝说让韩雨霏有点动心，可一年八万元的高额学费让她犹豫不决。但转念一想，谁说未来的同学里不会有潜在顾客呢？说服了自己，韩雨霏开始在北大学习。

因为面向全社会招生，汇丰商学院里鱼龙混杂。大家怀揣着各式各样的目的聚集在这里：有找对象的、有找合作伙伴的。在这个班里，韩雨霏看到了人生百态，看过了羊入歧途。两年内，韩雨霏学业和事业兼顾，乐得其所，也结识到许多新朋友，有的真的成了她的顾客，有的成了好朋友、好伙伴，其中包括现在唯恩的董事长董月青。

在朋友的认可和鼓励下，韩雨霏开始思考借着定制旅游的东风做个属于自己公众品牌的可能性，而后又是大量地学习和研究定制市场，最终发现自己本身还是脱离不了传统，如果要在定制市场上占有一席之地，唯一的方法就是找合伙人，改变思路。

此时北大的经历给韩雨霏带来了机会。董月青原是内蒙古呼和浩特有名的开发商，那时正逢房地产行业转型，他也有意愿借其他行业把工作重心转移到北京，两人随即一拍即合。资金问题解决了，韩雨霏又清醒地意识到自己偏传统的思维做不了创新，便有意通过收购或并购的方式找到其他合伙人，这时原唯恩的CEO张强决定加入合伙人队伍。韩雨霏也选择继续沿用唯恩的品牌，毕竟唯恩在业内已经小有名气，而重新注册申请则会经历一个较长的周期耽搁现有的资本运作。

最后一位是与董月青有业务往来的广告策划公司老板孙屹，加入唯恩之后他毅然决然地把工作重心转移到了北京，将呼和浩特市的公司交给了朋友打理。负责唯恩的营销，先后推出了微信公众号、微博等一系列公众平台。唯恩私人度假的APP也在2016年9月正式运行。

这是一个强大的"四人团队"，韩雨霏擅长业务拓展和解决突发状况；董月青拥有强大的资金和人脉；张强擅长公司的流程与管理，喜欢创新；孙屹的营销极致到位，创始团队相辅相成，亲密稳定，虽然也偶尔会有分歧，但相互之间总能找到平衡。毫无疑问这是唯恩的优势所在，不同于很多旅游创业公司，韩雨霏毕竟出身科班，又有着丰富的经验；基于社会圈层中强大的人脉从线下的渠道获得客源，从而保证高成交率；注重企业经营，控制成本，把每一分钱花在刀刃

上。在变幻莫测的市场上，韩雨霏善于分析，总结经验。强大的民间融资也是唯恩的优势之一，不用为了达到投资人要求的业绩而去铤而走险。回归到旅游供应商落实服务的本质上去，与互联网的功能相结合，实现业绩的稳步上升，这是韩雨霏的经营理念。

独特的经营策略——圈层营销

2016年7月30日，唯恩私人度假旗下，中国第一家旅行主题俱乐部——呼和浩特VANE CLUB爱旅行俱乐部开幕，这代表着内蒙古首个品质出境游定制品牌落地首府，更标志着唯恩私人度假全国拓展的战略盛大启航，这是一次里程碑式的尝试，更是唯恩蓝图规划的重要部分。俱乐部自主经营，自负盈亏，拥有着自成一套的娱乐休闲系统。餐饮、棋牌室、会客厅、3D高尔夫，一应俱全，通过聚会的方式将中高层人士聚集起来。不仅促进了俱乐部本身的发展，也是唯恩的圈层营销战略，是重要的线下获客渠道之一。除此之外，西安、青岛、天津的俱乐部也已经在"十一"期间全部落定，只待呼和浩特市的经营运作走上轨道之后逐一开业，打入各地的中高端圈层。区域合伙人在当地的人脉都极为宽广，他们不必参与经营，只负责客源，这其中也有当年北大汇丰商学院的同班同学。

在产品上，韩雨霏不求创新，只看质量。众所周知，旅游产品具有无形性和可复制性，也因此创新产品反而变得不那么重要了。处于成本控制的考虑，在采购过程中也曾考虑过包机和特价机票，但是对于唯恩的客户群来说，这样会降低客户满意度，不利于客户体验，飞机环境、时间和位置安排都会成为问题，所以仍旧只能走传统订票的方式。

不断摸索具体的运营模式，更加精确地进行市场定位。如今，企业定制也是唯恩拓展的业务目标，各大企业的奖励旅游将是一个极大的市场。中高端客户群体做好了，在客群里兴许会衍生出无限的可能。投资人也会看到企业背后服务的客群在水平达到一定程度时促进他们自身发展的可能。但是作为一个旅游人，韩雨霏希望更回归服务的本质。

在四位创始人亦步亦趋地带领下，唯恩稳步向前。

企业发展概况

唯恩私人度假，专注于为客户提供轻松愉悦的在线旅行定制服务体验。其目标客户群主要是30至50岁的都市新锐精英人士，他们是对生活品质有要求，注重旅游体验的群体。与传统旅游服务不同的是：唯恩通过简单易用的互联网交互系统，基于个性化需求为客户创建旅行基础方案，继而有专业旅行策划师为客户提供一对一的行程方案优化服务，客户只需轻点鼠标，即可定制与众不同的个性化旅程。

客户可以完全掌握旅行线路、旅行天数、个性化飞行方案、签证办理、酒店预订等，以及每一个目的地的旅行体验。唯恩专属旅行策划师为客户提供全程管家式顾问服务，从方案优化、行前准备，到旅行过程中的生活管理，让客户彻底享受无忧旅行服务，从此不再为繁杂无序的行前准备工作而发愁，畅享安全舒适的旅行度假生活。

四个创始人已经铺开了一张宏伟的蓝图，他们积蓄力量、厚积薄发，在互联网定制的篇章中，稳扎稳打，成绩不菲。在后续的圈层营销战略实施中，也定当效果显著。

在企业文化上，唯恩主打创业精神，韩雨霏提议实行六天工作日制度，大家将周六称为"创业奋斗日"。这一天，大家并不是纯粹工作，而是开会进行一些分享或者培训。当然，这并不属于剥削，企业会通过后期超长的带薪假期作为弥补。创业奋斗日激发了员工的工作积极性，使每一个人都有创业的参与感和使命感。良好家庭习惯的养成使韩雨霏拥有勤俭节约的美德，这也形成了一种良好的企业文化，这是公司核心人物的榜样作用。在办公室里，我们可以看到装饰十分朴素，纸张也全部是环保材质。即便是自己亲生的儿子，韩雨霏也坚决杜绝其骄奢淫逸。

生活中的韩雨霏

每一个女强人背后一定都有着强大的后盾。韩父韩母不仅全力支持韩雨霏的创业，还把她生活的方面照顾得妥妥帖帖的，让她没有后顾之忧。对于家庭，韩雨霏坦言自己不太会处理家中的琐事，唯恩的两个创始人都是呼伦贝尔市的，他们一般在周末处理北京的工作。近一年的时间韩雨霏几乎全年无休，对她来说，出差就算是休息了。提到家庭与工作的平衡，韩雨霏很庆幸。因为儿子去爷爷奶奶所在的大连上幼儿园，几乎不用操心孩子的成长。关于孩子的喂养，事业女性一定是分身乏术的。而物质可以解决很多问题，保姆可以把家里和孩子的喂养照顾得很好，也不用年近七十的父母劳心劳力。养儿方知父母恩，韩雨霏希望父母的晚年是快乐的。每一年，家里有八万元的旅游预算，她鼓励父母周游世界，看看世界上很多美好的风景。在保姆的悉心照料下，孩子有着健康规律的作息，在孩子伊始懵懂的初期，这是韩雨霏能给他的最好照顾，而不是像其他母亲一样任何事都亲力亲为，导致孩子再也离不开自己。因为孩子是美国国籍，她的丈夫在美国也有自己的事业，她希望孩子可以有独立自主的品格。把孩子送到大连，也是因为公公婆婆就是当地做教育的，他们给孩子可以有更好的启蒙。

言传身教，耳濡目染。孩子正朝着韩雨霏的预想一步步成长，虽然没有形影不离的照顾，孩子跟妈妈永远还是最亲的；等宝宝再大一些，她会带着孩子环游世界，拓宽视野，会培养孩子更多的兴趣爱好，提升孩子的品性修养。但在孩子更大以前，韩雨霏的重心是事业。

当被问及家人或爱人是否有创业背景时，韩雨霏笑了，表示自己是家中的另类。她的父母性格沉稳，知足常乐；丈夫也在美国拥有稳定的事业，极少冒险，而自己风风火火，充满了探索精神。但是，他们虽然没有在创业上给到直接的帮助，却在很多方面影响了她。在生活工作中踏实务实、勤俭节约；在为人处世上，遇事沉稳，不急不躁；面对误解镇定宽容。这些韩雨霏觉得都是做大事的人必须具备的品质，也是家庭给她的最宝贵的财富。而丈夫的西方思维对她的创业起到了极大的推动与支持作用，使她敢想敢做，这样的性情正是像韩雨霏这样的职业女性的魅力所在。

做行业女性的标杆

在女性与男性创业者之间的创业差异方面，韩雨霏认为女性创业者要协调的问题明显更多。除了家庭与工作二者间的平衡，男女心理承受能力也不相同。如何化解巨大的创业压力，消除从中产生的抑郁情绪是女性创业者要解决的问题。从她个人的角度对于女性创业者的建议是在家庭基础和经济基础比较稳定的情况下进行创业。大多数女性都希望有安稳的生活，事业锦上添花即可，多数很难做到像马云那样破釜沉舟的创业，我们可以看到她从就业开始迈出的每一步都是有基础的。但是，女性创业者也并非全然落后。女性真正的魅力在于内在气质的闪耀，在于人格的造就，在于事业的努力追求。在这个大数据信息时代，新一代女性凭借天生的直觉、理解力、柔性、协调性，发挥着男性无法比拟的优势与特长，而这些都会为业务加分，如果颜值再稍微高一些，在商场上会有很大优势。

在当今的旅游圈中，我们还没有看到特别出色的职业女性，能达到杨澜、柴静一样事业、家庭、自身素养三者合一的完美境界，这是韩雨霏所追求的。虽然现在的唯恩还没有达到享誉行业的高度，但是自己为什么不能朝着成为行业女性标杆的方向努力呢？低调做事，前期的唯恩正蓄势待发，不鸣则已，一鸣定惊人。

出色的女性领导者

对于每一个创业公司而言，创始人团队的互相磨合都需要一个过程，在唯恩，同样也不例外。不同的地域，不同的行业背景，男女思维差异都是很大的问题。好在大家最后都会有一定程度的妥协，能通过沟通形成思想上的统一。对于创业者而言，能在工作中找到快乐十分重要。否则，巨大的创业压力，超常的工作量将会使人抓狂。

执行力强，强势果断。是韩雨霏给自己的评价。

客户至上是她工作的准则。为了创造更好的客户满意度，韩雨霏可以放下身段为顾客做一些提行李、端盘子等力所能及的小事。

在日常工作中，韩雨霏也提倡实行全面质量管理，韩雨霏关于员工对客户茶余饭后的品头论足十分反感。她认为从营销的角度看，当工作人员在给顾客提供服务的时候，是以企业的代表和形象在做对客的营销工作。服务人员之间的言行举止都可能会对企业的服务质量和服务管理产生不好的影响，因此，对每一个员工来说都应注意一言一行，维护企业形象。这些对客服务与业务能力，韩雨霏都做得无可挑剔。

但是，在人际关系里，韩雨霏反而做不到工作上的练达。她宽容、大度、会心软、讲人情。一次，供应商坐地起价，扣押着客户的护照不还，理论一番之后韩雨霏还是选择了在饭桌上一笑泯恩仇。连董事长也调侃她的"妇人之仁"。

根据戈尔曼的研究，一共存在六种领导风格，每一种领导风格都源于情商的不同组成部分。从韩雨霏的描述中，我们可以判断，她有责任心、成就动机和开拓精神，更偏向于示范型领导风格。她会树立极高的绩效标准并且自己会带头做榜样，这种领导人在做事情时总是又快又好。

对私人定制的看法

为了满足游客需求，各大旅行社都在官方网站上开设了私人定制旅游产品板块，许多旅行社都设立了私人定制旅游服务，服务内容不同，价格亦有高低。私人定制旅游产品正在成为旅行社吸引消费者的新法宝。唯恩与这些公司的私人定制部门相比，韩雨霏分析：其一，电商平台的私人定制还不精细，理念还较为粗糙，对于众多业务中的这个板块，资源投入明显是专业化的旅游定制公司更胜一筹；其二，对于传统旅行社来说，他们更注重商旅和散拼，服务极少量的定制客人从专一度和专业度来看都稍显逊色，这是电商平台和传统旅行社的短板，专注于小众的专业化定制旅游公司才会有生存空间。

寄语创业者和女大学生

对于正在创业和有意愿创业者，首先应理智创业。第一要选好合适的行业、领域，分析现有的市场，从旅游的板块上，韩雨霏坦言，现在的市场已经趋近饱和，如果没有强大的心理承受能力和特别出色的创意，最好不要盲目创业，而一旦开始，就要做好破釜沉舟的打算。第二，要选择探索合适的商业模式，不要为了达到高业绩采取得不偿失的贴补方式。

对于女大学生，韩雨霏十分认同中华女子学院的校训：崇德　至爱　博学　尚美。她希望新时代的女大学生都能够将自己的能力发挥到极致，才能创造更加美好的前景。

世界上没有偶然的成功。"昔我往矣，杨柳依依，今我来思，雨雪霏霏。"创业的路途漫长而又艰难，它见证了一代人的青春，汲取了创业者的热血，让创业者历尽坎坷与磨砺；未来的旅途也许还会更难，前方，充满着更多的未知等待我们去探索。唯恩，在这条宽广的大道上义无反顾地走着，正如那句：既然选择了远方，便只顾风雨兼程。

让我们衷心地祝愿，唯恩私人度假的发展会像它的名字一样，将以风向标的创新思维和导向性的精神，让普通的中高端消费群体也有机会享受专属的、私人化的，并且不失个性的旅行假期，从而重新创造旅游行业全新的服务体系，走上行业尖端。

Edaole（一道乐）跨境购物联合创始人杨李燕铭

公司发展大事记：

2014 年，Edaole Management GmbH（一道乐德国管理公司）在柏林成立，定位是一个境外消费指南。

2015 年，全中文境外购物向导一道乐 Edaole 网站正式上线。

2016 年，一道乐 Edaole APP 正式上线。两年时间，Edaole 已经发展成欧洲最大的华人自由行消费指南，签约商户遍布欧洲最热门的旅游国家和百余城市。

主营业务： 一道乐是自助下载欧洲尊享折扣券，规划最优购物线路的中文平台，为用户提供欧洲购物尊享方案。

一道乐 Edaole.

持有一道乐就等于持有选购遍布欧洲名品的 VIP 身份。一道乐的折扣券覆盖了欧洲所有热门旅游国家和城市，只要用户进入这些地区，便可下载享有几乎所有的名品折扣券和为客户定制的语言交通导购等增值服务。相比国内购物将会省掉最多 50% 的花费。除了折扣，一道乐的签约商户更会为用户提供专有礼品和贵宾服务。

所获荣誉： ITB 的旅游企业创业二等奖

内心的强大可以撼动世界
——带你了解一道乐联合创始人杨李燕铭

通常认识一个人的标志就是知晓对方的名字,所以名字不仅是一个代号,它在我们日常的交际和生活中具有很大的作用,一个不常见的名字会给人留下深刻印象,所以杨李燕铭的名字我一听到就没再忘记过。后来在见到一道乐的这位联合创始人之后,通过她本人的解释,便知道了在结婚之前其实是三个字的李燕铭。她出生时,家中院子上空飞过一只大鸟,鸣了一声,嘴里叼着的雨花石掉落在庭院中,因此以鸣之音,铭之意,所以燕铭便成了她的名字。结婚后将夫家姓氏加在名字前。杨李燕铭因为一个美丽的机缘得到了一个美丽的名字,伴随她一生,而她的人生也注定不会平凡。

初入职场

杨李燕铭毕业于北京商学院国际企业管理专业,从 2003 年到 2007 年底,杨李燕铭赶上了互联网创业投资的高潮。她就职于美国著名科技投资媒体《红鲱鱼》(Red Herring 被业界誉为硅谷创业圣经),协助中国总经理建立中国公司和市场,这是她第一次接触创业者,这样的工作机会让她认识和学习了很多中国和国际创业公司的成长。那个时候互联网以及互联网能带来的机遇成为人们的热点话题。

2008 年底美国开始经济危机,杨李燕铭开始将目光投向实业型企业,上天是眷顾她的,正好有一个机会来到她的身边。杨李燕铭在"红鲱鱼"工作时的一个同事,以前在日本做过日本安桥音响品牌的工作。2008 年安桥公司在中国重新组建团队,杨李燕铭被邀请加入团队来一起推广这个品牌。这可以说是一个机会也可以说是一个很大的挑战,因为没有经验且日语语言不通,在老板的建议下,杨李燕铭从最擅长的领域做起也就是做中国市场的推广,她当即决定恶补日语,以更好地迎接挑战完成任务。在安桥公司的三年里杨李燕铭对这个品牌重新定义,并重新改变了品牌形象。

这次的工作经历让杨李燕铭看到了不一样的视野,如果说互联网的行业工作经历给了她国际化视野,那安桥则让她体会到了接地气的感觉。为了推广产品,杨李燕铭要跟各地的经销商打交道,而这些经销商分布在全国29个省,也正因为这样的机会她走遍了中国的大江南北,接触并学会很多接地气的生意经。从跟西装笔挺的外国人打交道,到跟民营企业家或者草根出身的生意人打交道,这完全是两个完全不一样的世界,在这个过渡中,杨李燕铭碰了壁,遇到很多困难,但同时对于她的人生,也是一种难得的收获。如她所说,这是有血有肉有分量的价值。

其实人们对于陌生的东西和领域是会害怕的,因为未知的东西充满了不确定性与风险,所以往往人们面对一个新的行业会望而却步,但是杨李燕铭却愿意抓住这样的机会,无论是互联网工作还是实业的工作,她都会找到乐趣并全身心投入进去,每一天都做不一样的事情,每天都会面临小挑战,在挑战中不断学习,充实自己。

转型家庭主妇

在事业高峰期转型做全职家庭主妇,这在很多人眼里都是一种很冒险的做法,因为在这期间原来的生活状态会完全改变,经济来源、社会资源等都会改变,进入一个完全不同的人生状态。若是日后想要回归社会工作也会很难再融入,因为中国正处于一个快速发展的时期,可以说每天都在发生着变化,做家庭主妇时间越长与社会脱节的程度越大。所以转型做家庭主妇是一个需要慎重考虑的决定。

在安桥发展得相当不错的时候,杨李燕铭有了第一个孩子,她想要放下工作,有更多的时间照顾孩子和家庭,于是她就这样做了,当时朋友同事都建议杨李燕铭想清楚,但是非常幸运的是她的家人都很支持这个决定。她开始着手转型做一个全职家庭主妇,最开始还是以顾问的身份接触工作,直到全部工作交接以后,她终于如愿做了一个全职家庭主妇。做家庭主妇的时间是经过她提前规划的,杨李燕铭下定决心在家里待三年半,在这三年半的时间里按照自己的想法生两个小孩子,等三年半的时间过去后,两个孩子已经可以去读幼儿园。计划很好,更幸运的是所有的事情都按照计划进行。在上海有幼儿托管服务机构,12个月以上的孩子就可以送过去,有专业老师会从早到晚照顾孩子们,解决了职业妈妈的难题。于是在女儿两岁,儿子13个月的时候都去了幼儿托管服务机构,杨李燕铭基本全天的时间都可以去做自己的事情,也是在那个时候她有了再次步入社会的想法。

在做家庭主妇的时候，杨李燕铭开始创作，因为想着人活一世总要留下些什么，所以要把这些年走过的路、发生的事、经历后的感想都记录下来。而这时杨李燕铭一个在中国网工作的朋友负责一个关于职业女性家庭和工作的栏目，她便每周为这个栏目写专栏。后来在这个朋友的推荐和鼓励下开始尝试写书，遗憾的是，这书一直都没有出版。

很多人都知道杨李燕铭是一个时间管理控，即使是育儿管理也要严格控制时间。杨李燕铭在上海生活九年，和大多数上海人一样过得很精致，把所有的时间都控制在15分钟以内，宁愿花费一些金钱也要节省出时间，比如杨李燕铭住在外滩，她就把公司也搬到外滩。每天杨李燕铭都要进行一个小时的运动，负责接送孩子上下学，准备晚饭，再结合爱人的工作时间，合理安排自己的作息时间，严格进行时间管理。习惯都是一点一滴积累起来的，起初杨李燕铭为了做一些想做的事情发现必须进行时间管理，例如平时即要做孩子的妈妈，同时也有很多工作要做，这时就需要合理地安排时间，有条不紊地完成各个事情。对于时间管理，每个人都有权利选择做与不做，因为喜欢并享受这种状态，杨李燕铭养成了这个习惯。

杨李燕铭是享受生活的人，做事情更倾向于是不是自己所喜欢的，比如在创业设定目标的时候，对自己不要太过严厉，现在好多创业者经常在初期把自己陷入勒紧裤腰带，面如土色的状态。而杨李燕铭觉得没必要这样，让自己喜欢是最重要的，例如公司刚开始的时候出差住酒店要住快捷型酒店，如果你不喜欢，那可以自己贴一些钱住好一点。

在平衡事业与家庭这一方面，杨李燕铭的秘诀是高效。如果要出差几天，那就趁着家人假期时帮忙带孩子，时间不够可以找朋友帮忙，在限定时间内完成工作及时回来，比如有一次杨李燕铭出差去德国，因事务繁忙停留的时间便久了些，于是便请了在北京生活的母亲来上海照看孩子两个星期。对家庭方面，杨李燕铭充分地相信她的孩子，认为孩子们已经懂事并且独立了，而另一方面杨李燕铭的家人都很支持她的事业，尤其是她的丈夫，两个人分工家庭事务，因为她顶着中欧时差工作，白天的时候由杨李燕铭照顾孩子，晚上便交给下班的丈夫照顾，她可以继续回到工作状态，和德国公司电话会议、商谈客户。俩人都很喜欢这样的生活状态。

运动达人

杨李燕铭是个十足的运动达人：她打过排球，踢过女足，和朋友们成立羽毛球俱乐部并坚持每周打羽毛球；喜欢游泳、极限运动、瑜伽和跑步；也是CrossFit爱好者，MovNat国际Lv1认证教练；还参加了tough mudder（国际泥人挑战赛）、斯巴达勇士赛、马拉松等。

再次回归

经过三年半的家庭主妇生活，杨李燕铭和当初规划的一样复出了。这时有一个机会降临，当时中国的互联网金融（小额借贷）在网络上盛行，并出现了一些领头羊的公司，比如点融网，但还没有针对居住在中国的外籍人士的互联网金融产品。她的一位法国朋友正好准备做一个相关的P2P产品。杨李燕铭在美国就职于科技投融资媒体，由于自身的专业和曾经的工作经历都和金融相关，所以她认为自己可以胜任这一工作，更何况这是一个再次开始的机会。

经历了三年半的家庭主妇生活，杨李燕铭必须付出很大的精力和时间来重新适应工作节奏，一方面成篇的金融类资料，每天都需要学习新的内容；另一方面思维反应力降低导致杨李燕铭读写都变得不那么容易，即使回一封邮件都要花很久的时间。而半年以后，国家出台了禁止P2P生意的政策，这个时间点很不好，杨李燕铭觉得政策风险非常大，所以就建议公司停止这个项目，但与此同时她的一个时常联系的德国朋友来到上海和她提起看中的旅游行业，新机会——出境自由行消费，来了。

合伙人身份创办一道乐

旅游行业对杨李燕铭来说是一个全新的领域，而互联网领域是她没有直接接触过但是有工作经验的，所以这二者结合的领域对杨李燕铭来说是新鲜的，而她喜欢新鲜的。有人喜欢日复一日做相同的事情，就像马云说的"每天都重复做一件事情，实在是痛苦的事情，只有每天拿新的东西巩固自己时，才会觉得没什么。"杨李燕铭是一个内心很强大的人，这就意味着她无法忍受每天都做同样的事情，只有给生命不断注入新鲜血液才能"满血复活"。

经过细致的调研，杨李燕铭发现这中间大有文章。中国大约有14亿人口，每年去欧洲旅行的中国人有500万人左右，越来越多中国人在欧洲自由行，欧洲是由多个国家组成的多元文化区域，多门语言融合的地方，到了欧洲很多人会觉得欧洲是真正的旅游胜地，山水风景、文化艺术、历史建筑、城市风光等应有尽有。在欧洲大陆上你能找到各种风格的旅游地点，这是一个非常适合开展自由行的地方。而大多数OTA提供自由行商品后，只负责旅行前的服务，在旅行中便不会提供更多服务，但在欧洲旅游是很难舍弃这些外在帮助的，游客们往往会遇到很多的障碍，比如语言问题，不懂地铁怎么坐，如何点菜等。中国人去欧洲，购物也是必不可少的环节，相对在日韩等地购物，在欧洲购物也是不一样的。中国人也越来越喜欢到欧洲旅游，所以说这是一个很有前景的市场。这让杨李燕铭和她的合伙人看到了其中的商机，并有了想法，就是做大众点评的欧洲版。游客有了这样一个软件，可以很容易找到周边的餐厅、折扣、购物、交通信息等。

当时互联网旅游市场已经被携程、去哪儿等网站所瓜分，一个新出现的平台很难竞争到客户，另外由于是互联网产业，所以需要好的技术团队，可以通过互联网手段争取用户，但是这需要大量的资金来支持，无论是当时的融资能力，还是整个商业模式，都无法实现竞争优势，所以杨李燕铭只能想办法扬长避短。她调整了策略，把互联网的生意变成资源型的生意。于是她联系欧洲的商户，提供中文服务的优惠券，并和各种旅游品牌、OTA、点评平台、航空公司等合作，实现 B2B 模式。欧洲的商户希望能有更多的中国人前来购物，因为中国人的人口总数惊人，所以这是一笔很大的生意。而杨李燕铭既为中国人服务，也为欧洲的商户服务，相当于掌控了一座桥梁，沟通着中国游客和欧洲商户，最终的目的，就是希望中国的自由行游客能够在欧洲自由的旅行游玩。通过这些渠道和平台，总有一天中国人到欧洲去购物也会像在中国本地购物一样方便而且简单，买的东西也是货真价实，而且还能享受到特别的服务。

创业时的创业团队是核心要素，选择合伙人也是很重要的。公司会有两个阶段，当你是一个小公司的时候，考验的是创始人的个人能力，而当公司稍微大一点时，考验的是团队文化和战略。公司规模小的时候，创始人的个人能力相对来讲非常的重要，无论是资源、想法还是激情都直接影响公司项目的发展；但当公司规模大一些时，团队最好是多元化互补状态，不光是男女搭配，而且要这个团队中成员互补，重点是团队协作。杨李燕铭说，她也经历了所有创业公司都可能经历的状况——合伙人分歧，团队重组，战略方向性调整，融资问题，资源甚至技术匮乏等。兵来将挡，水来土掩，一道道的坎，一次次的战斗，让她越发坚强。

功夫不负有心人，她终于得到了欧洲投资人的青睐，欧洲的投资人两年前对中国就已经产生兴趣，而且当时的柏林相当于现在的美国硅谷，很多的创业家、创新者、投资人都涌到柏林。这真是一个天赐良机，由于是全新的领域，所以充满了挑战，于是杨李燕铭毫不犹豫地全身投入。

一道乐在成立时是零起点，但因为市场前景比较好，投资人也比较知名，所以很多商户愿意查看市场并信任这个项目。早期德国最大的购物集团包括老佛爷还有一些中国人喜欢的双立人品牌等，本来就很看好中国的市场，所以就合作了，因为欧洲的购物圈并不大，和一些大平台合作之后，其他很多品牌自己就会与一道乐寻求合作。

但是这样一个抢手的项目为什么携程这些大电商不做呢？首先当地的团队，先发而入。其次目的地的服务是保证项目有价值的关键。比如上新的产品时，一道乐需要第一时间帮助商家了解中国人的需求，都有哪些订单，有什么样的促销季等，如果没有这样很细致的沟通，就谈不上服务。而这一点正是一道乐想要抓住的地方，一道乐真正的核心就是拥有这些资源，将这些资源配合相应的服务类型，以此满足中国游客的需求。比如LAMEY是德国一个很有名的钢笔品牌，一旦中国游客到了德国因为旅游行程过满没有时间去买这一商品，那么游客就可以在酒店前台预订，由一道乐负责买到商品并送到酒店，通过这样的服务满足游客需求。一道乐从游客的个性化需求入手，服务到每一个人。比如帮助游客了解所住酒店周围的各种商家店铺，甚至在知道了游客想去的商家位置后还要提供接送服务。对于中国游客，要提供非常周到的服务，服务类型也要涉及方方面面，就像私人管家一样。比如只要中国顾客入住希尔顿酒店就会收到一份地图，让顾客第一时间获取周边信息。想要去商区的话有免费的大巴把顾客从酒店直接接到商区，还有微信的辅助服务。另外一道乐在市场方面也提供一些服务给游客，比如中国顾客遇到意外事故或恐怖袭击等都可以在一道乐门店享受一些帮助，虽然迄今为止没有发生过这样的事件，但是这在企业的培训中是不可缺少的。一道乐需要覆盖更广阔的区域，这样就会有更多被覆盖到的中国人得到这些服务，当服务被顾客们肯定之后，那就要坚持做下去。以后一道乐所接待的将是千千万万的中国人，而将中国市场和国外商户联通起来，则是一道乐存在的价值和意义。

杨李燕铭作为一道乐的创始人之一，将会把重心放在购物和餐饮两个方面，踏踏实实地落实好每一个细节，做更出色的服务。学习德国的匠人精神去细致地做生意，而且最重要的是这样的做法是比较实在的，可以用较低的成本做出来。

未来一道乐要发展第一要做的就是地域的拓展，先拓展欧洲区域，再拓展美国地区；第二是业务模式的拓展，比如游客线上买卖一道乐产品，或者在数据分析的基础上了解中国人喜欢买的东西，实现中国游客在一道乐零售店中便可以买到喜欢的产品；第三是把国外品牌带到中国来，让国人足不出户就可以接收到这些产品；第四是与竞争对手们融合寻求发展。就像杨李燕铭所说，很久以前簋街还不是现在的簋街，如果没有竞争者的话，簋街成不了簋街，竞争环境对自身的成长有很大的促进作用。杨李燕铭会很高兴与竞争对手进行交流，因为她认为如果只有她们做一道乐这个旅游区域，那就说明这个生意有问题。之前英国有家公司也做这个领域，但后来它的离开对杨李燕铭产生了很大影响，然而事实证明杨李燕铭的选择是对的。现在可以看到很多商业大佬都进来做这个领域的生意，例如阿里巴巴的全球购频道、携程的全球购频道、去哪儿等几乎所有的平台都有自己的购物频道。这对一道乐来说既有风险也有机会，但是现在一道乐团队在投资人的支持下，所有人都一条心，按照现在的方式继续走下去就可以。

现在很多大平台上关于欧洲出行部分的优惠券多数是一道乐提供的，市场覆盖率能达到80%以上，即使不使用一道乐的APP，顾客也可以下载这个优惠券，所以没人愿意下载一道乐APP。但杨李燕铭认为并没有必要花费精力告诉顾客可以下载一道乐APP，既然APP不是优势所在，那就避开这条路。现在一道乐所取得的成绩证明了当初选择中国市场是正确的。

在一步一步发展一道乐的路上，杨李燕铭及其团队也会遇到一些困难。第一个问题也是最大的问题就是技术差异。一道乐是为中国旅游者在欧洲时提供帮助和服务的公司，主要经营领域是餐饮和购物，这两方面都需要资金的流通，但是各自不同的支付方式是一个难以平衡的地方。在国内我们流行互联网支付，大量的支付软件比如支付宝、微信等，很多人都不会选择现金支付。在欧洲的商铺内，很多都还在使用现金支付，连移动支付都不知道是什么，更不要说去改变他们POS系统了，这一困难就需要一道乐和欧洲的商铺努力想办法克服。第二个问题是文化差异。很多国外商家或工作者都不知道应该如何接待中国客人，由于文化差异，服务者与顾客很容易在同一件事情上产生分歧，从而导致服务并不到位的现象，所以克服这一问题也是必须要做的。第三个问题是工作习惯的差异。德国人一年除了国家的124天的带薪假期外，还有其他的各种假期。德国人虽然很严谨，但他们做事的效率并不高，而且不喜欢个人休息时间被打扰，这和中国人的节奏差距很大，他们的节奏慢而中国人的节奏快；与法国人合作从谈到得到结果可能需要几个月的时间，这样的节奏让中国工作人员付出了很多的精力和时间，所以工作习惯的差异会让双方都不适。第四个问题是语言的差异，在欧洲很多国家或地区是不说英语的，法国的很多城市都不说英语，意大利和西班牙更不说英语，德国只有一些大城市或一些商务项目上才会说英语，所以沟通一直都是一个问题。

从一道乐创立至今杨李燕铭带着她的团队一直致力于一道乐的发展，要想更好更快地发展，势必要克服以上的各种问题，现在经过两年的努力，杨李燕铭已经有了技术平台，解决了柏林这边的一些问题，一道乐也会在她的带领下一直发展下去。在选择接下来的目标和方向上，杨李燕铭有自己的想法，首先要有远见，考虑企业的长远发展。

"女强人"其实是一个过程

作为女性一旦获得成功,变得强大就会出现特定的称呼"女强人",就好像古人对女英雄都会给一些特定的称呼,例如"巾帼英雄"。但是现在女强人这个词汇开始变得越来越偏向中性,甚至贬义。所以对于女强人的称呼很多成功女性是不愿意接受的,但是杨李燕铭并不介意这个称呼。

看一看杨李燕铭的人生简历,无疑,这是一个内心很强大的女人,不是张扬的那种强大,而是希望掌控自己人生的强大。虽然处事上有一些强势,但杨李燕铭在面对家庭和丈夫的时候,会准确地找准定位,做分内该做的事情。她不介意别人的话语,也不会觉得女强人是一种赞赏,只是杨李燕铭愿意做很多事情或改变很多事情去帮助自己成长,因此有着充实的人生经历。就像她妈妈经常说的"树挪死人挪活"。经常想一想变通的思路,用不同的角度或从不同的领域去学习一件事情,就会很高效地完成学习任务。比如杨李燕铭在完全不会说日语的情况下进入日企工作,到她离开时却可以很顺畅地和人交流。后来在做一道乐的时候杨李燕铭也不会德语,她就开始下定决心学习德语。但在学习德语的过程中,杨李燕铭非常忙碌,除了工作还要照顾两个孩子和家庭,每天还要运动一小时,在这种忙碌的状态下就要想办法找到学习德语的解决方案,杨李燕铭的办法就是决定好一个固有的模式,孩子和大人之间形成良好的循环。让孩子知道父母的起床时间和下班时间,也让孩子们知道自己该做什么。

所以做女强人并没有那么难,杨李燕铭说所谓的女强人称呼是因为女性之前处在一个劣势的地位,现在时代不一样了,求职的方式和赚钱的方式很多,她很希望女性都能突破固有思维,打破舒适圈,去做自己想要做的事情。所以女强人是一个过程,一个女人突破自己的过程。

若想成为一个优秀的女性领袖自然要具有很多特质,杨李燕铭认为首先就是勤奋,只有勤奋才能持续发展下去。其次是要坚持,如果你真的想做成一件事情,只要坚持那么你一定能做成功。在时间的管理上,杨李燕铭每天早上六点钟都会起来先学一个小时德语,因为记忆力不如以前好,总会记不住东西。最初杨李燕铭每个星期上两节课学习德语,每节课两个小时,每次学完以后要复习,不然三天以后就全忘记了。后来她就改变了学习方法,每天六点钟起床,学习一小时。现在杨李燕铭看德语邮件用德语交流都没问题了。直到现在也每天依然坚持。最后要注意细小的事。杨李燕铭用手上的戒指举例,那是一个硅胶的婚戒,是一对夫妇做的,因为他们都很喜欢运动,后来发现运动流汗对戒指不好,但出门不戴戒指,是对对方的不礼貌。于是他们就有了做户外概念戒指的想法,戒指首先是爱的象征，他们加入了运动和户外的概念。自从有了这个戒指，他们发现了广大的市场，从服装服饰、运动器械，到现在成为千万级销售的互联网销售企业，其实就只是从这个戒指开始的。所以不要担心未来的市场有多小，到现在这对夫妇卖的衣服随便一件都是50美元起，这个价格在美国这已经超过阿迪达斯这种大众品牌了。

阅历会影响一生

2016年曾经有一句火遍网络的话叫作"世界这么大，我想去看看"，多走走多看看会让人拥有丰富的阅历，而人的阅历不仅会影响他的性格，还有可能会影响人的一生。

杨李燕铭曾在美国和日本就职，后来又做欧洲的出境旅游工作，因为工作的原因，她走了很多地方，也看了很多东西，这都是她的人生阅历，并对她产生影响。看到好品质的东西要抓住亮点学习，丰富自己。比如日本人他们工作起来非常的刻苦，虽然看起来他们有点无聊，杨李燕铭之前的日本老板看一个报表要八个小时，他们具有极高的日本忍者精神。而美国人很阳光，生活中很开放，会让您感受到阳光。杨李燕铭在美国的大街上等公交车时，会有路人走过来直接问是否需要零钱，若是需要他会帮你换。即使美国犯罪率很高，但是普通的老百姓还是很阳光很开放的，在这样的氛围下杨李燕铭也会这样去影响别人，无关信仰和种族，只要真心对别人好，就会享受到别人对你的好。杨李燕铭特别喜欢多元文化的融合，由于在北京和上海都生活过所以杨李燕铭融合了北京的大气和上海的小资，她常常说自己是大资。北京的大气带给她大大咧咧的气质，但在南方生活多年，而且学习上海文化取其精华，所以过生活又很享受。这是阅历对人的性格的影响。

杨李燕铭来认为阅历对一个人很重要。杨李燕铭是舍不得睡觉的人，她认为不管你做什么得到的经历都有可能帮助你得到下一个机会，帮助你成为梦想中的自己。杨李燕铭是不会停歇的人，有些人会因为宅在家里或者去逛逛街很开心，但她完全不觉得开心，她认为能够让自己成长的事情才能换来更多的开心。她建议年轻人尤其是刚走出大学的女性多读书、旅行，重点是带着你的知识去旅行，否则就是浪费金钱和时间。如果对这个地方完全都没有概念，完全不知道你去的这个地方的历史或者文化的话，你只会感慨这个山好漂亮，水好清澈，其他的都不会留下，这样的旅行是没有意义和价值的。真正有文化的旅行者，他会通过每一次旅行，得到更多价值。

杨李燕铭认为她的婆婆就是一个真正有文化的旅行者，也是一个在她看来无所不能、让她非常敬佩的女人。婆婆年轻时去加拿大读了生物学的硕士，后来又去了美国工作，当她和丈夫有了孩子以后，就放弃了自己的工作，因为她觉得这段时间必须在家里。杨李燕铭认为男人和女人，家事和外面的事情都应该有分工和侧重点，这才是一个合理的平衡和结合。

杨李燕铭的婆婆60岁时决定去周游世界。她经常跟杨李燕铭说"我是一个背包族"，但是她背的是知识的行囊，这才是旅行的意义。她博览群书，可以讲多国语言。无论是军事、历史、建筑还是天文、物理、化学、生物，她全都愿意去学习，而且她看的书都是非常有针对性的书。比如这段时间她在研究"二战"她便去看"二战"的书，可能去欧洲她就去读欧洲相关的书籍，现在她已经八十多岁了，仍然是每天80%的时间都在读书。杨李燕铭对婆婆的敬佩是从内心深处发出的，因为这样一位热爱学习、意志坚强的女人值得人敬佩。

婆婆的博学、思想的深度、看待事物的淡然都是因为她拿着知识去旅行，而不是走马观花。这个非常重要，所以我们经常会说要么读书要么旅行。不要被鸡汤的表面所干扰，要找到里面真正的含义和内容。伟人说过的话、别人走过的路，总结的经验教训的确是非常好的一碗鸡汤，但是当你不知道其中深意的时候，却只会伤害你自己。人应该去思考自己的人生或者去学习前辈说过的话，带着自己的知识去做应该做的事。

寄语女大学生们

即将步入社会的学生们，首先面对的就是就业的问题。还是就业和创业这两种选择是因人而异的。去创业也是磨炼，你会得到完全不一样的东西，创业一般会有两种情况，第一种是大学毕业后先工作适应一下再创业。比如你可以选择留学一段时间，然后在大公司学习一下，这样可能会对日后创业更有帮助。第二种是大学生刚步入社会就开始创业，正所谓初生牛犊不怕虎，这样走下去也未必会发生不好的事情，创业过程中你必然也能学到很多东西。所以无法说明这两者哪个更好，杨李燕铭鼓励愿意创业的女大学生用自己最擅长的方式去发挥，创业和工作都可以，重点是学习、积累，用比别人快的速度掌握新的本领。

葡语农庄董事长杨慧琦

公司发展大事记：

2011年，北京兴业富民果蔬种植专业合作社（即葡语农庄）成立。

2014年，世界葡萄大会种苗繁育基地。

2014年，世界葡萄大会主要供应商。

2015年，获得国家商务部"中国诚信企业"认证。

2016年，代表北京葡萄产业参加京津冀乡村旅游季，参赛葡萄被评为"新奇特奖"。

2017年，被评为北京市农业信息化龙头企业。

主营业务： 优质安全高端鲜食葡萄种植及种苗培育、农产品生产、休闲、观光、旅游、科教、研发、展示、培训，商务会所、生态特色餐厅、生产健康饮品等。

企业所获荣誉：

2014年，被评为"北京市休闲农业园区二星级"

2015年，被评为"北京市休闲农业园区四星级"

2015年，获得国家商务部"中国诚信企业"认证

2016年，北京市妇女联合会评委"大学生实习基地"

2016年，代表北京葡萄产业参加京津冀乡村旅游季，参赛葡萄被评为"新奇特奖"

2016年，被市妇联评为北京国际青年关爱女性及传统文化体验基地
2016年，被评为"全国休闲农业三星级园区"
2017年，被评为"北京市农业信息化龙头企业"
杨慧琦董事长个人荣誉：
2013年，邮储银行举办的创富大赛获得"创富先锋"
2015年，北京"青邮时贷"创富大赛银奖
2015年，英尚杯最美老板娘评委"最佳励志奖"
2015年，中国青年创新创业大赛全国铜奖
2016年，被北京休闲农业创新联盟评为"最美农人"
2016年，被中国女企业家协会评为"杰出创业女性"
2016年，获得中组部·农业部农村实用人才带头人证书
2016年，被延庆区团委评为"诚信守法"青年典范
2016年，代表首都女性参加第八届中美妇女领导者交流对话会
2016年，北京榜样提名人物
2017年，北京市妇女联合会聘请为"女大学生创业导师"
2017年，荣登"中国好人榜"
杨慧琦社会职务：
北京市延庆区政协委员
北京市青年联合会委员
中国青年电商联盟副秘书长

吃葡萄不吐葡萄皮的庄园

葡语农庄（即北京兴业富民果蔬种植专业合作社）位于北京市延庆区，毗邻龙庆峡，每年客流量非常多。目前葡语农庄与大众点评网合作，拥有独立的微信公众号。葡语农庄共占地1500多亩，于2011年4月成立，由杨慧琦等106位农民发起成立，合作社采用股份制建立，采用现代企业财务管理制度。葡语庄园是北京市规模较大的设施农业园区，也是延庆区第一家利用现代农业设施种植鲜食采摘葡萄的园区，园区定位是"发展高效特色农业""开发休闲旅游"，打造绿色休闲农业示范基地，走品牌发展之路。葡语庄园依托农科院的研发优势以及技术和管理，开创了集优质、安全、高端、鲜食葡萄种植及种苗培育、农产品生产、休闲、观光、旅游、科教、研发、展示、培训，商务会所、生态特色餐厅、生产健康饮品为一体的现代农业科技园。

葡语农庄微信公众号可以查看农庄的各种信息，主要包括：夏黑、状元红、红芭拉蒂和京香玉等各种高品质的葡萄，休闲、住宿、餐饮和采摘都非常方便；通过"园区景观"功能可以看到盛开的向日葵、新鲜的大白菜，供游客入住的胶囊旅馆、干净明亮的会客厅、绿荫下的烧烤区，还有供客人散步的小花园。

爱上农庄的90后女孩

一个好的公司离不开一位优秀的领导人，而近几年快速发展的葡语农庄也一样，它的掌舵人是杨慧琦。她是一个活泼开朗的90后女孩子，2013年毕业于北京语言大学，专业是工商管理，在毕业之前，促使她走上创业之路的是2012年的一场大雪。

2012年冬天，大雪压塌了杨慧琦父亲和乡亲们一起盖的温室大棚，400多亩车厘子幼苗随之夭折，造成了数千万元的损失，那时的杨慧琦还在上学，她一边扫雪一边在内心着急，她想要帮助父亲，这是她创业契机的开端。鉴于先前危机的情况，2013年，杨慧琦从北京语言大学毕业，放弃良好的就业机会毅然选择回到延庆农村，借鉴在学校学习的管理知识打算帮助村民走出困境。经过杨慧琦和乡亲们研究，最终根据已有的条件决定种植葡萄并成立了兴业富农果蔬种植合作社，大家推选杨慧琦女士出任合作社的董事长。

创业之前，她的想法是在庄园里等待游客路过，然后接待游客，把葡萄卖出去就好，但经过一段时间之后，她的想法就改变了。她发现在庄园里面等着是不行的，这样无法让企业发展起来。虽然庄园内有可口的葡萄，但是不让游客知道农庄的存在，在有限的旅游时间里他们是不会来这里的。因此，她开始联系各大

网站,比如在大众点评网等发信息,做团购采摘。一段时间后又开始用微信社交平台,在各种各样的微信群宣传庄园,经营葡语农庄的微信公众号。

杨慧琦是一个非常"较真"的人,从决定创业开始,她就告诉自己"必须做下去,一定要做下去。"既然开始了,就希望能带领员工和企业走向更高的平台。遇到问题不懂怎么办,那就学。杨慧琦说道:学习的时间挺辛苦的,作为公司决策者,平时要上班还要加班,要在别人休息的时间继续充电学习。一开始对互联网、营销、管理其实根本就不懂,毕竟课堂学习理论知识跟实际操作还是不太一样。经过一年实践和理论的学习,杨慧琦对创业更加了解了,对互联网和管理也懂得更多。

在艰苦的创业环境下,杨慧琦相信葡语农庄会有良好的发展前景。依托延庆区良好的地理位置和生态环境,致力于打造延庆区第一家利用现代化农业设施种植鲜食采摘葡萄的园区、北京市较大规模的农业采摘庄园,她希望能将葡语庄园打造成为京津冀地区品牌采摘园区。

创业是辛苦的,农庄创业又是一个收益缓慢的行业。笔者问她为什么选择经营庄园时,她谈道:行业的选择一开始是被迫接班,但是现在慢慢地爱上了,在创业的过程中学到很多,收获了很多,她原来感觉做生意很简单,但是越成长就越觉得懂得少需要学习的东西很多。作为领导人,管理、互联网、金融方面的知识要懂,而农庄又是实体创业,财务、税务方面很多都要懂,还需要学习与其他客户谈判合作等知识,慢慢发现老板必须是全能的。

创业历程

1. 乘风破浪的开始

在接手葡语农庄后,杨慧琦就拿出全部的精力投入其中,她认为,既然要做,那就要做好。葡语农庄最初选址在延庆是杨慧琦父亲的决定,她父亲选择这里,主要是看重延庆区未来的市场和临近龙庆峡的地理位置。

世博会是世界园艺博览会的简称,是一项具有较大影响和悠久历史的国际性活动,它既是人类社会发展进程中对当代文明的真实记录,更是对未来美好前景的展望和憧憬。2019年的世博会将在北京延庆区举行,届时将会有不同国家、不同地区的人齐聚于此,历时162天的世博会将会把延庆区推上国际舞台,让它呈现在众人面前。在2022年延庆区又将迎来一个重大的发展机遇,那就是冬奥会,冬奥会的冰雪项目将由张家口和延庆区共同承办,而两者之间坐车只需要两个小时。

除了未来前景可观的市场，葡语农庄的地理位置也非常好，距离龙庆峡只有 5 公里左右，是游客去龙庆峡的必经之路，每年这里有高达 100 万的客流量。夏季的时候，龙庆峡风景优美，有各种水上活动，龙庆峡会组织夏令营活动，而这时就是让游客来庄园的好时机。在冬季，龙庆峡会有长达一个多月的冰灯节，目前龙庆峡冰灯节已经举行 32 届，在节日期间，游客能观赏到玲珑剔透的冰灯、树灯，五彩斑斓的花灯、彩灯，数百件冰雕、雪雕展品，以及环绕群山的万米长城灯，把夜色中的龙庆峡装扮得如梦如幻。杨慧琦提到，每年这时候，游人就特别多，在 2017 年还上了头条，一日游客就破 4 万人。

2. 建设美丽的庄园

葡语农庄发展绿色休闲旅游，不断研究高效高科技农业，挖掘品牌潜力，进而打造休闲绿色农业示范基地。目前，葡语农庄运用农科院的研发成果以及技术管理方法，打开了高科技绿色农业采摘的市场，建立了多维采摘庄园概念。葡语庄园分成三期建设，同时结合创新政策逐渐实现现代化设施，用独特的合作模式扩大游客规模，并加强线上线下经营力度扩大产品销量，进而投入新一轮公司建设。

葡语农庄一期工程主要是基础的葡萄园区建设、有机葡萄基地设施建设、生态家禽养殖基地的建设、有机微生物肥料配置、育苗组培实验室的建设、园区内循环经济的建设。一期的规划是为了完成园区完整的质量管理体系，规范生产行为，全面推进绿色化肥、有机肥的使用；同时改良土壤，提倡用物理和有机生物的方法来防治病虫害，保证园区内所有的产品都优质健康。园区采用原始的养殖方法，结合现代微生物有机生态养殖理念进行植物种植和家禽养殖；温室大棚内种植了超过 30 种国际顶尖葡萄品种，并获全国葡萄评比金奖和优质奖以及吉尼斯世界纪录。

葡语农庄二期工程主要是建设兴业富民多功能有机绿色农产品展示大厅、游客接待大厅、鲜食葡萄大型保鲜冷库、生态餐厅、书画院，并充分利用延庆优良的矿泉水资源建设园区自酿葡萄酒基地、健康饮品基地。

葡语农庄三期工程主要是完善园区各方面功能，完善接待设施，建造高端的绿色农产品采摘庄园，并全面推进农庄的科技、人文、质量等多方面实力。同时形成有机养殖、种植、加工、生产、消费，再到有机微生物肥料回田的真正经济循环的经营模式。葡语农庄种植的农产品都是依照西方高端有机食品的种植生产标准，保证农庄内食品在自然生态条件下生长，采用现代化技术进行生产，保证产品质量的同时也保证了客户对食品新鲜营养的需求。

错综复杂的商业环境

1. 我国整体创业环境分析

创业是推动经济发展的动力,创业活动需要一个良好的创业环境。旅游实业创业受到多方面因素的影响,如创业整体和个人的经济情况、国家和地区的政治因素、公司所要遵循的法律条款、公司创业期间可提供的科技比例、当下社会的旅游意愿和自然不可抗力等多方面的因素。

《全球创业观察中国报告》显示,中国的基础设施配备健全并且政府政策简政放权鼓励女性创业和第三产业不断发展,因此,旅游实业创业女性的创业起点相对优越。各级地方政府做到精准扶助创业,政府融资壁垒和额度非常宽泛,在旅游科技研发方面的优惠政策良好。然而,在私人金融机构方面的支持、中央政府直接的政策支持、企业申请优惠待遇的审批程序、互利相关行业的发展、转岗专业人员的专业程度、知识产权的保护、科研成果的实际应用等方面均处于劣势,在研究方法、创业经验、资本和力量的投入方面与西方发达国家相比也存在很大差距。我国创业活跃的地区也是经济增长快的地区,包括京津地区、长三角地区、珠三角地区,其中上海连续三年居于榜首,而北京连续三年居于次位。

2. 葡语农庄创业环境影响因素分析

基于我国创业整体环境趋势,葡语农庄受到宏观因素和微观因素双方面影响,如税收工商政策、产业政策、行业竞争程度、企业内部战略等多方面因素。

在创业的过程中,杨慧琦深入了解目前我国的农业发展状况。杨慧琦说:"我觉得目前整个农业领域除了做产业链和已经上市的大农业企业之外,其他的农业企业大部分处于赔钱阶段,我们可以向台湾农业学习做精,然后把这个产业链延伸得非常非常深,把这个产业链做透才可以。我们现在大部分农业企业包括我自己做的企业相对来讲会稍微肤浅一点,尤其是文化的这个板块非常薄弱,虽然销售把东西卖出去了,但在文化这个领域还是比较薄弱的。另外我们的人力成本也特别高,国外很多农业都是用机械收割,像我们这样的企业,很多发达国家已经用机械收割了,但咱们这边的机械非常贵,所以用人工,可能今年工人花10万元明年忽然又花10万元,这还是一个很长期的状况,所以这个就是挣钱挺难的点。"

表 1　葡语庄园创业环境影响因素分析

影响因素	细分项目	具体内容
宏观环境	税收、工商管理政策	政府简政放权各方政策支持创业以及产品创新
	产业政策	旅游产业逐渐受到国家重视，京津冀一体化为农庄带来了良好的客源
微观环境	行业竞争程度	延庆区第一家利用现代化设施种植鲜食采摘农产品的庄园
	行业发展情况	结合国家出台政策做线上、线下双向经营模式
	家庭支持情况	与当地村民共同合作
	社会资源	专注于社群营销，通过社群营销来积累目标客户
战略因素	商业计划合理，与村民合资创业、实体经济	

创业不仅让杨慧琦学习到如何经营庄园，更让她深入了解了实体创业环境。她提到，农业创业一般的人都不愿意做，前期需要的投资很高，比如葡语农庄，前期准备种植葡萄、其他水果和房屋建设、设备的用地，葡萄、其他水果的幼苗，各种设备的投资等非常大，但投资回报率很低，同时投资回报周期又长，因此非常难做。现在提到创业，更多的人是想到互联网创业，顺应时代，目前互联网创业也非常受欢迎，比如有的创业公司投入几千万一两年就翻个五六倍，两三年就几个亿，然后再过两年就有个几十亿。杨慧琦提到，她有朋友也是做互联网的，那赚钱确实快，但是它毕竟是比较虚一点，泡沫比较大一点，当然也有不少最后做得很好。实体就是可能很稳定，但是就不会有那么大的发展，可能很慢，这就是商业环境。还好国家还是很支持农业的，因为毕竟民以食为天，还是要把食品安全放在很重要的位置，所以政府政策上面是很支持的。其实所有人包括我们自己，大家都希望能够吃到安全的食品，但又不想花非常高的价格，这是一个很关键的问题。所以这个社会环境就是这样不好不坏，大家心中向往也很重视，但是又不愿意花很多钱。不管是互联网创业还是实体创业，各有利弊，最主要的就是找准自己的兴趣爱好，并为之努力。

独具一格的经营模式

随着企业的发展和壮大，逐步形成了较稳定的商业模式，经过一段时间的探索和长时间的学习，杨慧琦自己总结和整理出适合葡语农庄的一套商业模式。就是要线上营销和线下整合两个部分，主要包括五元模式和实验合作模式，两套模式放在一起，构成了葡语农庄现在的运行模式。

五元模式属于线下整合，主要是与当地的旅行社和农家乐合作。旅行社可以安排游客旅游线路，在游客订购产品的时候就已经包含在游客游览的过程当中，为了增加游客的福利和满意度，旅行社可以用低于网上的价格把门票出售给游客。景区附近有提供游客餐饮和住宿的农家乐，葡语农庄把门票给农家乐，农家乐以较低的票价出售给游客。比如，在顾客吃饭或者闲聊时提点几句，问问游客旅游打算，或者在游客询问附近有什么好的游玩之地时进行销售，老板一般会说："要不然去葡萄农庄吧，我这里正好有门票，你看看大众点评上28块钱，从我这拿10元。要不然你从网上看看他们家图片，看看你愿不愿意来，如果喜欢就从我这里拿票。"庄园很大，不仅有品种丰富的葡萄还有太阳花、火龙果，还有小绵羊等，游客参观之后可以品尝水果，觉得满意就会愿意买。葡语农庄把葡萄卖出去了，农家乐老板也可以收获卖门票的收入，比如农家乐老板门票卖10元钱一张，只要10个人买，就可以赚100元，还没有材料费，在双方获利的情况下，老板会愿意主动推销。

　　葡语农庄会给当地的农家院、旅行社和宾馆一定数量的门票，杨慧琦认为外来的游客到了一个旅游的地方，要么是进行商务活动，要么就是旅游观光，不管商务活动还是旅游观光都离不开吃和住。龙庆峡客流量多，景区就这么几个点，基本上所有来延庆的人大多都会到这几个点，这几个点抓住了就等于抓住了整个延庆大部分的人流量。杨慧琦说："主要是与代理人签订全国，或者让业务员直接与客户联系。"在与代理人签订合同时，我们会把门票发给他们，比如一个农家院可以代理我们的名片，根据代理的数量和时间，由庄园统一决定给代理人的价格，如果价格不统一，很容易造成顾客满意度下降。双方按照标准签完合同之后就代理了我们的门票。这是我们用作线下整合的一种方式，这种方式可以让很多人夏天的时候来到葡语农庄。同时，我们这里有很多业务员，业务员的工作主要是谈客户和接待，比如一个业务员谈了两个客户，那这两个客户带来的所有团队都由这个业务员接待，接待好与不好都是全权负责，所以业务员的提成跟他们的介绍人都是有关系的，除了有利润的连接还有情感的连接，那这个业务员如果想挣很多钱的话，就只能跟客户搞好关系。客户给我介绍很多客人，然后我底下的人接待好顾客，整个流程大概是这样，这是线下的一种模式。

　　线上营销类似于分销机制。葡语农庄临近龙庆峡会有很多游客，而成团的游客离不开导游的带领，此时，导游就像是在庄园和游客之间搭起沟通和交流的桥梁。导游带领团队来庄园，有客人来了买完了，回去之后可能觉得这个平台买东西还不错，再推荐给别人买，所以你不用跟导游说，他会无穷无尽地给你介绍人，因为他从带来的第一拨客人那里尝到了甜头。杨慧琦说道，虽然现在庄园内葡萄较少，但仍然有导游打电话说要过来，与导游的合作是三方获利，庄园可以得到收入，导游可以得到收入，游客可以亲自去采摘葡萄，享受采摘的乐趣，为旅游增加美好的回忆。

葡语农庄创业团队

经过对杨慧琦董事长的深度访谈以及对葡语农庄的实地考察，笔者了解到葡语农庄由杨慧琦董事长及106位当地村民发起成立，公司按照股份制建立，并按照现代企业财务管理制度进行规范化管理。

随着企业团队的壮大，公司的加速发展，核心团队的重要性就凸显出来。而葡语农庄的核心团队是由朝气蓬勃的三个90后的小姑娘组成——杨慧琦、妹妹以及同学，之后随着业务的增加又加入了十来个高层管理人员。杨慧琦提道，她们都是90后，有很多的共同点，同时在领导风格中又有很多的不同点，三人有不同的领导风格。

杨慧琦本人乐观开朗，和气温和，在管理时比较随和一点；杨慧琦的同学执行能力强，严于律己，要求比较严格；杨慧琦妹妹主要是内部管理，包括行政和财政。杨慧琦认为只要不是原则性问题，其他都好说。她认为每个员工都需要塑造，你不能要求他来了就很OK，需要慢慢地塑造起来。多教一些，多讲一些，多分享一些，让他们理解了你心里的想法，然后他们自然就会按照你心里的想法做。但是如果你表达不清楚，他们也没有办法做，所以第一步就是要求自己。首先就是工作安排好，安排得当，跟员工充分地交流，然后大家成为很好的朋友一起创业。

21世纪，人才流动速度加快，58、智联、BOSS直聘等关于招聘的多种APP的出现，也证明了人才对于企业的重要性。在采访过程中，对于提高招聘员工的要求，杨慧琦谈到不少关于招聘员工的看法。从地理位置而言，延庆区属于郊区，远离北京市主城区，很多人都想要在北京市区内工作和生活，因此很难找到合适的人。另外从工作内容而言，在农场工作，实践性和操作性部分居多，会比较辛苦，因此很多年轻人不愿意选择。她强调，葡语农庄招聘员工并没有什么特别的要求，只要思想活跃，愿意踏实地投入到工作中就可以。

风雨中成长起来的农庄

鸡蛋从外打破是食物，从内打破就是生命。问到如何看待创业理念时，杨

慧琦说:"创业的理念就是坚持坚持再坚持,不用扬鞭自奋蹄。不要让别人追你赶你,一定要自己干。"自发的努力和不懈的坚持,才能从鸡蛋之中诞生生命和希望。

如果把企业比作一辆在沙漠中奔跑的越野车,那企业的定位就像是目的地的坐标点,有了目标并坚定地去实现,才不至于迷路在浩瀚的企业大军之中。杨慧琦谈到公司的定位时,她说:"我们的定位就是希望能够发展成京津冀龙头农业企业。"这不仅仅是她的愿望,也是公司众多员工的愿望,大家愿意为之努力。

企业文化是企业生命力的源泉,没有企业文化作为基石,在众多的竞争者之中,难以走得更加长远。不同企业在长期实践之后,会拥有自己独特的文化,比如,作为我国创业成功典范的阿里巴巴,其企业文化主要有六点:第一,客户第一;第二,团队合作;第三,拥抱变化;第四,诚信;第五,激情;第六,敬业。再比如希尔顿,作为国际酒店品牌希尔顿的创始人,在他的著作《宾至如归》中写到一句话:"你今天对客人微笑了吗?",同时这句话也是本书的核心,后来希尔顿酒店衍生出了全球著名的"微笑文化",让每一位入住酒店的客人都感受到温暖的笑容。在访谈中,提到企业文化时,杨慧琦认真地说:"葡语农庄的企业文化就是极端负责和精益求精。"民以食为天,把旅游业和农业相结合的庄园,要负责食物的干净和无害,负责客人的安全,只有这样,让游客吃得放心,用得放心,才能让企业走得更高更远。"精益求精"是对服务和食品的精益求精,把顾客放在第一位,让顾客满意和放心,这是企业最关心的问题,没有顾客的支持,企业就是在沙漠中流走的孤河,迟早蒸发,难以长久。企业的文化,并不是要求长篇大论洋洋洒洒地写满几页,然后贴在墙上让人观看,而是落实在一点一滴的行动之中,以此为行动的指标,坚持执行下去,而葡语农庄正是这样做的。干净整洁的庄园、丰富鲜美的食物、诚信友好的合作,都表示葡语农庄在落实"极端负责和精益求精"的文化。

农庄现在的远景规划主要是集中在亲子板块,目前在农庄内已经开始修建让儿童游玩的场所,之后会把室内装修好,把儿童板块做好,同时把网络营销做好,这是农庄未来规划的核心。

经济的高速发展带动了旅游业,旅游业的发展带动了诸多的行业,比如农家乐。经济发展是把"双刃剑",增加物质财富的同时也带来交通拥挤、空气污染大、工作压力大等诸多问题。在市区内的工作者,平日都是以工作为重心,时间久了自然压力大,因此周末或者假期的时候,有很多平日在市区的工作者到农家乐或者郊区景点放松心情、缓解压力。农家乐得以快速发展,除去客观的条件外,本身具备的诸多元素也是其得以快速发展的原因。第一,农家乐远离市区,环境安静,生活节奏缓慢,很适合辛苦工作一周后的工作人员休息;第二,农家乐消费水平不高,住宿和餐饮都比较适中;第三,农家乐旅游的同时,可带着孩子来体验劳作的乐趣,培养他们的动手能力,同时也让他们明白,食物的可贵,心怀感恩之心,而目前葡语农庄正是在做这样的事情,农庄现在已经有了供孩子游玩的基础设施设备,还多次发起了亲子体验之类的活动,目前葡语农庄已经取得多项荣誉。

寄语女大学生和女性创业者

路要一点点走出来,创业要一步步坚持走下去才有可能成功,在我们出发之前,或者在我们行走的路途中,如果有过来人稍微指点一下,相信会对大家有一定的启发,关于创业经验分享,杨慧琦在很多方面有独到的见解。

在访问过程中,提到能够创业成功的因素主要有哪些,杨慧琦谦虚地说:"现在不可以叫创业成功,因为真的还没有成功,只能说比较稳定,现在只能说是比较稳定,要稳步向前。创业最重要的是选对行业,选择大于努力,选对了比努力重要,但是既然选择好了,就一定要努力,努力把这件事情做成。企业领导应该一直不断地学习,我觉得董事长也好还是这个企业的负责人也好,不断地去学习是最好的一种状态,如果他不学习,那企业就不行了,所以一定要学习。"作为企业的掌舵人,信息的高速变化和更迭,既是机遇又是挑战,如果能在信息的夹缝之间快速做出决策,引导企业走向正确的路,那企业将会越走越好,相反,如果无法获取信息、筛选信息和做出决策,就很容易被淘汰。

杨慧琦说:"创业可以用两个字来形容,那就是'艰'和'坚',第一个是艰辛的'艰',第二个是坚持的'坚'"。创业是很艰辛的,没有不艰辛的创业,没流过眼泪的创业真的不叫创业。我们有时候去跑客户,一个客户跑好多好多次,真的是特别特别难。还有一个就是坚持,创业一定要坚持,只要坚持下来,就一定会成功。坚持不断学习,坚持不断努力地奔着一个方向走,如果不坚持,刚遇到一点困难就放弃了,那肯定是不会成功的。但是我自己觉得创业维艰,真的要想好,然后再创业。"

笔者问及作为 90 后的创业者,有没有对女大学生想说的呢?杨慧琦认真地说:"女人其实在社会上工作挺难的,需要面对各种压力,创业难,女性创业更难,能创业成功的女性更是难上加难。我们之前农庄受了一场灾,损失 2000 多万元,然后我在 2014 年的时候又得了一场癌症,其他人就觉得这个小女孩真不容易。生病进行化疗的时候很痛苦,头发也由原来的短发开始掉发,但我是个乐天派，家人朋友的支持使我走过那段艰难的时光。后来头发长出来了一直也没剪，舍不得，这两年长这么长。总之，确实还挺不容易的。女孩子创业压力很大，照顾好自己身体的同时也要保护好自己。可能我个人比较讨巧，贵人比较多，也特别愿意帮助我。2016年的北京榜样人物，在北京3000万人中选择60名北京榜样候选人，我特别荣幸被选上了，在这60人里还有机会争取那个北京榜样的这10个候选人，这个真的是挺珍贵的。创业时，要处理很多事情，庆幸身边一直有了解我的人，由开始的懵懵懂懂，到后来的一知半解，到现在逐步了解，在这个过程中，很多人见证了我的成长，一直非常感谢他们。"

杨慧琦说自己是"讨巧"，有了贵人相助，这是她谦虚和心怀感恩，我们都知道，在激烈的竞争中，想要脱颖而出，没有真正的能力如何能得到"贵人"相助。农庄损失两千多万，她奔走四方，查找适合种植的树苗；刚毕业时没有管理和经营庄园的经验，一人慢慢熬夜学习至深夜；二十多岁她正是青春活跃的时候，却又不得不忍受一次次化疗的痛苦。没有无缘无故的帮助，更多是努力耕耘之后的收获，再一步一步登上山顶，可以说是她的努力和坚持努力才让人们看到优秀的她。

狄更斯曾说："这是一个最好的时代，这是一个最坏的时代；这是一个智慧的年代，这是一个愚蠢的年代；这是一个信仰的时期，这是一个怀疑的时期；这是一个光明的季节，这是黑暗的季节；这是希望之春，这是失望之冬。"对于创业而言，会面临很多的困难，"竞争强烈"之冬，"高淘汰率"之冬，但并不能否认，这也是创业者的春天。当全民创业的口号提出来和各种政策颁布时，在很多方面，意味着政府将会给予创业者很多帮助。虽然我国旅游实业创业发展迅速，女性企业家比重也不断增加，但是由于我国旅游实业女企业家创业起步较晚，具体发展前景尚未可知，对于其到成熟期的过渡期维持的时间不容易判定。通过对宏观水平、个体特质水平和资源水平的影响因素比较，为保证创业企业家的权益并使得我国旅游企业良好发展，笔者建议，首先国家政策应当更加有针对性，从粗放式的创业政策细化到精准帮助创业政策，联合当地的旅游局以及妇联机构帮助规划，更加有针对性地解决问题。其次普通女性创业个体应当结合自身认清当下宏观、微观条件，了解内外因素进行旅游实业创业，例如风险承担预算、战略规划等，着眼远景，才能保障企业稳步发展。

无二之旅联合创始人蔡韵

公司发展大事记：
2012 年，无二之旅在北京诞生。
2014 年，北京无二之旅文化传播有限公司（简称无二之旅）成立。
2014 年，无二之旅获得天使轮融资。
2015 年，无二之旅获得 A 轮融资。
2015 年，重庆分公司成立。
2016 年，无二之旅获得 A+ 轮融资。
2016 年，上海分公司、深圳分公司、成都分公司成立。
2017 年，无二之旅由文化传播有限公司变更为科技有限公司。
2017 年，无二之旅获得 B 轮融资。
2017 年，无二之旅自营门店进驻到天津、杭州等地的大型商场。
主营业务：国内专业的出国旅行定制公司，致力于为每位客户提供省心、自由、高性价比的海外自由行方案，让旅行有温度。

企业所获荣誉：
2016 年 8 月，无二之旅荣获"2016 最佳定制旅行平台"称号
2017 年 12 月，荣获"2017 年度卓越定制游产品服务供应商"大奖
多年来，无二之旅获得了包括芬兰航空、澳洲旅游局等各大航空公司及海外旅游局颁发的"最佳推广奖"等众多奖项。

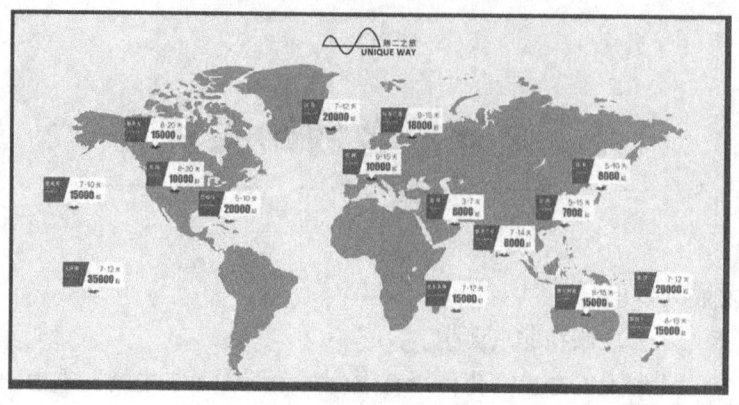

和我一起,来次有温度的旅行
——无二之旅联合创始人蔡韵

说到旅行,我想这是令很多人向往的事情,即便是还未出行,一想到"旅行"这两个字,就会给人一种心旷神怡的感觉。既然如此,你肯定渴望有一次自由行,一次去到国外,说走就走的自由行,然而,问题来了,没有出国旅游经历的你,一定会被林林总总的问题困扰。目的地怎么选?季节是否合适?如何订酒店?怎样订机票?哪些景点值得玩?什么样的旅行最划算?想到这些,你可能又会被自己的懒惰打败,还未出行,各种的攻略已经让你焦头烂额。不要着急,今天跟我走,让你不用费心,跟我一起私人定制,来次有温度的旅行。

在旅行开始之前,让我们一同走进无二之旅,一家最为专业的出国旅行私人定制公司,感受一下一位80后文艺女青年的创业之路。没错,她就是无二之旅联合创始人蔡韵。

为旅行而生的女子

蔡韵——一位80后女青年,初次见面,你一定不会将她和创业联系在一起,她的一颦一笑都透露着一种文艺的气息。我所了解到的女性创业者不多,但凡想到女性创业者,脑海中总是会闪现出类似董明珠一样的商业精英人物,她们雷厉风行,仿佛永远坚信,在这场强势永远比亲和力更重要的战场中,她们如战场上的花木兰般英勇。然而,通过短短的访谈,我渐渐地明白,所谓的女性创业者,并非都是商界中的"花木兰",每个人都有自己独特的领导方式,责任、热情、亲切就是独属于蔡韵的。

1. 小小的我成就大大的梦想

旅游创业者一般首先热爱旅行,进而对旅游行业进行研究,分析旅游市场的发展变化。蔡韵出生在一个工薪阶层家庭,父母双方都是教师,在对待孩子的教育上,他们有着自己非常开明的教育方法。由于父母本身就非常热爱旅行,所以在蔡韵很小的时候,父母就常常利用寒暑假时间带着蔡韵出去游玩,就这样,在她很小的时候就跑遍了全中国。小时候的蔡韵学习成绩非常的优秀,曾在 15 岁的时候获得奖学金并且获得出国留学的机会,在南洋理工大学学习期间,她曾在电台兼职做 DJ,在美国的黄石国家公园工作旅行;她也曾在新加坡电视台做记者编导,在尼泊尔当国际记者,回国后还曾在央视负责海外项目;她还曾一人背包穿越古丝绸之路,历程 10942 千米,92 天,她也曾历时一个月前往三大洲拜访二十余个国家。拥有众多旅行经历的她,渐渐发现旅行成了她的一种习惯,成了生活中不可缺少的一部分。长期生活在国外的蔡韵,始终保持着一个习惯,每当出行时就会给父母打个电话,虽然,在那个年代,蔡韵的父母已经算是非常开明的了,但是即便是这样,对于蔡韵想要去比较危险的地方或者说父母觉得危险的地方旅行,父母也是反对的。蔡韵总是努力去说服父母,说旅行的目的地是非常安全的,但是由于父母不在身边,对于蔡韵的管制也就相对显得无力,更何况,太多次的旅行经历让父母对他越来越信任,渐渐地父母觉得她有能力处理旅行中的各种问题,对于旅行中的安全性也会做出合理的判断。正因为游历了众多国度,蔡韵渐渐成为朋友圈中的旅行达人,很多朋友纷纷前来开始向她咨询各种出国旅游的信息,或者拿出自己设计的旅行方案让她修改,有的甚至直接让她设计旅行线路。可以说,朋友们的咨询在一定程度上就是定制旅游的一个雏形。

在和蔡韵的交谈中,她始终保持着特别温和的微笑。你很难想象出,小时候的蔡韵其实是一位非常内向的女孩,即使是和家人的朋友或者说是不太熟悉的亲戚在一起,她都会显得非常的害怕。同样,她也不像其他小朋友,喜欢在家人朋友面前表演,她没有非常强的表现力,她喜欢安静,喜欢静静地在房间里面看书。然而,蔡韵的性格引起了父母的注意,在他们看来,孩子应该大方一点,性格内向的小朋友在人际交往方面会存在一定的欠缺,于是,他们对蔡韵进行了有意的培养。从兴趣爱好出发,让他学习唱歌、跳舞、主持,不为了让她获得多么优秀的技能,仅仅是为了能够使她胆子大点儿,不怕生,由于蔡韵自身的学习成

绩非常优秀,在学校时,父母也有意让她担任学生干部。这些培养对于蔡韵的创业道路来讲都是一笔不错的财富。

2. 偶然的机会实现了价值

从媒体人投入到旅游创业,对蔡韵来讲是一个很大的跨越,然而,做任何事情都是触类旁通的,需要具备很多的技能。在旅游创业期间,她的所学在行业发展中也都发挥得淋漓尽致,正是因为做过电台主持,在宣传公司的电视节目中就会显得十分的轻松。由于整个节目效果非常好,自身的旅行经历、素材、故事丰富,蔡韵总会被邀请上各类节目,每一次的节目录制都会赢得编导的赞美。现在她每个月都会有三四次节目录制,录制节目的时候她能说会道,这在一定程度上也减少了主持人的工作量,同时也为公司带来了很好的宣传效果。蔡韵女士有着作为媒体人所具备的强大的沟通能力,懂得如何与合作方进行洽谈合作,这也帮助她不断开拓着公司的发展渠道。

说到创业,对于蔡韵来讲,她的家人中并没有有着创业经历的成员,从一定程度上讲,国内的环境从侧面促成了蔡韵创业活动的实现。2013年,在国外生活了10年的蔡韵,通过互联网认识了一群国内正在创业和在各行各业做着很有趣的事情的人。在和这些年轻人的交谈中,当前的中国呈现出一种蓬勃发展的局面,整个大环境也是非常的活跃,网络技术的发展使国际之间的交流更加畅通,让她萌生了想要回国看看的想法。由于之前在新加坡电视台做记者编导,在尼泊尔当国际记者的工作经历,蔡韵依然想要从事和媒体有关的行业,最终进入了央视。然而她的工作并没有就这样陷入一成不变中,在央视工作期间,一次偶然的机会,她的合伙人兼CEO通过网络了解到她的经历,并且对她的个人经历很是欣赏,并将自己想要创立无二之旅的想法告诉了她。听了他的介绍,蔡韵陷入了犹豫,对于大多数的人而言,央视的工作不仅是稳定的,而且也是非常体面的,但是经过细心考虑之后,她觉得合伙人的想法是非常靠谱的,于是,她决定放弃央视的工作开始创业。功夫不负有心人,经过大家的努力,无二之旅终于成立了。对于蔡韵来讲,无二之旅的成立可以说是实现了爱好和工作的完美结合,正是因为正确地审视自己,爱旅行,才帮助她克服了创业路上的种种艰辛。帮助旅行客户,让旅行客户真正体验到旅行的乐趣是蔡韵的不断追求,也是无二之旅的不断追求。

3. 成功离不开家人的陪伴

在蔡韵的身上,我总能看到什么是幸福。从小在父母的陪伴下游走全国是幸福;离开央视,将爱好与工作完美结合是幸福;创业路上遇到困扰,爱人的陪伴更是一种莫大的幸福。对于一位女性创业者来讲,在创业的过程中不仅要处理好工作中的各种问题，还要找到工作与家庭的平衡点，努力做到工作和家庭的平衡。美好的爱情需要双方彼此理解，相互尊重。在蔡韵的创业路上，她的爱人总是给她最大的支持，支持她做想做的任何事情。他更不会限制她的生活，给她工作中最大的包容。在创业的前期，经常加班加点处理工作中的各项事宜，常常11点的时候才回家休息，可是她的爱人并不介意。随着公司业务的不断扩大，蔡韵也是经常出差，她的爱人也总是给她最大地理解。在创业的路上遇到困惑和烦心事儿，这都是在所难免的事情，她的爱人也总会耐心地陪她散步，给她鼓励，帮她解决问题。在两个人的相处中他们非常注重生活的品质，经常利用休息时间到处旅行，这是他们之间相处的一种重要方式，行在路上是一种生活，对于蔡韵来讲，这同样也是一种工作。

4. 热情、亲切、负责

热情、亲切、负责是蔡韵作为无二之旅联合创始人身上的标签。无二之旅是一个有温度的企业，领导的身上无不彰显着一种热情，对待工作的热情，对待员工的热情，同样还有对待客户的热情。在短短的一个多小时的访谈过程中，我们就已经深深地体会到了蔡韵身上的这种热情、亲切。在我们坐下的时候，她礼貌地为我们送上了水，在访谈过程中更是始终保持亲切的微笑。当我们讲到有旅行计划的时候，更是为我们积极地推荐目的地，整个过程下来，并没有像有些领导一样摆着一副架子。当谈到团队的各个创始人时，她讲到，当初CEO创业找她最重要的一点就是她有着较强的执行能力，本着对企业负责的态度，他们团结一致，向着一个目标共同前进。

不一样的私人定制

2013年冯小刚导演的贺岁新片《私人订制》在各个影院的热播，使得"私人定制"的概念开始广为深入人们的观念。在这之前，旅游行业中早已出现了"定制"的概念，然而，一部电影的热播，迅速把"定制"的概念推向了人们的眼球，使人们开始追寻一种独一无二的定制体验，没错，旅游也可以私人定制。

说到私人定制的产生，不得不提我国经济的发展，正是我国经济的快速发展，人们的生活发生了翻天覆地的变化，才使越来越多的人开始转变观念，追求一种新的生活方式。单一的物质需求再也不能满足人们的需要，精神层面的享受成了大多数人的选择，旅游成为大多数人娱乐消遣的不二选择。这使传统旅游业在发展过程中不断显露出种种弊端。面临新的挑战，为了顺应时代的步伐，不断满足目标客户日益多样化、个性化的需求，私人定制旅游呈现出大好的发展格局。

最早的私人定制旅游出现在欧洲的一些国家，主要是以高端的私人定制旅游服务为主，在各国中产阶级中推行，随着时间的慢慢发展，进而在全国掀起了一股私人定制旅游的热潮。在巴黎，这种私人定制旅游的方式更是受到了人们的广泛欢迎。然而在国内，私人定制旅游起步较晚。

所谓的私人定制旅游就是一种"一对一"式的个性化旅游服务，旅游机构根据旅游客户自身的需求，为旅游客户量身打造的一种旅游服务。它避免了传统旅游团枯燥的旅行方式，在旅行产品的设计、行程的安排以及各类标准的设定上更为灵活，完全取决于旅游客户的需求，从而使旅游客户在整个的旅行过程中都会有一种更为舒心的体验。

你所不知道的无二之旅

提到私人定制，不得不提无二之旅，无二之旅可谓是私人定制中最为专业的出国旅行定制公司。无二之旅刚成立时是文化传播有限公司，2017年已变更为科技有限公司。目前该公司的"旅游定制师+旅行顾问团队"已超100人，他们凭借着自身多年的工作、学习、生活经历，为有出国旅行意愿的旅游客户提供从信息咨询到行程设计再到预订落实的一站式服务。他们以"让旅游爱好者的旅行有温度"为出发点，为旅游客户提供专业的线路推荐、精心的旅游设计以及周全的服务安排。

来无二之旅定制旅行的每一位旅游客户都可以享受到公司为其专门配备的专业旅行顾问和旅行定制师，他们分别属于无二之旅定制系统的前端和后端：旅行顾问相当于客户经理，主要负责解决客户在整个旅行过程中可能出现的所有问题；旅行定制师主要是为旅行项目做规划的设计人员，同时还负责"路书"的设计。"路书"是专门为旅游客户行程安排设计的指导书，同时也是无二之旅最具特色的一项服务。在这本"路书"中包含着旅游目的地的景点、交通、住宿等各个环节的设计，它就像一个"无形的导游"一样陪伴旅游客户顺利完成每一段的行程。

1. 做你想要的旅行

在海外旅行刚刚兴起的时候，传统的旅游行业是十分受人追捧的，大家选择跟团旅行，觉得这是一个去国外非常保险的方式，在当时的那个时代，大家可以看到很多新鲜的事物，即便是走马观花似的旅行大家也觉得很不错了。然而，当社会发展到一定的程度，越来越多的人已经不满足走马观花似的旅行，现在的年轻人有很多有个性的想法，即使晒个朋友圈也要显示出自己的与众不同。在旅行方面很多人有着自己不同的需求，传统的跟团游不能满足所有人的旅行需求，大多数的人开始选择自由行，如果在国内的话，选择自由行可能没有任何的障碍，但是如果出国旅行选择自由行的话，还是会有很多的障碍存在的，比如说语言、签证以及信息差等。就现在的目标客户，如一些企业白领，他们有这种能力和想法想要去海外自由行，虽然没有特别好的物质条件，消费不起高端，不需要行程有多么的奢华，但是他们只是想要自己的旅行可以玩儿得有深度有意思。有的人也想过自己做攻略，但是由于各种信息的限制，这部分人只有少数存在，据无二之旅相关部门调研，仅有不到20%的人是喜爱做攻略的，并且把它当成是一种乐趣，大部分的人还是对做攻略不感兴趣的，看看攻略还是可以的，如果说让他去做攻略的话，那确实是一件让人头痛的事情。

2. 亲民价格

体验过无二之旅的朋友都会对私人定制有一个全新的认识，那就是"私人定制≠价格昂贵"。通常我们会把私人定制与豪华游艇、五星级酒店、头等舱等联系在一起，觉得既然叫私人定制，旅行中所包括的"吃、住、行、游、购、娱"，必然会被贴上"昂贵"的标签，然而，这样的理解是恰恰违背私人定制所推崇的。无二之旅的定制旅行都是根据客户的需求而制定的，不同的目标客户经济承担能力有所不同，在旅行过程中所希望得到的体验也是不尽相同的，他们不像传统的旅行社将设计好的线路直接卖给客户。假期有几天？几月份有时间去旅行？和谁一起出行？是去蜜月旅行还是纯粹的家庭旅行？喜欢什么类型的风光？根据客户的旅行需求，客户经理进行目的地及相关细节推荐。由于已经服务了20多万用户，全部信息都是数据化的积累并且不断优化更新，现在大部分的客户诉求直接用AI算法就能完成，只有比较特殊的冷门的诉求才需要定制师人工介入。

做过海外旅行攻略的人都会切身体验到这是一个非常烦琐的过程。在准备一次海外旅行的前几个月就要查机票、看攻略，形成一个初步的计划拿到各个平台上去比对，选房间，看是不有合适的位置，最后发邮件确认，刷卡支付，整个攻略做起来是非常耗费时间以及精力的。在无二之旅刚刚成立的时候，为客户置顶一次海外出行计划可能会用掉定制师们十几二十天的时间，但是，随着前来定制的客户越来越多，渐渐地形成了一个非常标准化的数据库，这在一定程度上也为公司节约了成本。

现在，无二之旅的数据来源是经由全职专业定制师根据客户实际出行需求严格打磨，并由真实客户体验反馈良好后，再由数据团队层层把关，筛选入库。而后通过算法精确提炼信息，形成适合机器学习的数据训练集。只需填写相关限制条件，算法程序就会自动适应条件并推送到前端，即使几经反复修改条件，也无碍个性化旅游方案的快捷形成。

蔡韵提到，"我们搜集来源真实的客户反馈和评价，用数据技术进行拆分，做成颗粒化信息，在后台形成精准数据库。然后把每一个元素，比如交通、住宿、吃喝玩乐每一个环节和细项，都按照严格的标准分类，并对每个类别打上不同的标签，比如地点、价格、人文、自然、亲子、蜜月等。用户只需说明旅行人数、成员关系、时间、预算和细节初步想法，一线客服人员把关键词输入后台，算法就会智能地补全并串联出行程。整个过程相当快速，几秒即可输出一版方案。即使修改方案，也无须像传统定制那样重新计调，大大缩减了人工成本和跑单成本，单价自然就下来了。比如，通过无二之旅定制一趟欧美10日游，人均仅1.6万~1.8万即可覆盖全程机、酒、交通、门票、活动等花费，同时还附带全程保险、签证、Wi-Fi等，真正实现一站式的服务。"

3. 独属于你的路书

客户在出行前会收到无二之旅特制的旅行方案——路书、预订单和"门票"。如果是自驾，就没有车票，公共交通也可以算在预订单里，和机票酒店等类似。说到这里，不得不提无二之旅最具特色的服务项目——路书。路书，是在无二之旅定制旅行线路的每一位客户出行必备的物品，每一本路书都是独一无二的，它是根据每一位客户的需求量身打造的。在这里面包含着旅行中的最小元素，就交通而言，对于客户出行到的每一个地方，在路书中都会有相应的中文标注，从A点到B点总共有多长时间，开车需要多长时间，如果是在机场的话，路书里面还会包括机场的平面图，如哪个地方取行李，哪个地方去提车，哪个地方去换钱，每个地方标注得都会非常清晰。如果说在行程中涉及买票的话，在路书中就会放置一张图片，上面会显示售票机所在的位置，还会标注哪个口是按钮，哪个口是投币，哪个口是刷卡，哪个口是取票等一些细小的注意事项。若是在行程中要乘坐地铁或是公交车，路书中就会标记出在哪一站下车，或是从哪个口出，右转多少米会看见那些标志性的建筑物。在旅行中为了使交通更加地便利，不可避免地会涉及租车，无二之旅会指引客户完成驾照公证，并提前从海外机场帮客户把车租好，客户拿着订单、驾照及相应的文件就可以直接取车，在这些地方都会有GPS的坐标，把GPS的点设好，让客户跟着这个点直接导航到所在的酒店以及旅行景点。

目前，纸质版路书是给客户仪式感和安全感，实际行程中更多是辅助作用。路书有对应的电子版和APP，设置的checklist会提醒你出发前的必备清单，每天的行程会细致到你在哪个时间段做什么事，各个景点也会直接连到谷歌地图一键导航,甚至具体详细到如何买地铁票、使用当地的自动购票机等。如果遇到突发状况需要改变行程,24小时的服务会及时帮用户解决问题,并重新做安排。

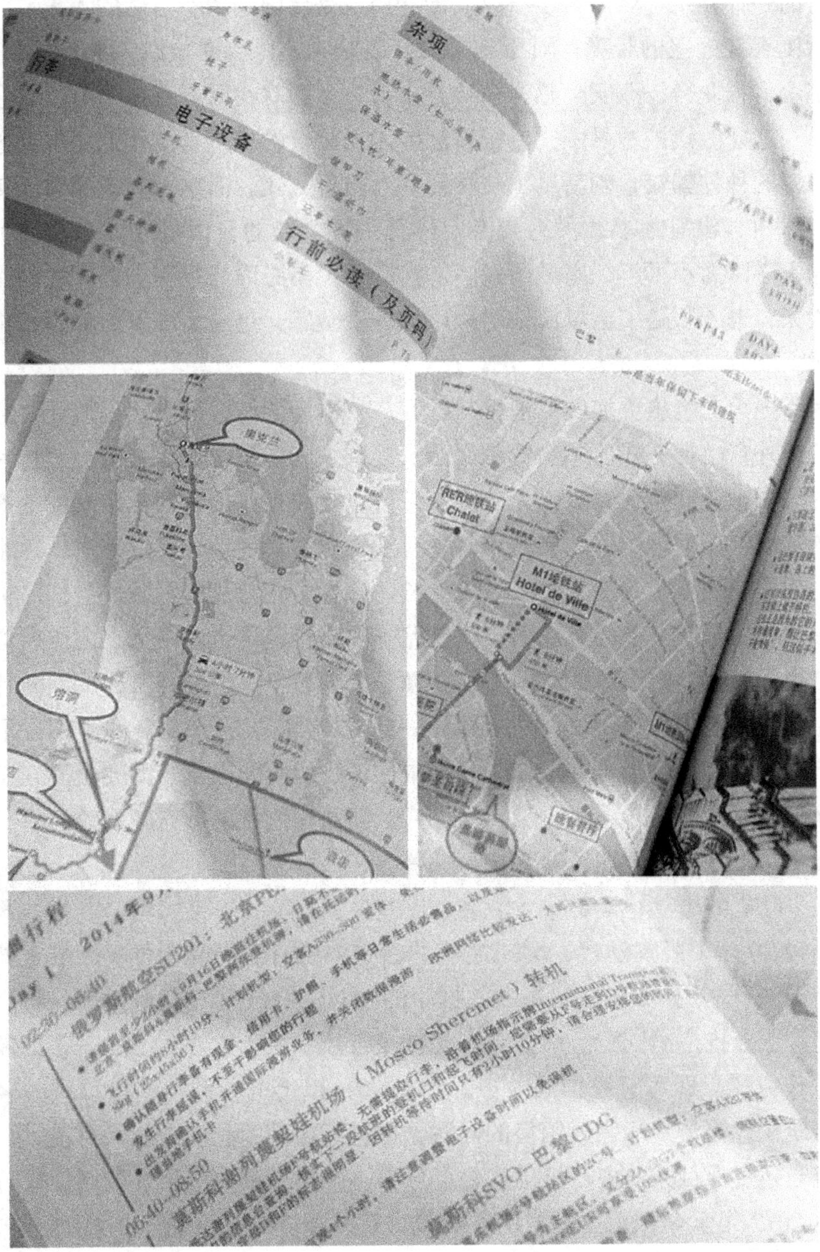

4. 不一样的自由行

对于旅行者而言,选择旅行就是想要放松自己,去寻求一种自由,传统意义上的团队游不能满足每个人的旅行需求,因为在行程中需要照顾到多数人的需求,并且整个的行程会让人们感到劳心费神,因此,现如今人们把自由行作为自己出行的一种方式,然而对于没有出国经历或是出国经历不丰富的人来讲,海外自由行则存在一定的难度。对于出国旅行者来讲,由于对旅游目的地的不了解,会使整个行程变得没有安全感,想要自由行,不喜欢在行程有一个陌生人全程跟着自己,这样的模棱两可困扰着很多想要出国旅行的旅行者。无二之旅突破了传统团队游的种种弊端,创新出了一种新的自由行方式,而这种方式相对于传统的团队游来讲,没有地接,没有导游,这是一种全新的自由行方式。在整个行程中,你不必因为不了解一座城而过多的担心,也不必因为行程中遇到各种困扰而过度紧张,电子版路书会增添你对一座城的安全感,更会帮你解决你行程中所有的困扰。

为了把无二之旅更加鲜活地呈献给客户,也为了使客户更加了解无二之旅所倡导的海外自由行方式,蔡韵曾带领团队赴意大利拍摄了无二之旅的宣传片。以影片的方式拍摄宣传片,对于无二之旅来说也是一种宣传营销,影片中的每一处景点的选取都体现着团队的良苦用心,对于初次观看的年轻客户来讲,这很容易让他们想要去到浪漫的意大利来一次甜蜜的旅行。在影片的最后,我们才恍然大悟,影片中白敬亭所演的角色其实就是路书的化身,这也就是无二之旅所倡导的一种自由行方式,带着电子版路书,就像是带着一个隐形的导游,一路陪伴,把旅行中所有的事项都安排好。如果是路书中没有涉及的突发事件,你也不必担心,旅行顾问和定制师会在工作时间内帮你解决所有的困扰。即便是不在工作时间,无二之旅也会安排值班人员,值班人员能通过完善的数据库系统搜索到客户的旅行信息,轻而易举地帮助客户答疑解惑。

5."新定制旅游"服务

历经20多个版本迭代,无二之旅的后台系统有极高易用性。C端之外,运营团队还充分利用AI算法和精准数据库的绝对优势做B端行业输出,将"新定制旅游"服务推广给同行。诸如众多传统旅行社,原有销售队伍只需掌握便利的系统操作方式,即可轻松扩展业务。由于90%以上的计调工作量可被减轻,因此,传统从业人员专注完成销售的同时,也有了更高的利润空间。目前,无二之旅已经与超过上百家的旅行机构签署了分销协议,每家均有几十至几百家门店。

从2012年至今,无二之旅的商业模式逐步受到市场和资本的认可,作为供应商与飞猪、去哪儿、途牛、马蜂窝、美团等一众平台均建立了深度合作关系。年复购率近50%,达到了行业平均水准的3倍以上。

6. 有温度的企业文化

无二之旅的 LOGO 也是非常独特的，它看起来像是由山水组成的，又像是一个心电图，仿佛这意味着游览于山水之间的旅行者和无二之旅产生的一种心灵感应，和旅行者们产生的一种心里共鸣。无二之旅一直讲求一种有温度的旅行，这种有温度的旅行让旅行者听起来就会感到非常的舒适，它不像是跟团游，被人牵着鼻子走，整个行程下来都是冷冰冰的，它也不像是传统意义上的自由行，每天需要考虑所有的事情，想想都会感到十分的烦躁。旅行的意义就在于旅行本身，没有太多复杂的事情需要考虑，只是一个非常舒适，非常享受的体验。15℃~27℃是人体非常舒适的温度，无二之旅就是给你这样有温度的旅行。

对于无二之旅的员工来讲，能够在无二之旅工作是十分幸运的。无二之旅团队也是一个非常有温度的团队，在这里他们能够实现自己的人生价值，做自己想做的事情。在现如今这个阶段，90 后已经成为社会工作上的一个重要的团体，他们不像父辈那样对工作有非常强的目的性，要么选择公务员一辈子安安稳稳，要么选择去外企上班享受各种福利待遇，他们对于工作的选择就是喜欢，对于他们而言，能够从事自己喜欢的事情就是真正有意义的。他们可以站在行业的前沿去拓展自己喜欢的行业。无二之旅是一个有爱的团队，在员工福利待遇上也是非常的新颖，由于在无二之旅任职的员工大都是旅行爱好者，因此奖励员工一次旅行远比其他的物质奖励更能吸引人。公司每个月都会有两个考察的名额，说是考察，其实就是一次公费旅行，员工投票选择海外旅游目的地，然后在微信群里用自己的工作积分拍卖，这样的奖励对于员工来讲是一种激励，对于企业而言，也是一种促进，只有员工不断地成长，不断地积累，才会促进公司业务的不断扩大。公司也会有定期的员工生日会，在生日当天送给寿星一张专门的卡片，或是在父亲节、母亲节的时候寄一张专门的卡片给他们的家人。

在发展中前行

1. 朋友——朋友

无二之旅成立于 2012 年，在公司刚刚成立之初，无二之旅只是为自己圈子里的朋友们制定个性化的旅游服务。后来随着影响力的不断扩大，无二之旅走进了越来越多的旅游客户之中，创始人慢慢地发现，他们的定位是正确的，旅游客户都在寻求着一种省心而自由的旅行方式，相对于自己设计旅行方案，这样的定制旅游性价比也是可以接受的。随着业务范围的不断扩大，这种"朋友——朋友"的销售方式吸引了一大批的朋友前来定制旅游。将自己的旅行交给别人定制，这对于旅游客户来说是一个重要的决定，这对于无二之旅来说是一种莫大的信任，对于定制师们来讲更是一个重大的责任。正是旅游客户的信任才使得无二之旅不断地设计出更好的旅行产品回馈给旅游客户。

五年的时间里，无二之旅团队发展得越来越壮大，从公司成立之初的近十人，发展到迄今为止，拥有一百多位具有丰富的旅行经历，或者拥有长期在海外工作、学习、生活经历的旅行定制师和旅行顾问。无二之旅的办公规模也在不断地扩大，2015年无二之旅在重庆设立分公司，2016年在成都、上海、深圳设立分公司，2017年，无二之旅自营门店进驻到天津、杭州等地的大型商场，以便于为更多的旅游客户提供定制服务。现如今，无二之旅已为20多万名旅游客户定制了属于他们自己的海外自由行，让旅行变得有温度是无二之旅一直的追求。

2. 只因你很优秀

一间有情调的工作间，一位有亲和力的上司，坐着自己喜欢且想要从事的工作，享受着有吸引力的员工待遇，我想这应该是很多人对于未来职业的需求，那么无二之旅不就是这么一家公司吗？但是，进入无二之旅也并非你想的那么简单，公司的创建团队对员工并没有一个特定的标准，不同的行业有不同的标准，一个公司的运营也并不仅仅是有直接的旅行定制师、旅行顾问以及管理人员组成，还会包括各类IT部门、财务部门等，不管是哪个部门无二之旅所需要的都是该部门的精英人才。由于无二之旅在行业内属于一个新兴的行业，像定制师这类人员的选定就需要公司根据需求自己决定。公司中的联合创始人中并没有旅游管理专业出身的人员，就像蔡韵女士讲到的，公司招收的定制师和旅游管理专业出身的大学生在很多的方面并不是完全相关的。旅游管理专业学的是非常专业的理论知识，专业上面的学习会让你对行业的发展有一定的了解，不可否认这是有一定帮助的，而对于定制师，无二之旅看重的还是个人的经历，这才是真正核心的点。只有对目的地非常地了解，才会为客户解决各种各样的实际问题，比如说从居住地飞往目的地需要几个小时，转机有几种方式，不转机有几种方式，目的地的温度如何，需要带什么衣物，时差是多少，是否适合自驾，老人、小孩需要注意什么等，所以这对你搜集信息的能力和是否熟悉目的地都是一个很大的考验，或许有些地方比较偏，你并没有去过，但是你至少知道如何搜集这些信息，去帮他判断、筛选。同时对于旅行顾问，公司还要求要具备一定的服务客户的能力，也就是说要情商很高，能够去和客户去沟通了解他的真正需求，如果你只是把自己认为好的东西推荐给客户这也是没用的，每个人都有每个人的需求，在旅行中渴望得到的点也不同，你可能会给他一些专业性的建议，但一切还是以客户的需求为准。在旅行中难免会遇到一些突发情况需要你帮他解决，所以这对于员工的心理素质、抗压能力、耐心、服务客户的意识也是有一定要求的。

3. 圆梦北京，续梦西南

北京，作为中国的首都，吸引着怀揣梦想的年轻人圆梦于此，当然，无二之旅也把公司的选址定在了北京，据蔡韵女士介绍，对于公司地点的选择，公司的创始人们也是经过深思熟虑的。首先，在公司成立之初，公司的几个创业团队都在北京，这是基于自身的角度出发；其次，从整个大环境出发，北京汇集了全国各地的优秀人才，拥有着众多丰富的资源，从各个方面讲，北京都具备一个天然的优势。从这几年参加各类旅游会议或活动的经历来讲，你会发现，如果你决定参加一个会议，但是由于种种问题，你可能会考虑要不要去参会，但是，当你真正去到那个地方的时候，你会发现，其实很多人，他们坐火车、坐飞机，从外地赶来专程来参加这个活动，也许对于他们来讲，或许这样的机会很少，这样的一个活动是行业之间沟通的非常难得的机会。然而在北京，这种活动优势就非常的多，比如说你想和哪个机构合作，上什么样的节目，你周围辗转就可以询问到相关负责人，他可能就在中关村，就在国贸，或者说他就住在三里屯，你可以直接找到他，进行面对面的洽谈。就像无二之旅成立之初，急需大量的高尖人才，比如数据库的创立、后台的搭建、管理系统的维护、APP以及路书的设立，这些东西都是需要一个强大的IT团队来制定，对于这种高尖人才组成的IT团队，肯定是北京居多。再比如说市场部门、公关部门以及公司的旅行顾问和定制师最早都是在北京居住。

随着无二之旅的不断壮大和发展，2015年，无二之旅在重庆设立分公司，2016年无二之旅在成都设立分公司，这为西南地区热爱旅行的朋友带来了更多的便利。对于重庆和成都，无二之旅也是经过了一系列的调查研究，最初的无二之旅对旅行定制师的要求是十分高的，要求必须去过很多的国外目的地，并且对于这些目的地要非常了解。数据库的建立使得无二之旅的整个信息系统逐步成熟起来，后台给予了强大的技术支持，现如今的无二之旅放开了自己的要求，大门逐渐向有梦想，热爱旅行的年轻大学生敞开。在选择重庆和成都设立分公司的时候，无二之旅还对西安、厦门以及南京之类的城市进行了多次的考察，最后决定将选址定在重庆和成都主要基于三个原因：首先，从工资方面考虑，重庆和成都的薪资待遇相对于其他城市要低，这就可以减少部分开销，因为如果在员工的薪资上面开销大的话，肯定在客户身上收的价格就会相对较高；其次，有著名的四川外国语大学，由于无二之旅做的是海外自由行，因此对于年轻人的小语种能力有一定的要求，比如说具备希腊语、意大利语、法语、西班牙语，在海外能够自由的沟通，或者做过一些海外项目，在当地生活过一段时间，并且热爱旅行的

话,那么就会经过层层选拔通过我们的考核,所以说,从这个层面上讲,这为我们的员工招聘带来了便捷;最后,重庆和成都人比较会生活,懂得享受生活,经济发展也相对繁荣,出国旅行正在慢慢成为人们的选择,可以说这里有着更为广阔的目标市场。

4.稳步发展在路上

可以说无二之旅是幸运的,从创立公司之初到现在设立分公司,无二之旅一直顺利前行。据蔡韵女士介绍,在公司发展的历程上面,公司并未面临过特别重大的问题,但是,这并不意味着没有出现过任何的困难,小的困难还是非常多的,比如说在很多节点问题的选择上面,又比如说公司应该怎么管理,使用什么类型的管理制度才是最适合的。无二之旅成立之初时曾经一度希望设立相对比较严格的管理制度,但是,后来慢慢发现,由于公司以90后员工居多,90后身上所显现出的个性表现使他们不喜欢这么死板的管理,企业制度制定得过于严格反而会让员工产生逆反心理,如果你给他们设定好一个既定的目标,放开双手让他们自己尝试着去完成,他们反而可以做得更好。就是在这么不断地摸索中,无二之旅才会不断地稳步前进。

无二之旅的一路成功离不开联合创始人们对于市场的准确切入,在合适的时间预测到未来的客户需求,加之联合创始人们的丰富经验和相关的人生背景,这给企业创业之初就带来了好的起点;在无二之旅的整个发展过程中虽然小的方向不断调整,但是从企业发展的大方向上来讲,整个商业模式是非常清晰的,产品赢得客户的认可,客户愿意购买价格相比于其他企业相对低廉的产品,物超所值,才会给企业的发展带来盈利,促使企业走上持续发展的行业模式;无二之旅团队的成员都有着良好的执行能力,在任务的分配上面,大家都有自己擅长的领域,良好的分工协调能力促使大家向着同一个发展目标前行。

"自由行"行业是一个非常大的市场,在未来可能会有好几家公司以不同的方式加入行业的发展中,对于无二之旅来讲,未来的发展将会面临更多的机遇和挑战,公司将会不断扩大影响力,提供更为优质的产品,让大家想到自由行就会想到无二之旅。

寄语女大学生

创业是一个长期的过程,也并非每个人都适合创业,虽然现在国家鼓励年轻人创业,也有很多的年轻人已经走在了创业大军的行列之中,但是对于创业我们仍然需要理智地看待。以纯粹的赚钱为目的的创业是不现实的,在每年的创业企业之中,能够取得爆发式增长的企业也就那么几个,创业最重要的是要认真对待,找到自己真正了解、感兴趣的领域,并且持久性、持续性地坚持下去,把它做到极致,而盲目的跟风,在短期内或许会看到自己想要的效益,但是从长远来看,企业是走不长的。

作为在校的女大学生,正值人生最美好的时段,年轻时就应该多尝试,明确自己喜欢什么。对于蔡韵来讲,在没有开始创业之前,媒体是主业,旅游只是一个爱好,而现在,她选择在旅游行业创业,那么旅行就成了她的主业,媒体则成了她发展主业的一项技能。如果在年轻的时候就非常明确自己喜欢什么,想要什么,这对于年轻人来讲也是一件非常幸运的事情。而大多数年轻人对于自己的未来都没有很明确的认识,那么,现在要做的就是多去尝试,利用媒体技术尽可能多地了解信息,去阅读,并且多向前辈请教。如果有时间的话,多做几份实习,可以在前期多换几份工作,一两份、两三份都是可以的,亲身的实践永远比任何的学习来得实际,只有在自己真正的体验中才会知道自己适合什么,喜欢什么,明确了这些,接下来的就是不断地付出,在付出中获得成长。作为女性创业者,蔡韵认为没必要把性别作为划分创业者的一个衡量标准,每个人都有自己擅长的领域,在公众生活中,性别并不会影响你太多的选择。当你真正有了自己的家庭,多了自己所扮演的家庭角色后,可能多少会影响到工作,但是,这些都不能说明什么,在处理工作和生活中做好平衡,找到平衡点,一切的问题都会迎刃而解。

珀金斯景观设计创始人谭璇

公司发展大事记：
2015年，珀金斯景观设计（北京）有限公司（以下简称珀金斯景观设计）创建于中关村海淀留学生创业园
主营业务：设计、咨询和工程管理，景观、室内和规划设计

公司项目：
北京师范大学附属幼儿园旧宫国韵村园设计——中国，北京
华润城九年一贯制中小学（投标）——深圳
涿州音韵天地国际生态幼儿园——河北，涿州
中关村遵义创业中心——贵州，遵义
北京特莱大观园蔬菜花园——北京

"谭"笑自如战不"璇"踵
—— 走进珀金斯景观设计创始人谭璇

北京珀金斯是一家致力于设计、咨询和工程管理的国际新锐景观设计公司，也是全国首家、全球第二家专注于健康设计，中国唯一一家室内外一体化、设计施工一体化的设计公司。珀金斯业务专注方向涉及三大板块，包括从幼儿园、中小学到大学等国际学校的景观设计，郊区的 CCRC 和社区、城市照料中心的养老社区的设计以及康复性医院的景观设计，废气污染的工业用地的处理和废弃河道的处理、煤矿矿坑的处理的环境健康的生态修复设计。

珀金斯设计（Perkins Design）起源于美国纽约，珀金斯（Perkins）三个字也是来源于创始人谭璇曾经工作过的纽约第一大设计公司珀金斯埃斯曼（Perkins Eastman），有 Perkins 名字的还包括美国前三大设计公司珀金斯威尔（Perkins Wills），因此 Perkins 是美国一流设计公司的象征。公司取名为珀金斯设计（Perkins Design），承载着"成为第一流的国际化设计公司，为全世界健康造福"的梦想。因此，珀金斯公司的理念是设计重塑健康，设计造福大众，即以"设计、自然、健康、每个人"为中心，做国际最好的"大健康"领域的设计专家，帮助每一个人重塑健康，促进身心发展。

出身艺术世家
—— 景观设计伊始

在中国数千年的历史中，文化世家遍布中华大地，如涓涓细流，最终汇成中华文化的滔滔大河，文化世家凸显文化传承的中国方式，也是中国优秀传统文化传承发展的重要载体。但论世家传承的首要受益者，当数世家里的每一位家庭成员，毕竟适宜的环境氛围，使得从小就耳濡目染，知解甚多。

谭璇女士出生在艺术世家，外公、爸爸、妈妈都是国画艺术家，而自己从小就对美术耳闻目染，艺术已经深深扎根在自己的血液之中，如影随形。与现在相比，外公陈海萍的求学之路很是艰辛，20 世纪 30 年代，中华人民共和国还未成立，交通条件也没有如今的那么便捷、发达，即便是 20 多天的步行甚至需要跋山涉水，外公也要去成都艺术专科学校（四川美术学院的前身）学习美术。虽然辛苦，但努力没有白费，最终还是取得了收获与回报，成为四川省的老一辈艺术家之一。爸爸妈妈都是师范大学美术专业毕业，从事美术教育将近 40 年。爸爸当了 12 年的美术老师，后来进入宣传部下的艺术团，从舞台美术到舞台美术设

计再到团长，不断地将艺术通过舞台的形式传递给每一位观众，展现艺术无穷的魅力；妈妈则一直从事美术教育，挖掘并培养未来的艺术人才，为美术行业不断输送尖端力量。

三代人，一代代的传承美术，努力拼搏，坚持不懈，成就了艺术世家。正是艺术世家特有的氛围，才有了创业公司的独特理念——设计重塑健康，设计造福大众。也正是这种宽广仁爱的胸怀理念，才让珀金斯在大众中脱颖而出，开辟出一片属于自己的天地。

偶然之中有必然，必然之中有偶然
——景观设计之门

冥冥之中，景观设计在召唤着她：北京林业大学第一届可以转专业到园林学院，谭璇女士正好赶上，可要不是她扎实的美术功底，踏入景观设计就不会成为必然；表姐表姐夫的榜样、深圳创业之窗的偶然之行，倘若不是谭璇女士有着深邃的思想、不同常人看待问题的思维、改变世界改善大众生活的情怀，创业之路的萌芽也许就会戛然而止，社会上也会少了一个可以作为女性成功创业的经典案例。

启发创业第一人是她的老师。那时候的谭璇与普通大学生一样，在所读的大学校园里安稳地学习、生活。而打破平静的湖面是在大二开学的时候，副院长王向荣老师亲自接见了她，给了她许多鼓励，希望她能从工商管理转到园林学院。而她通过严格的转专业考试，顺利地进入了园林专业学习。专业的转变，让她的大学生活开始有了"波澜"。从小就学画画的她，美术功底比较扎实，基础非常好，比同学院同年级的其他学生都要好。在与老师的交流中，她有意无意地了解到：王向荣老师是从德国念博士留学归来，一边当老师一边经营着自己的设计公司，做了许多西湖西经的项目，大尺度的规划，其中涉及的改造生态环境，改变了许多普通老百姓的生活状况。在谭璇女士当时学生的价值观里，这是一件非常有意义、有价值的事情，也给了她一些想法上的启发。那时候的她认为留学读博学成后，一边在大学当老师教书育人，一边建立属于自己的设计工作室，并且让学生来参与自己的项目是件很值得一试的想法。

2006年大三时期，谭璇女士去了大表姐家。大表姐是华中科技大学（原华中理工建筑老八校之一）建筑学的老师，姐夫是从事超高层建筑的建筑设计师，两人在民营建筑设计公司综合排名第一的CCDI悉地国际公司工作。在和大姨游览参观深圳市中心时，她看到了许多由姐夫姐姐设计的建筑，为他们感到自豪，而这些实实在在的建筑也让她觉得成功设计建成一个建筑会很有成就感,也想尝试一番。姐夫原先是国有设计院的建筑设计师,但国有设计院的氛围使得他的个人才华得不到全方位施展,于是就来到深圳这个创业城市。从国有企业跳出来加入了民营创业公司,在民营创业公司他的才华给予了他很高的职位,个人发展、职业生涯也有了更广阔的发展空间和巨大的变化,她开始觉得创业是一个很神奇的事情。

当然,给她印象最深刻的还是这个以创业而闻名的城市——深圳。原先什么都没有的一个小渔村,经过大家20多年的努力,发展成了一个现代化的大都市,不仅仅城市发生了巨大的变化,也给城市里的普通人带来了翻天覆地的改变。在谭璇女士的眼中,她看到了不管是一个城市的创业还是一个企业、个人的创业都会带来很大的变化。经过这些接触,她发现自己很喜欢这种从零到一、从无到有的创业过程,自此,"创业"在她的心中成形。

从"欲渡黄河冰塞川,将登太行雪满山"到"战不旋踵"

泰戈尔曾经说过,只有经历过地狱般的磨砺,才能练就创造天堂的力量;只有流过血的手指,才能弹出世间的绝响;没有暴风雨中的拼搏,就没有豪迈的飞翔。痛苦和快乐是相辅相成的,正是因为有荆棘、有痛苦才会感受到快乐,也正是因为有快乐,才会用正确的态度去看待荆棘和痛苦,就像凤凰一样,想要涅槃,必须浴火重生。

在访谈中,谭璇反复提到"支持、男女创业差异、坚持、相信自己"等伴随她创业之行的词语,也正是这些,即使前路铺满荆棘,仍不停地鞭策并鼓励她,勇敢前行。

深圳之行五年后的2013年,她将想要创业的想法告知家人朋友,但是家人却极力反对。家人们觉得在纽约留学的高学历完全可以直接去香港顶级公司工作,不用那么辛苦地去创业,哥哥姐姐们也劝说女生也到了该谈婚论嫁的年龄了,也持反对意见。貌似最亲的家人都在极力反对她创业,在这种情况下,她冷静思考,结合自身的条件状况,她认为家里创业的人并不是很多,姐姐姐夫虽然是创业民营大公司CCDI奚地国际元老级的高管,但只是中途参与创业,爸爸妈妈则是在美术老师的职业之上开立了美术学校,是自然而然形成的一种创业,而她认为她的创业是建立在一个纯粹想要创业的零基础之上,想到了一个创业的想法就去做了。于是,她决定忽略家人的反对,想要创业的坚定信念驱使着她离开四川老家最终回到母校北京。在去香港还是去北京的问题上,她多方比较,认为

北京是一个比较有希望的地方，一方面她是在北京读的本科，北京留给她的回忆都是奋斗的血汗和激情；另一方面她认为北京的思想文化也比较开放，也有许多来北京打拼的人，给了许多外地人梦想成真的机会。所以她就义无反顾，只身来到了北京。在工作时间大于生活时间的创业初期，谭璇平常会和家里打电话，在做项目遇到非常好的地方时也会带着爸爸去写生摄影，不会因为工作忙碌而忽略家人。对于结婚的话题，她表示需要对对方有一定的了解，因为婚姻决定着下半生的幸福，不能因为家人的压力而草率决定。

金种子创业谷留创园的经历使得谭璇对女性和男性创业者的差异深有感触，也觉得女性创业更不易。即使是早出晚归，比别人更勤奋，在留创园那栋大楼里还是有创业的男士当着面说女性创业不行，浪费时间和精力。她认为一是可能男士也不是故意这么说，只是根深蒂固的对女性的一种偏见；二是女性想要创业的想法比男性创业获得的支持要少，不仅仅是家人朋友，还有其他行业创业中的男士们，主要是周围的人会考虑女性的年龄，以及人们思想里的一种女性就应该结婚生子、相夫教子的固有偏见。面对这些差异，在她看来女性更应该相信自己，要有一颗强大的内心面对所有的事，并勇敢地坚持下去。三是创业过程中的获得帮助支持也会存在差异，在同样的条件之下，甚至是比男性更勤奋，人们还是比较偏向支持男性，给予他们帮助与支持。不过，谭璇坚信，女性创业者也有属于她们自己的优点：至少对于景观规划设计行业而言，女性创业者能够清楚、耐心并且细心地将项目有关的内容要点讲给领导、高管们和开发商听，能够和行业里的人们很容易地相处，拓宽工作人脉的同时，也有利于提高工作效率。

当然，女性创业的艰难并不仅限于上述男女之间的差异。要知道，公司并不只有一个部门，一个部门也不只由一个人组成。由此可见，公司是否能够成功建立，关键在于人事的筛选，而对于珀金斯这类创业公司而言，创业团队成员的选择也要更为慎重，毕竟不同的人会给公司带来不一样的情况，设计水平、是否愿意长期留在公司等对公司的发展都很重要。

谭璇也认为创业团队在企业中的位置是很重要的，但组建团队确实是创业进程中比较困难的一件事。文化上的冲击、如何理解他们、如何招到合适的人等成了她感觉比较困难的事情。因为谭璇在美国待了许多年，同事等都是美国人，而她的团队则大部分是中国人，甚至是从来没有去过美国的人，团队和美国同事文化冲击很大，很难招到合适的人。在解决这个困难的时候，谭璇总结道，第一个是凭感觉，忠心、热情和态度，一个都不能缺，一个也都不能少，但相比较成熟有工作经验的她更愿意招一些有潜力的愿意和公司一块成长的人，相比较学历高的她更愿意选择一些愿意脚踏实一起干事的人。

机会总是留给有准备的人

"天助自助者"。机会不会像一个到你家里来的客人,它在你门前敲着门,等待你开门把它迎接进来,恰恰相反,机会是一件不可捉摸的活宝贝,无影无形,无声无息,假如你不用苦干的精神,努力去寻求,也许永远遇不着它,更不会把它变成美好的未来。

采访谭璇时她说道,创业之前就已经做好了一些心理准备,其中包括了解马云创业故事后意识到的创业条件的艰苦,决心无论遇见什么,都要坚持到底不放弃。创业之后才发现在创业条件这方面,相比以前要好很多,例如以前只能在家里办公而现在有良好的办公地点,舒适又能够与其他创业者交流,吸取经验;在留创园里还会有语言等其他精神上的支持。创业之后更强调学习,不仅仅是设计技术和项目管理,作为公司的创始人,全面综合能力很重要,比如如何选择公司团队人员,如何招聘,公司财务管理,情绪管理等方面。

谭璇在北京林业大学的园林系只用了 3 年时间就读完本科课程,在全班以设计课第一名的成绩本科毕业;2008 年去往美国洛杉矶南加州大学攻读景观建筑硕士,用一年半时间完成硕士学业;2010 年又去往美国纽约第一大设计公司 Perkings Eastman 纽约总部工作,在那里取得的工作经验,对自己公司的创立起到了非比寻常的作用。当时,谭璇是在养老住区社区设计排名世界第一、教育医疗设计在全美第一的纽约第一大建筑设计公司工作。她负责中国第一个 CCRC 可持续性养老住区的设计,包括 1600 亩的景观规划,245 亩的一期启动区的概念和方案,16 亩的展示区的感念和方案。在这个项目中,谭璇主要做的是康复性的养老社区设计,但由于她是公司唯一的中国人,所以会一边做项目沟通管理,一边做设计,因此对规划、建筑、室内、景观都有了一定的了解,特别是对室内的精细化设计、无障碍设计有一定的研究,这些对幼儿园的设计积累了宝贵的经验。回国之后,经过朋友介绍认识的一位新朋友是哥伦比亚教育学博士毕业,邀请她设计她们公司运营的幼儿园,也就是北师大附属国际幼儿园的设计项目。在设计过程中她发现幼儿园的设计和之前做过的养老社区设计有很多相似之处,包括无障碍设计、康复性设计等,于是她们就把设计养老社区的经验运用到幼儿园的设计中来。此外,幼儿园几千平方米的区域范围很适合她们现在的团队,也比较能够有信心拿得下来。于是,顺手就把幼儿园景观设计作为公司的业务之一。甚至因为家里是艺术世家,爸爸妈妈也从事美术教育几十年,也开了美术学校,对学校教育也有一定的了解,所以公司的设计方向逐渐从幼儿园增加到中小学、大学。

2014年谭璇回到北京之后，在北京大学的建筑景观学院开了他们的第一个养老产业高级研究班以及养老产业高端沙龙等的一个小型项目。2015年1月则回归自己的老本行设计专业，入住留创园区，开启自己的设计之路。这些准备，不仅使得她的创业公司在初始阶段比较顺利，避免零业务量的出现，也将老年社区设计收入囊中，作为自己的主打业务之一。

创业是创业者对自己所拥有的资源或通过努力对能够拥有的资源进行的一个组合，那创业者是如何下定决心寻找资源，并推动自己进行创业的呢？在采访时，谭璇认为自己是当时想创业的想法内在驱动再加上外部"大众创业、万众创新"环境的微小作用下开始创业的。在创业过程中，还享受到一些很实质的商业创业政策，其中有海外学园中心给留学生创业的开办费10万元。但在商业创办资源方面，由于姐姐姐夫当初反对她创业，他们的资源也就被切断了，只能依靠自己以及以前的人脉去拓展，包括所有的客户资源等。

乘风破浪会有时，直挂云帆济沧海
—— 到达创业之彼岸

作为一个创业公司，它的经营方向就不允许与别人"大同小异"，甚至是要走在所有企业的前端，位列第一。创业者也不能有"一夜暴富"的思维，要忠于自己的创业理念，立志长远。如何展现自己的与众不同，又如何展现自己具有足够的能力去完成，对于一个创业公司而言很重要，而北京珀金斯就是一个很好的例子。

1. 创业理念之动人的思想

谭璇是2010年去往纽约的，在那里她居住了三年。由于爸爸喜爱画山水画，小时候就跟着游山涉水、写生摄影，于是养成了爱好大自然的习性，也是由于这个原因在北京林业大学果断转专业学了园林设计。

美国的中央公园是美国开创性的以园林学为设计准则建立的公园，而且是免费为公众开放的。为学习中央公园的设计，谭璇就租住在中央公园的公寓里。去了许多次的大型中央公园给她的感受就是：公园给了普通大众特别是来自世界各地的人们与家人亲朋好友相聚的空间场所，给大家带来了快乐，它不分贫富贵贱，身份高低，来往不拒。在那段学习的时间里，结合自身喜好，One Nature 的设计理念孕育而生。

One Nature 是一个"人与自然"的英文缩写，希望每一个生活在城市中的人都向往自然，因为亲近自然而获得快乐，愉悦身心，这是她的一个愿景。她希望她的设计可以改变大家的生活，改善大家的健康，包括身体和心理的健康等，这是她的一个创业初衷。此外，One Nature的理念还是将一个创新的设计方法即这种健康的设计带入普通大众的生活中。这个灵感是来自对美国中央公园人文风情的细心观察，据了解，中央公园左边是公园大道右边是第五大道，有许多亿万富翁住在这里，但是在中央公园你会发现不管是富可敌国之人还是无家可归之人，他们都在这里享受同一片蓝天白云，享受同一座城市公园。以这种理念设计的城市公园好像给人们提供了一个殿堂，能够改善人们的生活，这更是她的一个创业理念。这些愿景、初衷、理念陪伴她鼓励她坚持走了下来，也因此她创立的景观规划设计公司在养老社区、学校相关的方面才能有所建树，给老人和小孩等群体带来了关怀和健康，把自己的设计给更多需要的人带来帮助。

她的这个理念，采访后细细想来竟为之动容。灵动的思想，宽广的胸怀，为大众带去快乐的赤子情怀无时无刻不在深深地打动着我，为她感到欣慰的同时也感到骄傲。

2. 闲来垂钓碧溪上之展望未来

每个人都有可能成为创业家，但拥有某种特殊性格特征的人则更容易创业成功。此外，不同类型的企业，其性格特征也会不一样，不同性格的人可能对创办企业的类型偏好也不一样。如今，北京珀金斯正在迅速地发展，向社会展现自己的能力，当然也得益于公司团队的成功建立。谭璇表示会给公司成员一些机会去锻炼，允许他们出错，会帮助他们总结如何提高工作能力，形成一个愉快又积极向上的氛围；作为一名领导，她工作效率高、执行能力强、雷厉风行的性格特征让公司间上下层关系没有那么严格，亦师亦友的文化氛围也有助于公司的发展。

在中国前20年创业还处于初始阶段，现在则是一个精细化的时代，设计公司只要有自己的特色，少而精，也完全可以做很多同类型的项目，在市场上有所立足。谭璇2008年去往美国攻读硕士，在美国居住了许多年，并且在纽约第一大设计公司工作，是工作室里唯一的中国人并负责中国市场。同事们都是美国人，在上学和工作期间的伙伴们大部分都是从其他国家移民过来的人，她对国外了解特别清楚，能够从他们文化背景的角度快速理解他们说话和眼神背后隐藏的含义。在国外期间的学习和工作使得她的英语特别棒，能够自如地用英语和外国人交流和写文章。其次是自身的毅力，不管遭受多少人的反对，都能够凭借毅力坚持下来。创业后，她带领着自己的团队（中美的精英专家），与中国的实际需求挂钩，在二胎政策、老龄化社会等的商机下，运用自己在国际化方面占有优势以及结合公司设计的是一种康复性设计，将大自然的元素融入室内，使内外一体化，用人性化设计和自然元素结合的方式来促进大家的身心健康；同时也注重精细化设计，力求在这一领域做到最好，完成团队组建使各个专业室内、景观的工作人员准备齐整，并扩大业务量，努力朝着把珀金斯景观设计公司做成中国本土的既具有中国特色的又具有国际创新性的设计理念的一个在细分领域里的佼佼者，做成一个人听人知的知名设计公司。

企业概况

2015年1月，入住北京留创园区；2015年8月25日，珀金斯设计（北京）有限公司创建于中关村海淀留学生创业园，注册资本600万元，是一家致力于设计、咨询和工程管理的国际新锐设计公司，提供景观、室内和规划设计。

珀金斯对景观设计规划的理解是眼前所观察到的一切景色都可以成为景观的概念，通过"室内景观一体化，打造健康人居环境"这种理念实现健康景观，可以由室内延伸到室外，把室外的自然、绿色、生态的概念引入到室内，实现室内外都可以有生态绿色，达到健康的人居环境。

珀金斯有着一个国际化的专家团队，包括哈佛大学、麻省理工学院等美国知名大学的专家，还包括国内的知名院校教授团队，具有国内外一流的设计水准，能够高质量地为客户服务。其中，北京公司团队总负责人谭璇女士，以全额奖学金毕业于美国南加州大学景观建筑学，获得硕士学位，曾在纽约第一大建筑公司，也是世界养老医疗设计排名第一的珀金斯埃斯曼设计公司纽约总部工作，特别擅长做养老医疗和学校的专业性健康设计，同时她又作为工作室唯一的中国人负责中国业务，具有很强的设计和管理的综合能力。

到目前为止，珀金斯已经完成了北京师范大学附属国际幼儿园的室内和景观设计，海淀留学生创业园金种子孵化器的室内设计，卡尤迪生物科技（北京）有限公司的室内绿化设计，阿卡控股位于上海书院的大棚景观设计等，且公司的所有客户都有海外国际背景，这对于珀金斯的发展十分有利。

寄语广大创业青年和女大学生

近年来，唱响全国的"大众创新　万众创业"的国家战略，鼓励和激发着无数年轻人的创业热情，创业已成为当下年轻人最时髦的选择。成为"创客"新兴体的一员，则是当下年轻人甚至一些青年人的梦想和骄傲。那么，真的每个士兵都能成为将军吗？答案肯定是"不"，不然为何会有那么多创业失败的案例。那么，如何减少这个"不"的所占比例，让新时代的创业者少走一些弯路呢？

　　采访中谭璇根据自身经历对想要创业的青年说道，创业之前一定要有所准备，创业之后也一定要坚持，不要轻言放弃。在创业之前，一定要按照自己的喜好选择创业方向，否则在困难面前很容易倒下，最终放弃；另外对行业要有足够的了解，做一个详细的市场调查，所谓"知己知彼，百战不殆"。即便以前的工作经历让你知识渊博、阅历丰富，但不要骄傲自满，毕竟在创业这方面，你仍是一个"菜鸟"，一定要全力以赴，多站在老板的角度考虑问题，多做多想多学，利用就业过程积累创业的资本、创业的资源和经验，同时也为自己寻找合适的创业时机。创业过程中也会遇到各种各样的困难，每一个困难可能都是致命的，这个时候，你此前所学的专业和就业过程中所积累的经验，将是帮助你渡过难关的关键，坚持才是胜利。

　　思维定式的男女差异本就让经验缺乏的女大学生创业处于劣势，那就更应该相信自己，支持自己，就像谭璇所说，自信自立自强才能做到最好，不负自己的一番奋斗。或许毕业时，家人朋友会因为婚姻的问题而反对女大学生创业，但不可否认这是一个现实问题，因此，做好家庭与事业方面的平衡、不偏不倚很重要，即使家庭没有给予创业帮助，总比附加额外压力来得好，这个时候就需要保持乐观的心态。在谭璇看来，大学生们应该在空闲时间到创业公司来实践，这样可以感受创业的一个过程，在以后的创业过程中，达到知行合一，快速与社会衔接，适应社会。

　　对所有创业者来说，要永远告诉自己一句话：从创业的第一天起，你每天要面对的是困难和失败，而不是成功。最困难的时候还没有到，但有一天一定会到，当然，困难不是不能躲避，但不能让别人替你去扛，必须你自己去面对，这样的创业才能更上一层楼。机会永远是留给有准备的人的，抓住机会，利用好机会，实现自我，做一个有价值的人！

Travelzoo 旅游族® 亚太区总裁洪维

公司发展大事记：

1998 年，RailphBartel 在美国加州硅谷创办 Travelzoo.com。

1999 年，Travelzoo 推出 Top 20——每星期公布 20 项最超值推介。

2003 年，Travelzoo 在美国纳斯达克证券交易市场上市（TZOO）。

2006 年，RailphBartel 被 Businessweek 列入"四十岁或以下行政总裁"的排行榜；被 Forbes 杂志选为"全球 200 大最高增长公司"排名第六。

2007 年，Travelzoo 进入中国，在北京、上海设立办公室。

2010 年，Travelzoo 在纳斯达克证券交易市场之休闲娱乐类别中，被列为"十大最佳增长表现的股票"。

2011 年，亚太 Travelzoo 宣布以 Travelzoo 旅游族为中国品牌标志，Travelzoo 出版第 100 万条旅游推介，亚太 Travelzoo 用户突破 300 万。

2012 年，Travelzoo 全球订阅用户突破 2500 万，Travelzoo 旅游族订阅用户突破 100 万，Travelzoo 旅游族宣布和中国中青旅及春秋航空达成战略合作，亚太 Travelzoo 在中国推出 Local Deals，亚太 Travelzoo 用户突破 350 万，亚太 Travelzoo 庆祝中国微博专业粉丝突破 100 万，亚太 Travelzoo 在中国 Local Deals 支付系统中添加支付宝选项。

2013 年，Travelzoo 全球用户突破 2600 万，Travelzoo 旅游族用户达 110 万；Travelzoo 旅游族携手福布斯生活颁发 2013 年度十大超值度假精选。

2014 年，Travelzoo 全球用户超 2700 万，Travelzoo 旅游族用户达 200 万。

主营业务： Travelzoo 旅游族®是一家全球性互联网媒体公司，专业制作人通过人工搜索、测试，为会员推荐真实的、高性价比的旅游及生活优惠产品。

企业所获荣誉：

2010—2013年：Travelzoo旅游族获得中国酒店星光奖之"中国最佳网络媒体奖"

2013年，Travelzoo旅游族获得中国旅游业界奖年度最佳在线旅游网站

2014年，Travelzoo旅游族获得中国旅业互联网风云榜之"最佳精选旅游特惠平台"

个人重要殊荣：

● Most Powerful Women – 亚太区重要成员

该组织由美国著名商业杂志福布斯设立，旨在搭建为世界/地区经济做出杰出贡献的女性领导者的全球性平台，进行思想碰撞和交流。该组织以地域为单位，每年举办一次高峰论坛，邀请该地域的重要成员出席论坛并发布主题演讲。

● 2013年度中国商界女性新锐精英

该奖项由联合国开发计划署、联合国妇女和妇女联合会颁布，旨在构筑中国商界女性精英联盟，促使世界各地在经济领域富有声望和影响力的女性领导人建立联系，激发创造和管理企业的积极性，进而提高中国女性在经济和社会活动中的地位，并达成拓展全球范围内女性经济赋权及参与机遇的共同目标。

Travelzoo旅游族®是一家全球性互联网媒体公司，在北美、欧洲、亚太区（包括中国）共拥有超过2800万会员，全球共25家办公室。Travelzoo旅游族®拥有超过2000个业内合作伙伴，涵盖境内外旅游及本地娱乐生活领域。Travelzoo旅游族®专业制作人通过人工搜索、测试，为会员推荐真实的、高性价比的旅游及生活优惠产品。

2011年6月，Travelzoo中国区迎来了一位新的总裁——雷厉风行，有着果断决策力和坚韧毅力的成熟女性，洪维。她并非Travelzoo的"原生父母"，用

本人的笑称而言，她"更像是一个继母"。然而，和童话故事中坏心的继母完全不同的是，Travelzoo 在这位"继母"的带领下，仅仅用了短短五年便摇身一变，从亚太区的最末尾，一跃成了第一。

究竟是拥有怎样的秘诀才能做到这一点？抱着这样的疑问，我们在一个阳光正好的午后，与洪维女士进行了一次长谈。在一个半小时的交流里，她分享了数年来 Travelzoo 这个公司成长的点点滴滴，也提及了自己对它的期待。整个交流过程中，她包裹在亲和优雅态度中不可忽视的精明果敢，也让我们对"成功女性"有了更多的理解和定义。

懵懂的少女时代

作为响应国家推行计划生育政策的家庭中的一员，洪维，也正是最早一批的独生子女，她的成长历程和周围大多数非独子女的家庭有些许不同。

在大多数人眼里，独生子女集万千宠爱于一身，身为家中唯一的一个孩子，想必整个成长过程中一定浸透着家人的关爱甚至是宠溺。洪维却有些许不同，虽然她的家庭的确有着可称得上优越的背景，但对她的教育却是现实的——从小她的父母就教育她，不论你出自什么样的家庭，你的长相如何，你不能依靠这些从别人身上继承而来的东西生存，只有你依靠自己的探索和能力得到的东西，才是真实的，属于你自己的东西。

或许是从小被这样教育成长，洪维自小就有了非常强的独立意识，大约是初二的时候，她不经意间看到电视上热播的美剧《大饭店》，剧中酒店从业者们那光鲜亮丽的服饰和充满气质的优雅谈吐深深吸引了当时还是少女的她。即使当时还不明白酒店是什么地方，要做些什么，洪维也萌发了要去酒店工作的愿望。

当她把"想去酒店打工"的愿望告诉父母后，她的父母并没有因为担心而拒绝她，而是和她说，他们可以让她去酒店，但是去了之后，她要靠自己去看，去了解社会是怎么样的，以及自己去判断这是不是适合她的职业。父母的态度鼓励了她，既然是自己喜爱的东西，那么无论如何都要去尝试，于是在初三那年暑假，她披星戴月每天从淮海路的家里坐极长时间的公交车去曹阳地区的某酒店打工。端盘子、拉门，经常日夜三班倒。在酒店里，她看见许多高中便辍学的人做服务员，看到了从外地来沪，因家境贫寒不得不做服务员的人，同时又看见了穷奢极欲、纸醉金迷的夜生活。这种对比的强烈给十几岁的她极大的震撼和感慨，她意识到酒店业或许并非外表那样光鲜，也有着非常现实的一面。

这一段打工经历给洪维带来了不小的收获，首先是她获得了第一笔靠自己劳动得来的收入，同时又学到了如何放下书生气，而有原则地去待人接物做事。其次，从那时起她开始凡事自己做决定。

在后来学习之外的课余时间，她也尝试了不同的工作，做了家教，卖过化妆品和高尔夫球卡等。学生时代各种打工经验让洪维锻炼出了极其强的经济概念和经济敏感度，同时也让她开始习惯于从根本去思考问题，去追究一件事情背后的逻辑。除此之外，这些经历也使得她在毕业后，选择了以 Marketing 作为她职场生涯的起点。

与电商结缘

无心插柳柳成荫，这句话用来形容洪维加入电商行业可以说是非常恰当了。原本只是陪同学去参加面试的她，却机缘巧合地通过了面试，成了阿里巴巴的一员。身为一个创业型公司阿里巴巴的前 100 号员工之一，洪维的周围是各种各样的创业型伙伴。到了 2005 年，她加盟 eBay 和 PayPal 中国，担任大中国区高级市场总监。虽然这是一个成熟的公司，然而 eBay 和 PayPal 却为今日的互联网金融行业创造了大量的原始的投资人和创业者——换言之，她的工作环境和交友环境所充斥着的人，都拥有着创业的团队背景，更不用说她还同时兼顾着给一些朋友或同事关于创业方面的指导。

虽然洪维的职业发展始终是职业经理人，然而她的管理风格、她的思维模式，都随着这数十年的耳濡目染，而沾上了创业者们的理念：创造性思维，跳出框架思考问题，去比较事物本质，去从基本的根源上找到商业模式等。

与 Travelzoo 第一次亲密接触

2011 年，互联网非常盛行，在中国电子商务的起步阶段，孕育了许多多元化的电子商务网站，如 B2C 的卓越当当、C2C 的淘宝，以及洪维之前所在的 B2B 的阿里巴巴等。随着电子商务产业的成熟，垂直化的服务开始受到重视。也正是在那个时候，凭着极强的经济敏感度，洪维将视线投向了在线旅游行业。

她的选择无疑是充满前瞻性的：作为一个金钱交易额度较大，又不会有传统电子商务所带来的退货、仓储问题的行业，旅游无疑是电子商务产业内堪称完美的垂直行业，更不要说旅游市场在当时才刚刚开始井喷，市场潜力是非常巨大的。

无独有偶，2009 年 11 月 25 日，国务院会议通过了《关于加快发展旅游业的意见》。意见中明确指出：放宽旅游市场准入、优化旅游消费环境、推动旅游产品多样化发展、加强旅游从业人员素质建设和旅游市场监管、推进节能环保等措施，把旅游业培育成国民经济的战略性支柱产业和人民群众更加满意的现代服务业。明确了旅游业在国民经济中的战略地位。可以说在当时，政府为了助推一个新的 GDP 的产生，对于旅游业的扶持之意相当明显。

正是在那个时候，她进入了 Travelzoo，担任了 Travelzoo 中国区总裁，用当下的流行语来形容，那就是"继母"终于上线了。

2011 年，Travelzoo 在大陆作为一个比较小的机构，已经运营了有两三个年头。然而，作为有着"外国妈妈"基因的它，在国内的旅游行业里非常的孤独——它不属于一个供应商，也不属于哪个群体，甚至对很多公司而言，都不知道 Travelzoo 究竟是个做什么的公司。即使试图去开拓市场，在一个具有中国特色的、习惯于"抱团"的行业中，有的是更巨大的压力。在当时的中国市场，跨国公司似乎都有些"水土不服"的症状，如果跨国公司在中国失败，是件让人很容易就能接受的事。许多人甚至还会开玩笑，说昨天谷歌败北了，今天 eBay、微软败北了，怎么你们 Travelzoo 还没有"死掉"？

更何况当时，与巨大的市场潜力不相符的是，旅游市场的市场环境并不优良。洪维回忆，2011 年左右，她才刚刚进入这个行业，参加很多论坛讨论的时候，讨论的话题都是关于酒店如何在价格战中继续生存，会场讨论的氛围甚至有点像公开的口水战。她还记得有一次，同城的人在论坛上宣讲他们是如何在携程与艺龙的价格战中渔翁得利这样非常戏剧化的话题。

确实，在当时的旅游市场上，酒店业正在互相打价格战，传统旅行社的毛利微薄，操作不规范，线上电商的携程、同城、艺龙都还没有成为垄断者，彼此都试图在价格战中获得更多客户。供应方与渠道方对旅游业本身的信心指数都不强大，并不认为旅游业是一个好做的产业。这种不健康状态对 Travelzoo 而言都可谓是雪上加霜：它无法找到一个借鉴者，也无法找到一个朋友，它甚至如同一个懵懂的孩子，不知道自己是谁，也不知道下一步该走向哪里。

怎么办？这或许是摆在这位刚刚进入"继母"角色的总裁面前最大的问题。

一切从零开始

"新官上任三把火"，原本应该是这样的，然而，洪维连第一把火如何点燃还没想好，当时的整个销售团队就给了她一个下马威：集体辞职。

那还是她进入 Travelzoo 的第一天，她大约九点到的公司，从十点开始，就有销售的同事陆续地递交辞呈，在那之后的一两个月里，原有的销售一个接一个地辞职，最后留下的一位销售还是因为正在孕期而走不了。这对任何一位领导者而言都是沮丧的，员工一边对你说着"你很好"，却一边一个个地离职走人，这种事无疑会让人产生自我怀疑：是不是我的员工不信任我？是不是我自己做得还不够好？

内部团队的崩溃也不可避免地引起了外部环境的质疑，失去了销售团队，Travelzoo 的商业指标自然也无法做到位，这使得它本身的声誉也会受到影响，原来的销售人员所认识的客户也会同样不信任这个公司。

要如何面对外部的质疑？又该用什么姿态留住剩下的员工？面对这些内忧外患，洪维承认，她当时确实感到束手无策了。

然而，日子还是要过下去的，哭丧着脸过也是一天，笑着过也是一天，作为一个领导者，她不只是一个人，她底下还有无数的员工看着她的脸色做事，所以她能做的只有从零开始，了解市场、拜访客户，然后重建团队。

第一步是系统性地搭建人才架构。人才架构并非在短时间内就可以见到成效，洪维清楚地知道，任何一个人到一个新的公司都不可能马上做出效果，连她自己都做不到的事情，怎么能去苛求在她之下的员工呢？在她看来，只有自己信念不倒，系统性地搭建架构，选对人，之后相信他们，与他们共同发展，并且尊重员工的成果，才能做出一个真正的好团队。

那么，又是哪些方面构成了她的选人标准呢？

在 Travelzoo 的内部，工作架构非常简单，最大的两个架构，一个是制作团队，在内部工作，主要负责对产品做遴选，做商业结构，同时对会员负责。每一个推送给 Travelzoo 会员的产品，包括其产品介绍、产品内容、产品价格，全部都由制作团队负责，最后以会员的参与度与喜好度来评判他们所推出的产品是否成功。另一个是商业团队，或者说是销售团队，他们主要负责对外，去各个不同的市场与 Travelzoo 地区的商家进行合作，也就是直接采购，一方面，他们把 Travelzoo 的 DNA 给到商家，另一方面，他们又能给商家带去商家本身 KPI 所需要的东西，无论这个 KPI 是指一个商业的指标，还是一个推广的指标，或者说是需要一个品牌的上升。

这两种面向不同客户群体的团队，对人才的需求也是有差别的。洪维表示，他们选择人才，虽然专业背景也是她所注重的一部分，然而事实上，他们并不非常局限于此，在她看来，最基本的还是员工个人的态度，Travelzoo 所期待的员工是具有团队精神、自我奉献精神、积极思考能力的员工。团队精神是很重要的，她希望在团队中，成员能有身为团队中的一分子的自觉，而不是有过多的个

人英雄主义，不会与其他人合作，与其他人没有共同语言。自我奉献精神，是指员工在团队内并非混日子，而是在意个人贡献的质量，能理解别人的想法，同时自己也有不同的见解。积极思考是他们非常看中的一个特点，如果一个团队中有些人的思维方式特别负面化或者苦大仇深，也会影响到其他的团队成员。

除了这种态度之外，员工的管理风格也是非常重要的一点。他们依靠一些科学化的管理风格测试确认每位员工的管理风格，看他们是否适合某些职位，再将他们分配到合适的岗位上去。洪维认为，一些刚进入职场的员工，或许在职业技能方面还不算成熟，然而可以通过轮岗以及工作指导等方式去提升他们的能力，最重要的还是要真正接受和理解公司的坚持，并朝着公司所坚持的方向做下去，这样才能真正成为一家坚持自己特色的公司。

通过层层筛选，Travelzoo 构筑了一个强大的团队。他们来自五湖四海——有的或许拿着别国的国籍，有的是说着流利外文的外国公司高管，有的不是本行业的成员，有的甚至原来是家庭主妇，然而他们有一个共同点，那就是"Made in China"。也就是无论就业后他们的职场经历如何，他们本身是在中国长大的，他们经历了中国近十几年的发展历程，他们了解中国消费者。他们可以说是整个中国的中坚力量。而这样的一群人，在进入公司之后，通过系统化的培养以及实战操作，并结合他们在不同行业获得的智慧、经验，终于组成了现在这个脚踏实地、接地气而又注重结果导向的团队。

作为一家跨国公司，Travelzoo 虽然从 2009 年就独立出来运营，但美国公司旅游族的董事会主席仍然是公司的主要大股东，内部的运作流程与一般跨国公司无异，也能为公司提供丰富的海外产品资源。但在此基础之上，Travelzoo 的决策机制非常地放手，也非常地尊重本土，从本土的人才到本土的商业机制，可以说是在全球体制的公司里最注重本土化的一个。基于这种放手的机制，洪维在中国组建起了这样一个完全本土化的团队。

该如何带领这支团队更好地走下去呢？这个重担又回到了洪维身上。作为一个有着 11 年在大中国区成功运营电子商务市场丰富经验的领导者，她很明白 Travelzoo 与纯粹的创业公司之间的差别。她深知，与人相关的东西必须要有当地的经验，无论是管理方式、管理决策还是人才机制，都不能照搬外企的理论系统，而是要与本土的真实情况相结合。许多国内的创业型公司虽然能在短期内招募到很多特别优秀的人才，却在一些营业数据上太急于求成，过于浮躁，只求达到高业绩，而不在乎人才的考核空间，造成了昙花一现的结果。她清楚什么是稳健、什么是风险，也知道什么是运营中最重要的东西，他们只会有目的地融资，而不在乎失败的底线，只为了获得更多融资而瞎赌。在公司业务上，她并不贪心，有所取舍，只为了让业务能够稳健地、有空间地发展。

改变，从定位开始

与国内的在线旅游网站相比，Travelzoo 最鲜明的特色就是拥有丰富的境外旅游资源，该如何将这丰富的资源与本土的市场结合起来，是他们最先要考虑的。

大多数国内在线旅游网站，以携程为例，像一个旅游综合大型超市一样，提供几乎无所不包的服务，从机票、酒店、餐饮以及打包各种景点，大而全地整体解决旅游方案是它们的强项和特色，其团购业务的核心则是酒店、机票以及部分餐饮，目的是利用这些产品来吸引消费者。它们的产品琳琅满目，虽然数量众多，但却不在意产品的精度和售卖地。

而 Travelzoo 则不同，从诞生起就绕开了这种大而全的模式，是"反其道而行之"。作为一家定位于"媒体旅游电商"概念的公司，Travelzoo 并不做直接的交易，只跟同行比拼谁最了解旅游的理念、旅游消费者的心理与行为习惯，通过背后的算法模型以及对大众消费信息的理解，抛弃了百分之八十的平庸产品，只精选出当季最热门，或者是当季性价比最高，或者是独家开发的特色产品，对会员进行推送。

这样的定位，与他们所面对的目标群体有很大的关系。Travelzoo 的团队发现，他们在前几年之所以能够不费吹灰之力就获得百万用户，与社交媒体和社群经济的兴起有关。在社交经济新兴的情况下，比起娱乐媒体或者营销号一类的大媒体而言，大家更相信小媒体、朋友之间所推荐的口碑传播。以社交导向为主的这群人，有这么几个特点：他们 90% 或 95% 以上通过手机来完成所有的支付，喜欢在朋友圈里分享自己精致的生活，并通过在社交媒体发布这些照片来展示自己是"资深吃货""文艺青年"等彰显生活品质优越的标签。

这样的一群人，在国内有将近四亿——他们是 80 后，拼搏于北上广深这样的一线城市，在职场上已经坐到了中高层的管理位置上，家里已经有了一个六岁以下的孩子，家庭年收入也已经达到了 50 万元左右，一年中带着孩子的平均出游次数约有 4.2 次。中产阶级已经跨过了只求温饱的阶段，转而开始追求生活品质和格调。

然而在当时的旅游市场上，针对这样一群有品位、有消费力又精明的白领和中产阶级的产品并不多，Travelzoo 的团队们也发现了这一点。对这样的中产阶级家庭，他们所需要的是什么呢？显然，随着这群中坚力量的年龄增长和成家立业，

一顿精致的下午茶已经无法满足他们的家庭需求了。他们有了孩子，有了父母，需要的是出境游，是深度周边游，是适合亲子一起参加的海岛游、休闲游等。

为了迎合他们的需求，Travelzoo 提出了新的定位——轻奢。

"轻"代表的是一种优雅的态度，低调、舒适，却无损高贵与雅致。"奢"指的是奢华，却又并非如同暴发户和"土豪"那样动辄琳琅满目、金碧辉煌。就以他们的目标客户群为例，他们追求品位与个性化，所选择的产品不一定是最贵的，但一定是品质最好、最适合自己的。从出行的角度来看，他们更乐意选择五星酒店和豪华酒店，并且关注酒店的文化主题。他们注重品位、注重细节，而这些细节又需要一定的经济和文化底蕴去支撑。

对这样以轻奢风为生活理念的客户，travelzoo 在产品上除了主推每周精选"Top20"和"Local Deals 乐汇"这两大全球品牌产品外，还特别针对中国消费群体设计了品赏（高端生活）、海外频道（海外超值度假）这些旅游服务。

其中，主推的每周精选"Top20"，所依靠的核心正是他们引以为傲的制作人团队，他们每天都会有选题会。而这 20 个产品中的每一个，都是经过对当地的价格消费有着丰富经验和认知，同时还有极强商业和市场化概念的旅游产品经理看了至少 100 个产品之后才选择出来的，拥有较高的性价比，深入的体验性，并会根据中国人自己的特色来与当地的酒店合作，一定能够满足自身的品牌价值和客户的期望值。

该如何推送这些产品，对 Travelzoo 而言也是一个问题。他们和国内的 OTA 旅游网站有合作。例如，华北和华南地区，公司每两个星期就有一两个帮携程包装的产品，他们将产品方案给予携程，而用户则通过携程的网站实现预定，既为携程带来了客户流量，又增加了产品销量。

而对于他们的订阅客户，Travelzoo 的团队也做了许多努力。作为一个现在也在使用邮件推广的公司而言，洪维真诚地表示，Travelzoo 从 1998 年成立到现在，它真正的 DNA 并不在于推广的渠道，而是在于能够诱发旅游者旅行冲动的、少即是多的以质取胜的产品性格。随着不同的时代，会出现不同的传递产品出去的载体，从 90 年代的电子邮件到有美国风格的官方网站，从全球化的 APP 到中国区的微博、微信，等等。曾经他们也想过是否要放弃电子邮件这种在国内看似并非主流的推广渠道，也曾经搜集过关于电子邮件会骚扰客户的反馈。然而有趣的是，当他们减少了电子邮件的发送率之后，他们发现 Travelzoo 的网站点击率下降了很多。由数据才能得出，他们的客户群体对于电子邮件的依赖度和打开度还是挺高的，因而这种看似老旧的推广方式就一直沿用至今。当然，和其他地区的制作人团队相比，为了兼顾别的社交群体，Travelzoo 中国区的制作团队还要更加辛苦一些，要分别为邮件、微信、微博等几个不同的渠道定制不同的内容。

对于旅游产品的可复制性，洪维坦言，她们虽然花费巨额让制作人去全国各地旅游去寻找好的产品和挖掘出新的地标，用脑力工作包装和挑选出优秀的产品，但却不受知识产权保护，这也是让他们觉得很无奈的一个地方。

成长，从文化开始

Travelzoo 的一个特色是轻资产，负担非常轻，在中国区的员工人数也不多，有较强的灵活性。而作为一个原生于美国的企业，他们的企业文化比较开放。她从不鼓励员工加班，工作福利、工作环境都致力于让员工感到舒适。同时她很在意员工生活和工作上的平衡，在她的理念里，员工并非机器，她不希望员工压榨自己的生活时间，而是希望员工明白，生活的放松是为了更好的工作。

企业文化中最核心的，是坚持自己的 DNA——也就是产品的性格，一种精挑细选，以质取胜的性格。这其实是件不容易的事情，以前期合作来说，在挑选合作的旅行社时，有些人会认为，随便选一个旅行社不就能够有销售额了吗？而 Travelzoo 却始终坚持只推荐真实测试过并且可靠的、不含购物或者是所谓零团费的旅游产品。又比如说合作酒店，航空酒店很难拿到好产品也很难做，明明每天都能出现很多酒店产品，为什么一定要投标航空酒店呢？因为航空酒店稳定、品质有保证，长期合作会给用户带来非常好的体验，对公司自身而言也能获得收入。

在团队文化上，他们有很多诸如互相信任、在工作上互相支持的一些理念，但他们并不像一些国内企业那样，把这种关键词上墙或者是不断重复形成一种洗脑效果。因为洪维认为，真正重要的是希望团队齐心协力，在判断上拥有一致性。他们经常会碰到，有一些资本比较雄厚的同行会拿着他们的制作方案跟合作酒店说，他们只要市场，不要佣金或者佣金极低。这对于酒店而言是很有诱惑力的一个条件，毕竟谁都想减少成本。这样的情况不可避免，而他们会每天开会讨论和分析竞争对手的话题，这样员工就永远都能在第一时间知道公司在面临什么，又需要做什么样的取舍。在这样的大环境下，团队人员需要做到的就是经得起荣辱，还要坚持自己的原则，做出他们共同的决定。

对每个团队成员，除了一般的英文优秀、勇于创新之外，Travelzoo 对他们的期望是希望他们每个人都能成为一个专家。不论是通过 E-mail 还是 WeChat，所推荐给客户的产品应该都是专业的，要学会站在消费者的角度而不是从商业角度去思考每一个产品。只有把自己培养成对每一个旅游产品的所在地的价格消费、该款产品的优势劣势有着极强的认知的优秀专家，有着极强专业度同时又能做到替顾客考虑人，才能做到更好地挑选出合适的产品。

亲和与幽默，领导者的艺术

虽然 Travelzoo 并不是一个原生型创业公司，但由于成员都是从中国本土完全重新组成的团队，因此也有着创业团队的特点。团队里的成员也需要互相磨合，才能形成思想上的统一。而作为一个领导者，洪维又是怎么带领这支团队的呢？

从 DISC 性格测试的结果而言，她是 DI 主导的行为风格。这种类型的人通常富于梦想，不断进取而且为达目的不懈努力，他们能量充沛又积极主动，会对自己和周围的人都有较高的标准，对他人很有影响力，能激励他人去实现目标。因为他们思考行动迅速，愿意直面挑战，并且可以利用他们的独断和说服能力去激励他人接受某个方案或者产品，因此很适合带领团队。

有些人会习惯于用一些测试的结果去评价一个人，譬如说管理风格测试或者星座测试。虽然她自身也做过不少相应的测试，不过洪维个人认为，单独靠这些测试结果去评价人是极不精准的。她笑称，作为一个被其他人一天到晚黑的处女座而言，她已经非常习惯于拿星座特征开玩笑了。同时她也提到，因为有一些成功的企业家也是处女座，所以有人会以此作为处女座的人适合做领导者的依据，不过她认为，这首先是因为他们是成功的企业家，所以星座才会被当作共通点提出来。

她认为，比起测试结果而言，她更注重的是别人怎么看待自己。曾经在 eBay 工作的时候，她让所有的员工给高管做过一个评估，评估的三个指标跟管理风格完全无关，因为管理风格是可以在日常当中被刻画出来的。而这三个指标恰巧也是洪维非常欣赏的。它们分别是愿意和 TA 一起工作、创造力和结果导向。

在当时的测试中，eBay 亚太区的高管差不多有十几位，她在"愿意和 TA 一起工作"这一项中排到第一，国外排到了第三。当时她想了想原因，认为是她对情绪的自控力。她一般只把处理事情严肃的一面或者偶尔有情绪的一面留在办公室里，而不是在员工面前表现出来，她有能力去塑造对员工而言安全而有亲和力的环境，这样也让员工在面对她或者和她一起工作时不会有太大的压力。

在创造力这一点上，她也一直习惯于超负荷地思考，同时她与一般人的思考差异比较大，此外，她还喜欢推敲一件事情的细节，比较注重逻辑。这样的性格特点让她在工作中处理方案时比较有创造力，敢想能想会想，而且能把想出来的东西落到实处。

第三个是结果导向。不管是数据、生意还是最后的营收,她始终都是非常注重结果的人。能够站在结果的导向去思考问题,以达成目标为原则,为了达成这个目标而考虑资源并对资源进行规划,不畏困难所阻挠。

从洪维的叙述中我们可以判断,她管理中透露出的坚忍不拔和果断的决策力,以及带领团队的凝聚力和创新是令上下级都非常认可的。

工作·生活——平衡的秘诀

一个女性在人生中会扮演许多的角色,除了工作上的角色外,她们在生活中也会扮演妈妈的角色、女儿的角色、妻子的角色。作为一个一直在公司里倡导生活和家庭平衡的人,洪维自己也是这么做的。在她心里,并没有为了工作而放弃生活,人生并不是只有牺牲了某样东西才能得到另一样东西。令她庆幸的是,她的家庭和工作都令人满意。

在工作时间,她追求的是高效的时间管理。她直言,如果公司里的高管喜欢在下班之后的时间或者周末时间找员工开会加班,那么这个公司的文化就是形同虚设的。虽然有不可避免的晚上会出现处理紧急事务的情况,但希望这是和员工所得到的东西、员工自身的成长以及商家对他的尊重成正比的。

以她个人的情况而言,她每天早上八点就会到公司处理中国区和亚太区的事情,下午则会与客户见面或者处理纸面工作,晚上还会处理跟英国、美国方面有时差的工作,在这样几乎可以说是全年无休的情况下,她坦言,她从来没有想到40岁了还会每天过着"空中飞人"的生活。

同时我们还提及了她的孩子,她经常觉得愧疚的一点是在她的孩子还很需要妈妈陪伴的时候,她却不得不经常出差。但她并不认为这是一种负担,反而认为有了孩子会让自己的人生更圆满。在与孩子相处的过程中,母性被激发,会让人更懂得如何为人处世,跟以前霸气十足的状态不一样,现在的洪维更加地柔和温婉,在职场上也变得更容易和人打交道。

对于工作和生活之间的平衡,她只想告诉员工的就是,只有能管理好自己时间分配的人,才是值得尊重的。同时作为领导者,她也认为,如果一份工作是牺牲了家庭关系或者是自己的身体健康才能换来的话,是不会让人想加入的。

寄语女性创业者和女大学生

在创业方面,洪维也有自己的见解,她始终很支持创业,她认为创业不仅仅是一个商业的实践，更是个人知识、思维方式以及人脉的考验。她同时也坦言，她认为并不是所有人都适合创业。在她接触过的大量创业者中，有许多是只有雄心，却缺乏逻辑思考和商业判断能力的人，他们或许有过多次创业经历，却总是屡屡挫败。有些人是为了创业而创业，这样的人缺乏领导力和基本的商业架构，无法做出准确的商业判断，在她看来是不适合盲目创业的。但她也提到，在有限的人生中，应该去尝试一些自己喜欢的事，但为了让这件事成功，应该去学习充实自己。创业也是如此，一开始最直接面临的问题就是如何管理现金流，此外还有公司管理、基础的法律知识等。

此外，洪维认为创业者在商场上并不分性别——也就是男女创业者在智慧层面以及热忱方面上的差异并不大。男性创业者和女性创业者都各有自己的优缺点。在情商表现力上，男性创业者的勇气和士气会更容易鼓舞他的同伴，会让整个团队变得非常有感染力。然而如果要铸造一个基业常青的企业，自然不会一帆风顺，当面临危机和相对有冲突性的人际关系的时候，一个人的处理危机能力就显得尤为重要，而在这一个方面，作为情感较为细腻的女性创业者会比较有优势。除了人际关系之外，女性创业者在处理数据方面也比男性有优势。她还提及，女性管理者无法更进一步的很大原因是不能控制情绪，在创业过程中可能会因为无法兼顾生活和工作或者遭遇挫折而出现负面情绪，洪维希望女性创业者不要过于苛求完美，而是学会平衡二者之间的关系。

对于女大学生创业能力的培养，她也分享了自己的观点。首先，她认为女大学生在大学期间应该去学习心理学相关的知识。心理学能够使人学会换位思考，有了同理心会使自己更容易与人沟通相处。其次，她还希望女大学生能够在学生生涯中多去进行一些不同的社会实践，去寻求去实现自己的梦想。也许有的人会说自己更适合考研或者做朝九晚五的安稳工作，但她认为，多一些尝试，多一些社会经验，对自己将来的发展都有极大的好处。更不要说在大学期间，一个人的职业成本是最小的，当为了实现梦想去进行尝试的时候，所得到的收获也是巨大的。最后，她还希望每个女生都能够尽情享受自己的青春时光，该谈恋爱的时候谈恋爱，该漂亮的时候漂亮，做一个人生经历精彩的女人。

通过这短短的一个半小时与洪维女士的访谈，我们都受益匪浅。在此我们也真挚地祝愿，Travelzoo的发展会一帆风顺，就如洪维总裁所期望的那样，从2017年开始进入3.0版本的蜕变阶段。星星之火，可以燎原，我们相信，Travelzoo会从中国开始改变，直到影响整个世界。

兴博旅投规划设计院董事长刘霞

兴博旅大事记：

2010年5月，北京兴博旅投规划设计院成立。

2012年9月，组织召开中国首个碳中和旅游行业会议——全国低碳旅游发展大会。

2013年3月，受中国旅游景区协会委托，组织"让美丽中国更美丽"中国旅游景区摄影大赛。

2014年10月，在北京前门发起创建零碳创意馆。

2015年11月，零碳创意馆入选国家发改委发布的《中国应对气候变化的政策与行动2015年度报告》。

2016年4月，组织全国首个"碳中和"景区摄影大赛。

2016年5月，组织举办全国首个景区零碳婚典。

2016年6月，零碳创意馆荣获2015年度低碳中国行年度低碳榜样"低碳案例"。

2016年11月，零碳创意馆获国家发改委2016全国低碳日主题展"优质合作伙伴"荣誉。

2017年3月，发起"爱绿行"走进中国旅游景区行动。

2017年11月，走进波恩气候大会，分享中国旅游景区绿色低碳研究探索。

2017年9月，参加喜迎十九大"砥砺奋进的五年"大型成就展。

主营业务：

兴博旅致力于景区全程一体化服务。

业务包括： 全域旅游、旅游度假区、5A景区创建提升；导视系统规划设计、制作、安装；景区低碳建设、课题研究、管理培训、文创开发、品牌营销、研学旅行等。

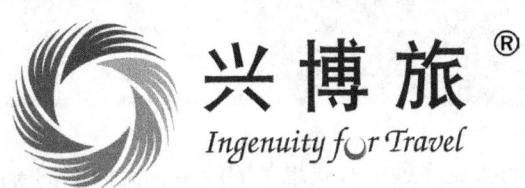

企业所获荣誉：

兴博旅负责发起成立的零碳创意馆，在倡导公众践行低碳环保方面表现优异，荣获2015年度低碳中国行年度低碳榜样"低碳案例"称号。

兴博旅负责发起成立的零碳创意馆，在组织低碳环保主题活动中，获得国家发改委2016全国低碳日主题展"优质合作伙伴"荣誉。

兴博旅参加喜迎十九大"砥砺奋进的五年"大型成就展，获得发改委感谢信。

个人社会职务：

中华环保联合会　　　理事
中国绿色碳汇基金会　理事
中国旅游景区协会　　理事
中国妇女旅游委员会　委员

低碳让旅游更美好
——刘霞女士低碳景区发展的倡导和实践

刘霞，中华环保联合会理事、中国绿色碳汇基金会理事、中国妇女旅游委员会委员、中国旅游景区协会理事，在身兼数职的同时，刘霞女士还是北京兴博旅投规划设计院有限公司的女士，公司主要为景区分别从规划、设计、品牌营销、低碳发展、管理培训等方面为提供创意提升解决方案，承担过多项国家级的标准制定和地方旅游景区规划等项目。

与刘霞女士的初次见面远没有我想象的严肃，见面前的忐忑和紧张在看见刘

霞女士的一瞬间就全然消失不见了，只留下了一些激动与欢喜，而在接下来的交谈中这仅剩的心情的波动也回归平静了，因为刘霞女士周身都有一种平和的气息，我想这就是平易近人最贴切的表现了。那天的她身穿蓝色的毛衫，栗色的半长卷发温顺地垂在脸庞两侧，极具书卷气息的黑框眼镜更显典雅，她的声音温柔细腻，说起话来又透着一些爽朗和活泼。我们是在她的办公室进行见面访谈的，办公室分为两个部分，分别是会客厅和办公厅。内部的办公室面积并不大，地板上有着树木年轮的图样，朴实而大气，室内摆了一张黑褐色的办公桌还有一些必备设备，背后的墙上挂了一幅大气磅礴的黄山山水画，接待客人的桌椅风格也是沉稳，角落处放了低调的摆件，而在如此稳重大气的设计风格的办公室中又同时摆放了三盆富有生机的绿色盆栽，墙上不规则地放着几张刘霞女士旅游的个人照，照片中的她笑靥如花，更有别样的风采。在这整个的交谈过程中，刘霞女士完美地表现了腹有诗书气自华是一种怎样的气质，这种由内而外散发出来的东西，更是让人第一时间感觉到她丰富的内涵，并留下深刻印象。

抓住机会，顺势而为（初涉旅游行业）

刘霞女士来自四川的大山深处，或许是因为成长环境的因素，她从小养成了如山一样坚强、独立、不服输的性格。

兴博旅成立于2010年，前身是北京兴博旅国际展览有限公司。说起创业，刘霞的很多朋友都在创业，所涉及的领域也是各不相同，但是她并没有受其影响，而是在机缘巧合之下迈入了旅游行业。2009年中华环保联合会在环境保护部批准了一个项目"生态景区中国行"，旨在在旅游行业推广环保理念。当时中华环保联合会公益部负责人找到了刘霞，因为刘霞对于环保和旅游这两个方面都比较热爱，而这一项目又是综合了二者。所以刘霞很重视也很看好这个项目，便由公司牵头承办了该项目，组织行业的专家来制定标准——《全国低碳旅游实验区评定标准》，同时又去找中国旅游景区协会报批，经国家旅游局审批后，生态景区中国行项目于2010年6月19日正式启动，就这样兴博旅正式开始了它的发展之路。有时刘霞会和大家开玩笑说，兴博旅进去旅游行业，其实占领了一个制高点。

一边打BOSS，一边掌握技能（公司的发展）

兴博旅成立于2010年，在当时旅游规划行业是比较火爆的，而且正处于快速上升期，但那时公司还在主要做环保旅游公益、活动策划和管理培训等项目，而做公益能坚持下去的主要原因是公司有了旅游行业协会的平台，而且很多机构给企业的前期发展提供了很好的平台和空间，还有一些资金上和政策上的支持，比如目前公司所处的西城区政府。后来公司在2013年的时候进入规划行业，但那时却正好是规划行业的一个下滑期，刘霞女士说如果现在的技术和专业平台，放到成立之初，兴博旅肯定三年就能有跨越式发展，但是在2013年开始公司的规划之路，兴博旅显然要付出更大的努力使公司顺利发展下去。

1. 前期发展

兴博旅成立以后承接的第一个项目是公益项目，是需要公司拿出钱来开展整个项目运营，其中包括制定标准、课题调研、专家邀请、活动组织、活动宣传等费用。从某种程度上，刚开始兴博旅算不上是商业企业，整个运作模式是按照NGO的架构来做的。因为开展生态景区中国行项目，和旅游景区接触多了以后，发现很多蓝海地带（蓝海指的是未知的市场空间），公司才延展出旅游景区规划、设计、品牌营销等。举个例子，目前兴博旅的另一个业务增长点是环保文创商品。当时因为一个景区需要设计一款产品，其实在十几年前就已经有这个想法，之后找了好几个设计团队也没有设计出符合要求令人满意的产品，后来刘霞女士得知此事，便带领团队应负责人邀请接下了这一任务，在尽心尽力地设计了三款产品出来后，没想到对方领导非常认可，所以一并由兴博旅将设计好的产品做成成品。巧合的是公司之前也一直在做环保创意商品展示，所以这一次和景区的合作让兴博旅想到能否一起把这些产品都放到景区去销售，在接下来就很顺利地出现了零碳创意商品自动售卖机的项目。刘霞女士做了一个很有意思的比喻，她说从这样一个脉络走过来，我们公司的发展貌似有点像游戏闯关，先有任务，我们再自身学习强大，在闯关的过程中不断进步发展，当然我们也坚持诚信为本的准则，我们只要接了任务，就不计代价，一定要做到最好。

2. 发展现状

兴博旅涉及的营业范围广泛，其实一开始主要是服务于政府和行业协会，前期源于项目执行比较认真负责，交付项目后客户比较满意，产生了信任感，也愿意持续和兴博旅合作。以至于前几年做的项目每一个都是新项目，每次投入的人力成本都比较大，有些项目没有经验可以参考，只能组织人手先去研究才去执行。公司经过几年的沉淀和积累，在做过多个类型的项目以后，也慢慢聚焦，发展中根据接触的景区需要，聚焦实际的经营范围，定位为"景区创意提升专家"。作为一个以低碳环保发展为核心的公司，兴博旅围绕景区开展景区低碳发展规划、环境解说研学体验、景区垃圾分类推广、景区碳汇林、碳中和项目、景区环保创意商品的开发等,这也会成为景区的一个新的吸引点和盈利点。兴博旅将围绕低碳环保这个主题,整合国内外的新技术、创意设计、新产品等各类资源,搭建景区低碳发展服务平台。作为专业景区服务提供商,无论做的规划、活动、公益等都是围绕旅游景区在做文章。刚开始企业成立时是按照NGO的模式来做的,现在正处于建设平台的阶段,未来兴博旅会聚集最优秀的环保技术的厂商、技术、设计师为中国旅游景区服务,当然我们希望以后不仅可以为中国的旅游景区服务,还可以为世界的旅游景区服务。

在众多的旅游规划公司中,兴博旅自然有优势来面对巨大的竞争压力并存活下去,相对于其他的规划设计院,兴博旅进入的是一个细分领域,做公司更擅长的落地执行和运营管理。比如说景区的标示标牌,从规划—设计—制作—安装—后期维护;再比如做景区管理培训,从景区调研开始找出景区的问题—编写课件—培训讲课—后期追踪;旅游商品更是细分到环保文创领域,这个环保文创也算是兴博旅创造的词,也是公司的定位和方向,就像前面提到的蓝海概念,兴博旅是在创造热点需求。这样的创新加上优秀的团队、资源和渠道等,这些都是兴博旅的资本和竞争优势。

兴博旅发展至今已经有八年之久了,在这段时间,公司完成了多个项目,并一步一个脚印地往更好的方向发展,在发展过程中有多个标志性事件。公司成立之初所负责的生态景区中国行项目,进而开始景区行业管理培训、景区规划设计,创建5A提升专项规划和景区导视系统规划,景区标示标牌制作,落地前门零碳创意馆,成立中国绿色碳汇基金会低碳旅游基金,成立环保文创商品部,而目前公司正集课题研究、规划设计、创A提升、标示标牌、环保文创商品、低碳景区发展规划、低碳旅游规划一体的专业机构。

在兴博旅众多已经完成的项目中让刘霞印象最深刻的一个是黄山风景名胜区导视系统规划和制作,这是她认为最不容易也最满意的一个项目。该项目从接单到执行结束历时五年,虽然企业从财务方面没有什么盈利,但是刘霞女士表示能为黄山风景名胜区服务感动到非常荣幸。业内有句话说"中国的旅游从黄山开始",当时正是因为这个项目公司组建了业内最专业的技术团队,攻克了诸多难题,一路走来,这也奠定了兴博旅在景区行业标示标牌服务行业高品质的技术和服务水准,并制定了景区标示标牌的建设标准,建立了景区用语翻译数据库等。可以说这个项目是公司在"闯关"期间,拿下的一个小"boss",获得了阶段性的胜利。

3. 未来愿景

自从开创这个企业开始,兴博旅一直在探索着企业的架构、管理、战略等,

不断在完善。刘霞是一个抗压能力很强的人,每走一步都是缓慢而沉稳的,所以现在的兴博旅的状态只能算是有起色,但还仍处于一个摸索阶段。刘霞并没有按照企业的商业模式等来进行经营,因为她觉得企业还是不够成熟,现在应该把平台做大,然后获取更多的资源、资本和渠道等,所以企业做得更多的事情还是资源整合,跨界整合,用企业平台来把绿色碳汇、旅游景区等进行整合,将来公司必会有更大成功。刘霞也一直有着这样的目标,在未来的三到五年里,兴博旅肯定会有更广阔的平台。

现在公司要转换成实体经济,在一些环保产品的研发设计和生产过程中,都要格外注重其实用性。因为现在人们更注重生活化,而景区中的纪念品,多为摆放类型,所以公司设计的环保产品也可以当作景区里的纪念品来卖,例如很有时尚气息的书灯、很有特色的存钱罐等。设计出足够多的环保产品后,也可以开一次产品展览,现在这些环保创意的产品已经在天文馆和天坛公园开始售卖,并且获得很多顾客喜欢。

在公司的发展规模上,刘霞已经有了初步计划,现在的兴博旅工作人员很少,未来计划是先发展到一百个工作人员的规模,那么开分公司也是势在必行的。鉴于在北京开公司成本要高出外地很多,综合考虑后,分公司的选址很有可能会是南京、成都或黄山,一切还是待定。

2016年12月26日,国家公布的《"十三五"旅游业发展规划》(以下简称《规划》),重点方向还是"旅游+战略",各个产业融合发展。其中单列了第五章,绿色发展,提升旅游生态文明价值,分别从倡导绿色旅游消费,实施绿色旅游开发,加强旅游环境保护,创新绿色发展机制,加强宣传教育等。这个脉络正好契合了兴博旅的业务内容和发展方向,《规划》此刻发布,为兴博旅的发展创造了天时地利人和的条件,所以公司也全力以赴沿着这个方向去奋斗,实现企业的大发展、大繁荣!

"轻松"中的坚韧

兴博旅发展至今,其中经历的各种艰苦与付出,都是我们所不能想到的,而刘霞女士却一直都是很轻松地讲述这些经历。对于很有发展前途的公司她却很谦虚地说旅游行业是百花齐放,我们所做的事情太渺小了,还需要更多努力和奋斗来创造成就,我们也有这个信心。刘霞说话时一直都是微笑的,仿佛什么事情都是很轻松的,但是眼睛里却都充满坚韧。

在我们这样一个明显还是男权社会的国家,女性创业者虽不像古代的巾帼英雄一样凤毛麟角，但是为了创业成功所付出的往往要比男性创业者们更多。刘霞也是妇女委员会的成员，中国妇女旅游委员会在熊会长的带领下，在全国持之以恒地开展妇女创业培训，本委员会有众多优秀的女性委员构成，会聚了各个领域的成功女性。接触了这么多的女性创业者，刘霞深感女性相对男性确实有弱势，如女性的承受能力、别人的眼光、体力等各方面，相比于男性还是有些差距的。尤其是现在的社会状况，女性在与他人交流沟通时，往往要避讳很多东西，考虑很多因素，没有办法像男性一样随心所欲地做一些事情。而男性创业是得天独厚的条件，这也是千百年积淀下来的，根深蒂固，女性的地位是新中国以后才慢慢提高的，作为一个商人就需要长袖善舞，左右逢源，可能男士做这些很容易。但是作为一个女性若不擅长这些或已成家做了母亲就会很难，而刘霞更是两者都占全了，所以在创业的路上所面临的艰难相比男性要更多一些，但是她仍然秉持着认准一个目标，百折不挠，坚持不懈的信念挺过来了。而这股韧劲应该就是她作为女性创业者的一大优势吧。

1. 领导风格

公司的繁荣离不开公司团队的努力和领导的英明决策，领导的领导风格往往会对公司的成员产生很大的影响，而当刘霞女士回答她的领导风格时用了三个词。

雷厉风行：只有想不到，没有做不到，想到一件事情，抓住时机尽快去落实，无论怎样都要有一个结果。

坚持不懈：只要认准的事情，无论过程怎样艰辛，不计成本也要达到目标。

拳头精神：要把大家的积极性调动起来，让大家都去成长，形成一个强有力的团队，这样才具有力量。

这着实让我吃惊了一下，因为刘霞看起来身材娇小而且是个温润如玉的女人，没想到领导风格竟然是极具气势的。不过人不可貌相，其实刘霞女士的办公室中有一幅黄山的画，画得十分大气，也是极具气势的，我忽然想起不知听谁说过越是淡雅温和的人，内心越是强大，以前不知对不对，现在刘霞女士倒是亲自证实了这句话。

2. 用人标准

在领导之下，公司的其他员工也对公司有着不可小觑的影响力，那么识人用人就显得十分重要，尤其到了现在经济进步网络发达的时代。曾不止一次我发现很多人都对新一代的年轻人，尤其是90后的人有意见，大多都是觉得90后没有责任心，不靠谱，但是慢慢地很多大公司大企业也开始改变了这些看法。刘霞就觉得新一代的人创造力强、想法新鲜、接受能力也很强，而企业发展更加需要

这种新鲜血液的注入，按照各自的优势分配工作，例如年老的可以掌舵，年轻的来负责创造。企业需要年轻一代来顺应时代，因为年轻人更加了解时代的变化和现代消费观念的变化，所以公司可以对他们进行引导，却不能离开他们来发展。

对于用人标准，刘霞认为以下这几点非常重要：

忠诚：首先对于公司要有一个忠诚的信念，一切言行以公司利益为最高标准，这就需要员工有很高的职业操守。

诚信：信守承诺，先做人后做事，这个无论是与朋友相处还是与客户相处都要讲究一个诚意和信誉。

专业：专业的事情专业的人来干，这样才能高效工作。

我相信这也是大多数公司都很重视的，而这些标准也是一个员工所必备的基本素质。

低碳环保，一条路走下去

兴博旅是一家以低碳旅游为主的旅游规划公司，即使是公司的产品也是以环保文创为主，所以公司的机构愿景是全力推动低碳旅游可持续发展、倡导生态环境保护，建设美丽中国。机构使命是树立尊重自然、顺应自然、保护自然的生态文明理念，为努力建设美丽中国贡献力量。

当初刘霞选择低碳旅游的原因只有五个字：社会责任心。但是真正开始行动是 2009 年开始发起的生态景区中国行项目，也是恰逢哥本哈根世界气候大会。全世界都在倡导低碳发展，从那个时候开始，雾霾的字眼开始出现在媒体频繁的报道中，到今天雾霾已经到了大家无法忍受的境地，所以说环境问题是未来全球的问题。长久以来旅游作为无烟工业是最生态和环保的，曾经有景区领导提出发展低碳旅游是伪科学，但是刘霞觉得要换个方向来看问题。从 2010 年到 2017 年旅游人数增加了很多。2015 年刘霞受邀去芬兰演讲时，曾经专门在国家旅游局网站查找数据，国庆 5 天中国旅游人次达到 5 个亿，所以说旅游景区是一个很好的环境教育的公众平台。这么多人来旅游，花钱来享受环境，那么为什么不做好环境公众教育呢？应该让老百姓能更直观地知道怎么去保护环境，怎么来践行环保。所以兴博旅目前做的课题就是景区低碳发展研究，从技术、从碳汇、从碳中和等各个层面去融合，旅游都能做好低碳发展，其他高耗能企业更有责任和义务做好了。

上篇　互联网＋旅游女性创客案例

在创立兴博旅之初，兴博旅的 LOGO 是红色和黄色的，表现得更热烈一些，代表着公司成立之初的特点，在刚接触这一行业时，刘霞很有热情和新鲜感。而现在则变成了一种积淀，变得更加内敛和沉稳，所以现在公司的 LOGO 整体都换了，色调以蓝色为主，代表着清澈、沉稳、高效，公司内的服装、办公用品等色调都是以蓝色为主。这个变革反映出的既是性格的一种变化，也是公司发展进步的一个标志，而且蓝色的 LOGO 更突出了公司的业务是围绕着环保这个主题，刘霞也说希望能通过所有人的努力让天更蓝，水更清，空气更清新。未来我们的设计也以这个色调和环保设计理念为基准，围绕环保旅游主题做好低碳发展规划、环保文创产品开发、环保公益活动等，打造兴博旅的 IP 品牌形象。而对于企业自身的 IP、形象、色彩、识别率、存在意义等都要设计，作为兴博旅低碳旅游的代表作零碳创意馆当然也要进行 IP 形象设计。

零碳创意馆

2014 年 10 月，多家机构联合在北京前门发起创建零碳创意馆。零碳创意馆作为低碳旅游体验和展示平台、低碳旅游传播中心，开馆以来持续开展低碳环保相关活动，传播低碳旅游、节能环保、绿色生活等知识，对唤醒公众践行环保、保护环境的意识，具有积极的促进作用。

零碳创意馆由国家发展和改革委员会应对气候变化司指导，中国绿色碳汇基金会和中国低碳旅游推介委员会共同发起，由北京兴博旅投规划设计院负责落地执行。刘霞女士说在做零碳创意馆时，其实想得很简单，就是想搭建一个健康环保生态的聚集平台，推广一种环保产品包括生态食品等。现在空气污染很严重，北京的雾霾从来没有减轻过，食品安全问题也一直困扰着很多人，所以从2009年刘霞开始做低碳环保旅游。常有人会问什么是环保，什么是低碳。这一点我很了解，作为一个普通的老百姓即使每天都喊着要低碳生活，但是往往大部分人根本不知道什么是低碳生活，要怎样去做，而零碳创意馆这一平台的出现就是为了解决这个问题，改善这一情况。

零碳创意馆以展示低碳创意设计、低碳新产品、低碳体验等为主，同时推荐绿色碳汇公益项目及其活动，面向国内外旅游市场，宣传中国绿色低碳和生态建设的政策与行动，使国内外游客通过参观零碳创意馆和低碳旅游体验，参与绿色低碳环保事业。在零碳创意馆平台做完后，它受到了多方机构的大力支持，出乎刘霞意料的是它很受民众认可。北京很多党校的中青班、国家行政学院等每年都会组织一些国外、香港等地的团过来考察实习，很多学校（包括早教机构）例如低碳创意馆周边的实验二小、其他重点学校都会定期组织学生过来学习体验。

迄今为止，零碳创意馆已经举行了多次低碳环保活动，每一场活动都极具意义，例如举办"绿化祖国低碳行动"植树节活动，向公众讲解碳足迹排放、植树造林对空气质量的影响，引导公众"低碳植树，履行义务"，倡导广大公众积极植树造林、消除碳足迹；还有零碳创意馆发起"一分钱植树公益行动"，可通过淘宝平台进行1分钱捐资，践行绿色环保行动，一分钱价值虽小，重要的是拥护绿色环保的爱心，践行保护环境的精神，活动旨在倡导公众从自我出发，时刻保护环境。

现在天文馆内落地了一个零碳创意售卖机，也很受认可。曾经刘霞的朋友还专门拍了现场情况的照片，很多游客都围在售卖机旁边，卖的那些环保文创的产品大受欢迎。例如售卖的绿色产品中有一个纸筒的笔，成本低，质量好，笔芯可常换，材料都是可回收的，全部是绿色环保低碳的，而且价格不高。刘霞还特意准备了两套公司生产的绿色产品送给我们，里面有太阳能台灯还有一整套低碳环保的文具用品，东西特别实用同时还是低碳环保的，我很希望以后所有的学生都能主动去使用这种绿色产品。现在的90后群体数量庞大，这一代最大的优点是很有正能量，环保意识很高，思维、想法等也与以前相比有所不同，而且随着低碳环保的宣传，公众对环保的认知度也逐渐升高。

从零碳创意馆的建设可以看出它最大的一个功能就是教育性，所以景区内也同样可以加入环境教育的部分。查阅旅游局的最新数据发现，中国的旅游人次在旅游高峰期时每天可达5亿，从以前的数据来看，旅游业的发展是一直处于递增状态的，现在的数据很令人震惊。景区的规模层次、产品丰富度和旅游人次等的数据显示，景区做这种环境教育的公众平台意义重大。刘霞早已意识到这一事实，所以她也一直努力游说国家发改委，他们也是比较认可的。刘霞认为从旅游的角度来说，很多景区从建设、5A评定等各方面，环境保护占了一个很重要的环节，如果把这种公共教育的作用转变一下，当人的意识提高了，再把它用到生活当中，那么成效就是显而易见的了。而且国家现在也在提倡研学旅行，建设一个完整的环境教育体系，和研学旅行结合起来，让小孩子在欣赏游玩时也能接受环境教育，而各个学校也都很重视增强学生的环保意识。现在社会浮躁，而且国民素质有待提高，要从小孩子开始就给他们建立环保意识，形成其固有模式，因此景区环境教育平台很关键。现在公司正在跟海龙沟、黄山、云台山等洽谈一个像零碳创意馆这样的环境公益平台落地的合作。例如景区垃圾分类系统的建立，虽然关于垃圾分类的讨论很多，但平时民众对于垃圾分类只是一个模糊的认识，在景区里做垃圾分类系统，让游客可以参观并体验该怎么垃圾分类，怎么去处理，进而再运用到家里，影响到周围的亲戚朋友一起来垃圾分类，这样是很有意义的。

刘霞除了去做环境教育，公益项目等，也从自身开始做起，切实做到低碳环保。兴博旅的每个办公室都有可用垃圾分类的垃圾桶等。而她平时对环境污染也是很关注的，比如垃圾这方面，首先指出垃圾过多很大一个原因是我们国家出现了过度消费过度包装的现象，有时很多人有环保意识，但是没有渠道导致很多垃圾无法正确合适的处理。例如灯管和电池的处理问题，部分小区现在还没有处理电池的渠道。

2016年11月刘霞受邀参加联合国气候变化大会并做"中国旅游景区低碳创新实践"专题发言。她指明中国旅游业尤其旅游景区应该顺应变革，努力在景区规划、旅游碳足迹测试、景区能源管理、碳消耗目标、节能减排等方面进行积极探索，但是成就一个划时代的变革，除了市场的需要，更重要的是主管部门的政策和资金支持。旅游景区的低碳发展是时代发展需要，在整个过程中需要科研机构、政府部门、相关企业等联合的推动才会见到成效。

家庭第一，事业第二

兴博旅从2009年一直到现在，不断发展进步着，以后会变得更强大，而让兴博旅一直走下去的秘诀是什么呢？刘霞女士回答得很实在：保持好心情、诚实做人诚信做事、凡事随缘！这与老子的自然无为的思想有着异曲同工之处，这本是治国的理论，现在被拿来治理公司，仍然很奏效，看来古人的理论的确有理。而在处理家庭和事业的关系时，兴博旅公司内部有一个口号：身体健康和家庭第一，事业第二，所以公司很少安排加班，员工出差也是不影响家庭的情况下再安排。肯定也有一些特殊情况，刘霞的孩子比较小，所以目前很多精力都分配出来照顾孩子，当然能有这些时间照顾家庭，最关键的还是有一个有力量的团体。

对年轻创业者的建议

对于正在创业中或者有创业意愿的年轻人，刘霞女士说创业是条不归路，如果没有强大的内心，还是建议先工作或者找一个好的平台等同于创业，她还很俏皮地表示可以加入兴博旅这个集体，为兴博旅招揽人才，对于在校的学生和下定决心创业的人她也给出忠告：希望每个人都脚踏实地，成功没有捷径！如果看准了目标，就如习大大说的："天上不会掉馅饼，撸起袖子加油干！"既能经受得住失败，也能承受得住短暂的成功，那你的人生就是成功的！

刘霞在大学专业非旅游相关的情况下，毅然地选择进入旅游行业，大力发展低碳旅游业，这让很多人都会羡慕。这个社会上太多人有着一颗公益心，也有太多人希望创业，但都被现实所困生活所迫而放弃了。刘霞在已经组建了家庭的情况下仍然选择这条路，足以可见其内心的坚持与决心。刘霞一直觉得自己并不能算作一个真正的商人，因为都说商人是唯利是图的，但是刘霞女士所做的事公益性更强。尤其在低碳环保这一方面，不仅开办低碳旅游公司，同时身兼数职，且都与公益和低碳环保相关。都说做善事的人会有福报且好运不断，所以刘霞必定会早日达成兴博旅迈向国际舞台的目标，将低碳旅游做大做好，也希望会有更多的人关注并重视低碳环保，多多参加体验低碳环保的活动，让低碳环保不再只是一句口号，最后祝愿我们的世界越来越美好！

老舍茶馆董事长尹智君

公司发展大事记：

1979年，创始人尹盛喜为了解决大批的待业青年就业问题，辞去大栅栏街道办事处的"铁饭碗"，在前门带领20多名待业青年创办"大碗茶青年茶社"。

1980年，服务社发展成为"北京大栅栏贸易货栈"。

1987年，成立了"北京大碗茶商贸公司"。

1988年，老舍茶馆在"大碗茶青年茶社"原址重新开张，老舍夫人胡絜青女士为老舍先生的头像揭幕。

1989年，国务院总理李鹏为企业题字：努力办好社会主义集体企业。

1989年，国家主席杨尚昆到企业视察。

1992年，接待美国前国务卿基辛格博士。

1994年，接待美国前总统布什。

1995年，维也纳约翰·施特劳斯乐团就曾到访老舍茶馆，并登台演奏了著名的《拉斯基进行曲》。

1998年，老舍茶馆网站开通。

2001年，老舍茶馆全年实现销售收入700多万元。

2002年，全面改造原老舍茶馆的二楼，盖起"四合院"。

2003年，大碗茶公司和老舍茶馆董事长变为尹智君，全面开发北京小吃。

2004年，老舍茶馆前门四合茶院、茶庄开业。

2005年，《老舍茶馆》月报创刊。

2005年，接待中国国民党主席连战率领的和平之旅大陆访问团成员。

2005年，中国国家博物馆将企业300多件珍贵史料，包括当年创始人尹盛喜先生卖大碗茶的水舀子、白瓷碗，连战先生的赠言及亲笔回函收做馆藏。

2006年，改版后的老舍茶馆网站开通。

2006年，老舍茶馆新京调茶餐坊（宣南文化新京调茶餐坊）正式营业；老舍茶馆一层茶庄开业。

2007年，土库曼斯坦内阁副总理娅兹穆哈梅多娃·玛做客老舍茶馆。

2007年，印度国大党主席索妮亚·甘地女士做客老舍茶馆。

2008 年，国际奥委会主席罗格先生的夫人安妮罗格女士做客老舍茶馆。

2008 年，爱沙尼亚总理安西普一家做客新京调茶餐坊。

2008 年，老舍茶馆成为"国家文化产业示范基地"，国家 3A 级旅游景区。

2009 年，老舍茶馆成为区"青年就业创业见习基地"。

2010 年，老舍茶馆先后被评选为"北京青少年外事交流基地"和首批北京市"社区青年汇"试点单位。

2011 年，老北京传统商业博物馆揭幕成立。

2013 年，北京高校国际学生中国文化传播大使聘任仪式在老舍茶馆举行，首批 20 名中国文化传播大使表示，要将中国文化的精髓带回自己的祖国。

2013 年，在北京天文馆举办的西城区第十一届市民学习周活动开幕式上，西城区学习型城区建设领导小组办公室授予老舍茶馆 2013 年西城区市民终身学习服务基地优秀特色项目活动一等奖。

2014 年，举办了第一期小饮茶会。

2015 年，老舍茶馆与北京歌舞剧院合作签约。

2015 年，老舍茶馆开发新品获"北京礼物"铜奖。

2015 年，老舍茶馆获"中国国际茶文化交流展示中心"牌匾。

2015 年，尼日尔共和国外交国务部长穆罕默德·巴祖姆一行 10 人到老舍茶馆体验京味文化。

2015 年，土耳其共和国总统夫人埃米内·埃尔多安女士一行到访老舍茶馆品中国茶、体验中国茶文化。

2015 年，哈萨克斯坦共和国执政党"祖国之光"人民民主党第一副主席梅尔扎赫梅托夫走进老舍茶馆观看《四季北京·茶》综艺演出剧目。

2015 年，哥斯达黎加共和国立法大会主席奥蒂斯夫妇做客老舍茶馆感受中国茶文化。

2015 年，格鲁吉亚议长大卫·乌苏帕什维利先生做客老舍茶馆，品茗赏戏。

2015 年，老舍茶馆 3 家连锁加盟店，北京万寿路店、安徽省蚌埠市子湖店、山东省青岛市崂山区海龙路店相继开业。

2016 年，老舍茶馆被评为首批北京市优质服务商店。

2016 年，北京大碗茶公益团队荣登"北京社会好人榜"。

2016 年，老舍茶馆茶食品获得第十三届"北京礼物"旅游商品大赛银奖。

2016 年，格林纳达总督拉格雷纳德女士一行到访老舍茶馆。

2016 年，阿尔巴尼亚共和国议会议长伊利尔·梅塔一行做客老舍茶馆。

2016 年，亚美尼亚共和国前总理、公众院主席马努基扬携夫人做客老舍茶馆品中国茶,欣赏京味演出。

2016年,瓦努阿图副总理兼旅游和商务部长乔·那图曼到老舍茶馆品特色美食,感受京味文化。

2016年,玻利维亚最高法院院长帕斯托尔·马马尼一行到访老舍茶馆,体验茶文化。

2017年,老舍茶馆山东济南汉峪金谷直营店开业。

主营业务: 集京味文化、茶文化、戏曲文化、餐饮文化等经营内容为一身的老舍茶馆,现如今已是中外宾客旅游的一处新名胜,并且成为享誉海内外的知名文化品牌。

企业所获荣誉:
首批北京市商业优秀特色门店(北京市商务委、北京市商业联合会评选)
北京市著名商标(北京市工商局认证)
首都精神文明标兵
首都文明服务示范窗口
全国百佳茶馆之首
北京市"五一"劳动奖状
奥运立功工人先锋号
北京奥运会残奥会服务运行保障先进集体
2008年度"奥运安保"集体三等功
2008年"国家文化产业示范基地",国家3A级旅游景区
2009年度北京市单位内部安全保卫工作集体三等功
2013年西城区市民终身学习服务基地优秀特色项目活动一等奖

个人所获荣誉:
2005中国经济女性年度突出成就人物
2005年度优秀创业女性
2006年度中国茶叶行业年度经济人物
第三届北京市优秀青年企业家银奖
北京市"五四奖章"标兵

第十二届、第十三届、第十四届"首都旅游紫禁城杯"最佳个人奖

2008年度和谐中国公益事业形象大使

2016年获得北京市"三八"红旗奖章和首都劳动奖章

2017年获得"全国三八红旗手"荣誉称号

个人社会职务：

北京市第十一届党代表

北京市第十三届、第十四届人大代表

西城区十三、十四、十五、十六届人大代表

西城区第十一届党代表

现任西城区人大代表，西城区党代表

老舍茶馆以两分钱一碗的大碗茶起家，始建至今已30年，始终以昂扬的民族精神和爱国文化为企业经营的理念。在这里，不仅有茗茶、恰合时令的北京风味小吃和宫廷细点，还可以欣赏到含灯大鼓、单弦、京韵大鼓、梅花大鼓、西河大鼓、双簧、口技、相声、群口快板、京剧、皮影戏、杂技、中国功夫、民乐、茶艺等精彩表演。这里是国家3A级旅游景点，是北京这座六朝古都和国际大都市的"城市名片"。

茶馆地处寸土寸金的前门大街，一层是大厅和新京调茶餐坊，布局古典、文雅，设计独特、精巧。二层是茶庄，还有唯一一座坐落在楼宇之间的四合院式茶艺馆，茶艺馆融合了江南"小桥流水"和老北京四合院的建筑风格，"听古筝，品茗茶，宁静而自在"。三层是大碗茶品珍楼和演出大厅，总营业面积达1400平方米。

自开业以来，老舍茶馆共接待了包括美国前总统布什、前国务卿基辛格，俄罗斯前总理普里马科夫，德国前总理科尔等来自80个国家的170多位外国元首政要，众多社会名流和600多万名中外游客，被誉为展示民族文化精品的"窗口"和联结中外人民友谊的"桥梁"；有着"北京城市名片"和"京味人文地标"的美誉；先后被评为国家文化产业示范基地、国家3A级旅游景区（点）、全国百佳茶馆之首和北京市著名商标。

创业动机

老舍茶馆的创始人尹盛喜先生创建老舍茶馆时正值 20 世纪 80 年代改革开放时期,那时西方文化如浪潮般席卷中国,而我们本源的民族艺术和传统文化在经历了文化大革命后越来越失去了自己的舞台和观众。"落红不是无情物,化作春泥更护花"。尹盛喜先生为振兴和传承传统文化、搭建民族艺术舞台付出了大半辈子的心血。尹智君董事长回忆说:"父亲的态度是,大凡是民族的东西都要继承下来,贴钱也要保护下去。"尹智君就是在这样的文化熏陶下成长起来的。

采访时尹智君说,"文化是生活在这里的人们经历千百年的一个结晶,作为同样生长在这里的子孙,没有把这个结晶再传承、发展下去,是对过去的不尊重和对以后的不负责任"。2003 年老舍茶馆的创始人尹盛喜先生去世,尹智君董事长在"内忧外患"的情况下接掌了老舍茶馆。2003 年"非典"盛行,前门大街上空荡荡的,老舍茶馆的员工们半年未领到工资了,公司账面上现金不足 2 万元,尹智君是靠卖茶叶把员工的工资发了。但她明白这只是凭借了父亲的旧人情和茶馆的声誉,不能长久,企业要想活下去就必须转型成长。

尹智君毕业于旅游管理专业,而旅游管理发展最好的是当时比中国先进的北欧,其经营制度对刚刚改革开放的中国企业具有指导借鉴意义。尹智君毕业后也在中国大饭店工作过,深知制度的重要性。正是这样的教育背景和实习经验给尹智君之后的经营奠定了基础。就像乔布斯所说,你在向前展望的时候,不可能将从前和现在的片段都串联起来,你只能在回顾的时候,才会发现从前的点点滴滴像项链上的珍珠一样串联起来,形成了你如今的样子。

经营至今,老舍茶馆经过亏损、持平、盈利的起起伏伏,如今在为"建立百年的文化基业,世界的老舍茶馆,员工的温馨家园"的愿景奋斗和努力中。

创立企业的追求以及持续经营企业的意愿都和企业家的动机有着直接的关系。真格基金创始人、中国著名天使投资人徐小平认为,创业就是个"求",并总结创业动机主要源于三个方面:个人欲求;利他主义;模仿和改版基础上的创新,创业创的是个人诉求、社会需求、市场供求。

老舍茶馆是"传承古国茶文化,弘扬民族艺术花",且以此作为企业的使命感,既实现开办"老舍茶馆"的初衷——弘扬民族艺术,为京剧、曲艺演员增加一个可以全方位施展才能的场所,丰富人民群众的文化生活,传承优秀传统文化;也与老舍的夫人胡絜青的话语相契合,"老舍茶馆除了它的经济效益之外,更重要的在于它的文化性质,传统色彩,地方风格,具有明显的精神文化效益。"

创业环境

创业环境是各种因素共同作用的结果,正确认识和了解企业创业环境的前提是对其的正确评价分析,且创业环境研究也是创业研究的关键问题之一。

1. 老舍茶馆 SWOT 分析

优势:

老舍茶馆是中国改革开放后的第一家文化茶馆,其传承衍生的每个文化产品,都是其宝贵的"工匠精神"的体现,这些"精神"也是老舍茶馆的核心竞争力和价值优势所在,在企业的传承与变迁历程中具有重要的社会功能。随着社会经济水平的提高,国民文化需求的提升,老舍茶馆越来越有能力发挥并体现它独有的精神价值。

机会:

老舍茶馆建立之初,正值改革开放时期,国家相关政策的制定和推进对茶馆的经营十分"友好"。随着中国经济快速发展,国民文化需求日益提升,人们越来越崇尚提高精神领域,追求文化熏陶,实现自我价值。国家对旅游文化创业的逐渐重视与支持,不仅促进了老舍茶馆的文化发展,还形成了一种新型旅游方式——文化探寻之旅,让茶馆进入大众的视野,茶客也不再局限于北京人甚至是中国人。

尹智君带进企业的制度和规范让老舍茶馆如沐春风,再度焕发光彩。

她意识到想要在市场站稳脚跟,一味地坚守初衷或是迎合大众需求,都不是茶馆最好的发展途径,而变化的另一种表达就是创新,"创新其实是最好的传承方式"。正如尹智君所言,之后的老舍茶馆不仅可以喝茶,还能"吃"茶。同时,她也更加注重对年轻消费群体的培养,并以新时代的互联网思维,借助O2O模式,创办"聚焦茶会、融合资源、倡导中国式生活"的小饮茶会,直接和间接辐射数以万计的受众群体。老舍茶馆还通过与知名电商和网站合作,形成了线上和线下销售双轮驱动的良好格局,实现了文化引领和市场导向的并举双赢。

在"老舍茶馆",你不仅每晚都可欣赏到来自曲艺、戏剧等各界名流的精彩表演,还可以参加小饮茶会和"戏迷乐"等诸多文化活动,为游客提供一个展示中国茶文化和民族艺术的场所,同时,也是一道吸引国外观光游客的亮丽风景线。随着接待越来越多的国际友人和外国政要,老舍茶馆的国际影响力逐年提升,成为外国人了解北京和中国民族文化精品的重要特色"窗口"和中外文化交流碰撞的"舞台"。

威胁:

如今,人们虽然崇尚科技创新,但也追求精神需要。在这硕大的北京,以优秀传统文化为主打的旅游文化企业虽然不多,但也不少,像湖广会馆、梨园剧场、天桥乐等同样作为"老字号"的企业更是具备威胁。这就要求老舍茶馆在大众创新的基础上,能够形成自身独有的特色。就像飘香了39年的"老二分"大碗茶一样,为的不单单是供人解渴,而是品尝"前门情思大碗茶"时心中涌动的种种情怀和领略老北京传承千百年的茶馆文化,正是这种独特的饮茶体验,支撑起老舍茶馆的经营大格局,让老舍茶馆闻名海内外。

2. *老舍茶馆优势矩阵图分析*

老舍茶馆将传统与创新强强结合,形成核心竞争力,并能够在计划期内不断再创新,实现自我突破,因此能提供的服务和产品种类也就越多,致使消费者诉求呈现多元化趋势,但其生态优势不足,即茶馆没有形成一个与外部价值产生循环的完整系统。因此老舍茶馆属于"猛虎"型企业。

"我们家里是姐妹三个,很多人总问我,你父亲怎么就选择你接班了?我就总笑着说:'我不是轴吗?'我和我父亲很像,都是不达目的不罢休的人。2003年父亲去世后,我被员工一致推选为大碗茶公司和老舍茶馆的掌门人。有责任在身,喝起茶来就不是那样轻松了,但喝茶的意义也因此变得不同了。"

事实证明,尹智君没有让信任她的父亲和员工失望。在她的带领下,完美地实现了传统与创新的结合,将茶叶与饮食相融合,形成独特的茶系餐饮;与奥运精神结合,在历史上画上浓浓一笔;坚持文商并举发展方向,并以文化创新、经营创新、产品创新为核心,相继推出了京城第一家建在楼宇中的四合院——老舍茶馆前门四合茶院,以传承宣南文化为主题的宣南文化新京调茶餐坊和雍容典雅的宫廷食府品珍楼。但即使如此成功的发展,当老舍茶馆在某些技术或消费需求等发生重大变化,发展路径被非连续创新所推动时,仍会面临相当大的挑战。

创业历程

尹智君是1993年进的老舍茶馆,为熟悉每一个职位应有的职责,她从基层领位开始做起。

"来了老舍茶馆以后,我才发现中国传统企业在管理上的很多缺陷。之所以落后是因为没有确切的标准,背后没有管理体系的支撑,没有对于细节的关注,没有绩效考核这类机制。改革开放给中国的企业带来了很多改变,很多的学习机会,一些外资、合资的企业(对于推动中国企业发展)起到了很重要的作用。"

在刚进企业的时候,尹智君代表"新思维",而尹盛喜先生代表的是"老规矩",思维的火热碰撞,使得二人之间时常就企业经营问题发生冲突。

尹智君说:"我进来以前这个企业已经经营了15年,我想要带进来的酒店管理的先进经验跟以前的经营模式,跟创始人、老员工的想法完全是背道而驰的,他们根本就不接受这些。"

企业就在这"新思维"和"老规矩"的博弈中挣扎前行。

2003年尹智君接过了"大碗茶"和"老舍茶馆"这一沉甸甸的担子,正式执掌帅印。

2004年尹智君说服所有人在老舍茶馆二楼建了北京唯一一家楼宇中的四合院。装潢结合了江南的亭台风韵和北京传统四合院特色,各个厅堂错落有致,虚实相间。有铮铮古筝、袅袅茶香。环境非常风雅、匠心独运。如今回望,可以发现这是尹智君在那时做得非常有魄力的一件事。

2006年4月新京调茶餐坊正式营业,代表老舍茶馆又成功融合了另一种文化——宣南文化。

2007年的时候,老舍茶馆被选为2008年奥运会的窗口企业、重点接待单位。

"报道都说老舍茶馆是最容易撞星的地方。外部看来非常羡慕我们,我们区长还用了一个非常有分量的词表扬我们,但是听到那个词的时候我的心里是空的,我知道这个背后,当表面繁荣过后,内部坍塌的时候,我会面临什么样的一个内部调整。那个状态下是最难受的"。奥运接待工作完成后,老舍茶馆经历了一次内部员工的大换血。虽然很多员工离开了茶馆,但也引进了一些优秀的管理人才。

2011年12月,老北京传统商业博物馆揭幕成立。它通过面塑艺术形式,塑造茶叶铺、二荤铺、糕点铺、绸缎庄、大碗茶馆等十三家具有代表性的老店铺微缩景观,结合百件商业老物件,为游客展示出一幅老北京商业的生动画卷。永久免费开放的博物馆,让北京市民和中外游客先看博物馆,再逛大栅栏,成为市民和游客到前门大栅栏地区探寻古都商业风貌的完美选择;也为进一步丰富市民文化生活,满足精神需求提供了又一平台。

2014年老舍茶馆举办了第一期小饮茶会,以"聚焦茶会,融合资源,倡导中国式生活"为宗旨,聚集一大批80、90后的青年茶人,搭建了文化体验、分享的平台,形成"以茶为媒、分享智慧"的茶会氛围,享受"在一起"的美好时光。

2017年,老舍茶馆山东济南汉峪金谷直营店开业。

听过一句话大约是这么说的:每个创业者刚刚开始的时候大都不是一流的创业者,一流的创业者都是成长磨炼出来的。看着老舍茶馆如今低调内敛,但大气风雅的氛围,以及尹智君的风采,实实在在是对这句话最好的注解。

旅游文化创业

任何一种新的文化形态的产生、发展和完善,都是社会生产力和社会文化发展到相当水平的结果。随着旅游业在经济领域中地位的不断提高,它对社会文化发展的需求和依赖也越加明显。旅游企业若不能满足旅游者精神文化的需要,便失去了存在的价值。那么在创业时,该如何形成新型旅游文化,增加市场竞争力呢?

1. 以人为本

"夫霸王之所始也,以人为本。本理则国固,本乱则国危。"创业也一样,坚持以人为本为核心。

老舍茶馆举办的一系列学生社会实践活动都是没想过回报的,尹总说起老舍茶馆作为语言大学的中国文化第二课堂,"那些留学生很多回国是从政的,他在这里接触了中国文化,喜欢上中国文化,甚至把喝茶、听琴作为生活习惯,那他是不会对中国产生反感情绪的。对于国家的政治文化交流,潜移默化地在起效果"。小饮茶会同样也是建立平台,为的都是福利更多人,认同"不为急功近利,但求有所传承"的信念,坚定弘扬传承优秀传统文化的决心。

"二分钱大碗茶，戏迷乐、老北京传统商业博物馆都是免费的。给灾区捐款，为困难地区小升初孩子交学费。公益对于我们企业是一个常态化，它一直就这样。周边的孤寡老人，我们就对接几家，老人去世了再帮忙抚养他们的孩子，跟邻居似的。"

旅游文化创业不仅仅是追求回报的一个工具，而是利人利己的一件事，赠人玫瑰，手有余香。

2. 有的放矢

创业不是一蹴而就，应该先针对一个问题，然后遵循科学原理，顺藤摸瓜找到解决的方法。

老舍茶馆以二分钱大碗茶起家，因此茶文化一直是贯穿企业发展的脉络。为更好地传承和让更多人知道中国茶文化的魅力，尹智君先后报读了剑桥职业经理人MBA课程班和杭州中国茶叶质量检验中心举办的国家级品茶师培训班，系统学习理论知识；深入南方茶园学习考察，将理论与实践相结合，掌握专业技能；为迎接奥运、服务奥运，尹总专门外聘专家对员工的茶艺知识和服务技能进行培训，以实现老舍茶馆的专业，其精神可见一斑。

随着互联网+时代的到来，旅游产业越来越丰富，产品也越来越新颖。现今VR已成为当下最热火朝天的创业方向，因此创业者可以针对市场需求或者供给问题进行调整。

3. "平移"能力

创业内容应该是可以"平移"的，一个领域里的好点子，也能够平移到很多不同的领域里去，选择性地共享。

"通过体验，我让更多的人喝茶了，爱上这个文化了，了解中国人的生活方式和中国人的处世哲学，也就够了。"尹智君说。老舍茶馆的成功经验被之后全国很多茶馆所借鉴，老舍茶馆也在全国陆续开设分店，共同争取让更多的人理解茶文化，让传统艺术继续流传下去，丰富充实人们的生活。

一个成功的想法应该是可以"平移"的，同时，检验一个创意是不是一个好点子也可以从检验它是否可以"平移"下手，达到万无一失。

创业团队

1. 领导力，包容为先

"上不宽大包容臣下，则不能居圣位。"在谈到领导团队时，尹智君说："包容就是作为一把手的必要能力，如果没有一个包容的心态，很难让优秀的人才留住。我有很多底线的东西,突破了我的底线能力再优秀我也不看好。但人都有不理智的时候,我反观自己年轻的时候也会有冲动没做好的事情。所以我对于员工允许他们犯错,包容他们一次性的错误,给他们改正的机会。"

"水至清则无鱼,人至察则无徒。"万物都有其不足的一面,若非一错再错、过而不改,为何不能以一颗火热的心去包容他、体谅他,要知道,人谁无过?过而能改,善莫大焉。

2. 招聘人才

一个企业能够发展迅速,靠的不仅仅是领导者的决策,还要依靠下面职员的努力。高情商社会学家分析,21世纪第一层次的职业当属于高智力集团。因此,近几年,国内企业不惜以年薪50万、100万招聘高级知识人才,组成企业高智力集团。新的职业结构对高级人才的素质要求愈来愈高,但是,"高级人才"的标准到底是什么?可谓仁者见仁,智者见智。

我询问尹智君在招聘时会不会优先选择高学历、名校出身的人。尹智君回答不会。作为服务行业,老舍茶馆招聘的首要标准是真心喜欢传统文化,愿意把它作为一项人生中必要的事业去发展并奋斗,认同企业文化、价值追求,附有自我归属感。其次经验是非常重要的。"如果招仅有高学历的管理者,实际上是拿企业当实验体,这个代价很大"。

3. 知进退

面对未来的企业管理,需要做的核心要素就是重建领导力。北大国家发展研究院管理学教授陈春华提出,领导力需要三点内涵:授权、激励、培训。

其中最难做到的就是授权。一方面,多数人担心下属不成熟、没能力,所以没办法授权;另一方面,权力是责任、地位的象征,授权会让人觉得自己利益被威胁;其实,授权并不一定是下授权力,它只是用来考查下属,完成特定时期特定条件下的任务而已。

创业精神

"创业是一项分母大、分子小的事业,"今日头条高级副总裁柳甄以一个形象的比喻来形容,"调查数据显示,在硅谷成功拿到天使轮融资并继续坚持到C轮融资,只有千分之五的高科技企业最终实现资本的成功退出,可见创业成功的概率是很低的。支持创业者们一路走下去的,正是他们身上的创业精神,这种精神不光只在创业家身上,也可以在我们每个人的身上,并激励我们。"

1. 坚守与创新同行

在茶馆建立之初，尹智君及其家人十分不理解父亲为何放弃"铁饭碗"，选择"大碗茶"，甚至觉得有些没面子，不明白他到底在追求什么，坚持什么。但正是这份对传统文化的坚守，才使得老舍茶馆只用二十多年的时间就成为许多人心中的"老字号"，彻底打响了名声。

2003年尹智君刚接手时，茶馆经营遇到了前所未有的困难，入不敷出的时候也曾迟疑过，但他总想起父亲幽默而风趣的话语："什么洋玩意儿、迪斯科，我告诉你，中国人小手指头拉拉点汤都够你西方人学几百年的"。正是以这样深厚悠久的历史文化依托和"矫枉过正"的心态，老舍茶馆才有了现在的人文内涵和文化底蕴，企业家的个人魅力或个人价值也在公司化运作中融为一体，以百年基业为理念，用中国传统文化打造我们共同的"精神家园"。

在理解父亲之后，尹智君带着"自己应该是父亲生命的延续"这个信念，——完成父亲未实现的事情。在这过程中，也迷茫懵懂过，但自从意识到每人都有属于自己的生命价值后，尹智君开始按照自己的想法经营茶馆，慢慢就发现，有些东西是不谋而合的，但实现的路径却有所不同。

在这条创新的道路上，她也看到了坚守的价值。例如豌豆黄，入口之后达到一定口感就必须配上那么一点山楂糕，酸酸的解腻儿，这是经过历史的检验而流传下来的，变不得！而老舍茶馆无论如何变化，门前都仍然会摆着二分钱一碗的大碗茶，供过路行人解渴。时至今日，茶馆为何还要坚持卖"老二分"？尹智君说，这不仅仅是一处茶摊和"怀旧"的人文景观，还代表着北京的某种精神。

2. 真诚

尹智君记得父亲说过："一个国家、一个民族的文化和文明一定要通过人与人、心与心、生命与生命的传递才能传承下来。"在不断摸索中，尹智君越发体会到了这句话的深意——要传承传统文化，就要把老北京的生活和性格带到茶馆里，通过心与心的连接传递给客人。

为此，她将儿时每个季节吃的水果、每个节令做的美食、每个民俗节日的纪念方式都带到了员工食堂，只为让茶馆的员工切身体验老北京的文化与生活。只有这样，才能在客人面前不怯场，贴心顺畅地服务，凸显茶馆专业性的服务。

老舍茶馆也从不会为了业绩需求而算计茶客，推销、兜售自己的产品和服务。"如果违背了诚信，我们过去几十年的积累就会被打破。"她毫不避讳地告诫管理团队。正因如此，在高度商业化的今天，老舍茶馆显得缓了一些、拙了一些、钝了一些，但也扎实一些、稳重一些，正如茉莉茶香，鲜灵持久、醇厚浓郁。

创业感悟

在谈到创业感悟时，尹智君说："人最大的困难是自我突破，人都愿意用一种惯性，用一种经验之谈去判断事物、来解决事情，但每当你这种方法不灵的时候就会有困惑。比如面对企业那种大的转折，面对企业的转型，用什么样的人，有没有合适的人，能不能成功。就像这种大的时代，在顺应大势的时候你跟不上，那才是最痛苦的。那时候能给你自我突破的时间特别短，甚至是要崩溃后你才能蜕变出来。"

面对未知，我们时常会因为害怕突破蜕变的痛苦，害怕破碎的裂痕，因而放弃去成长，重新"缩回去"。

阿里巴巴集团副总裁王民明在定义"领导力是认识现实的能力"时讲过一个自己的例子，他加入阿里的第一年，做了三个项目，十足的干劲儿，带着团队熬夜加班，拼命干了一年，第二年换了一个领导，领导觉得这三个项目没有价值，于是这三个项目就都被砍了。一整年的心血、天天超负荷的付出，就一句话全部付之东海。换作谁，都得"碎掉"。而碎掉，正是重建的开始。王民明没有负气离去，而是去理解为什么领导觉得这三个项目没有价值，领导的关注点在哪里。接受自己先前的努力化为虚有的事实，然后开始去做接下来的事。

在破碎后的重建里，扩展了边界，抓住了更多客观要素，理解了不同的价值观。这就是凤凰涅槃、向死而生的意义。

日本经营之神稻盛和夫说过，"经营者要尝试不同领域，相信自己的能力才能无限进步。如果害怕失败，失去挑战意识，这个集团就开始衰退了。"因此他提出的方法论是：推进新的工作要遵循乐观思考、悲观计划、乐观实行三个步骤。

企业经营需要哲学，经营者的思维方式会反映到公司的业绩上，即贯彻做人的正确准则，立足于宇宙的本源以及人心的本源来开展经营活动，这样的经营才会顺畅，人生就会美满。

寄语女性创业者

尹智君对女性创业持有非常乐观的态度，"女性的那种韧性、持久性、学习能力，真的非常棒。一件事做到底，不会好高骛远"。

2015年阿里巴巴发布的女性创业者报告中，中国女性CEO的比例为19%，远高于世界平均值8%。在传统行业中，中国女性创业人口的比例仅为3.6%，而互联网行业中,女性创业者的比例占据了"半变天",超过了50%。马云也表示对女性创业者抱有非常大的期待。这表明女企业家创业前景美好,而全球最好的女性创业土壤,可能就在中国。

做一名女性创业者,意味着选择了较为繁杂的商业世界,同时还要"扮演"家庭所赋予的角色。毫无疑问,这是具有极大挑战的,几乎在相同的时间段,她们既要在工作上投入大量精力,又要生儿育女,两方的平衡注定被打破。因此,在说到性别歧视这个话题时尹智君说:"正视这个问题,不要去抱怨。毕竟是现实问题。"

女性创业的困难之一在于女性被先入为主地认为不具有企业家应有的人格特质;人们习惯性地认为,女性缺乏创业者必备的资本和能力。而现今我们明白这只是对女性的偏见之一,随着我们新一代更加开放的态度,对女性的偏见也会逐渐消失。政府和非政府机构也都在政策和资金方面努力为女性提供创业支持,帮助女性创业者克服创业阻碍。可见女性创业者的创业前景会随着时间的流逝而越来越好。

在自身修行方面,尹智君提到周边环境、氛围、鉴赏力会反过来作用到自身身上。因此要尽量去充满积极性的环境,结交能一起成长、至交道和的朋友,创业路上才不会显得孤单,遇见荆棘有人可以分担,不会陷入黑暗世界,龃龉前行。

寄语大学生创业

随着"双创"时代的到来,国家政策对旅游文化产业的支持和扶植,给大学生创业带来了一大波机会和挑战。德勤对千禧一代的分析也证明越来越多的大学生更愿意加入创业行列之中。然而在扎克伯格等年轻一代创业者获得巨大成功的同时,是非常多的大学生创业者以失败告终,被拍死在了沙滩上。

1. 多维能力

当代并不是一个单打独斗能闯出一片天地的时代,分析能力、合作思维是必要的。在此之上,还要能设身处地地为他人所想,有沟通和倾听的能力。

2. 不断成长

要坚信大趋势,行业领头人手里的信息一定比自己多,处理信息的能力也更强,不能超越,就先跟上,毕竟聊胜于无,蚊子再瘦也是肉。还有就是不要做井底之蛙,不要陷入以自我为中心的状态,一定要扩展自己的视野,用长远的目光看待一切。活在当下,面向未来,不要心怀恐惧。成长就是认知的升级。人与人之间最大的差别就是认知上的不同,企业和企业最终比拼的,是对一件事情的理解和对行业的洞察。

3. 勇于尝试

要勇于尝试,只有想法变成行动,行动变成产品,最后才能变成生活方式。最重要的,不要因为犯错而放弃,亡羊补牢,为时未晚,这是对自己的一种查缺补漏,也是成长过程中的必经之路。

一块去旅行联合创始人徐敏

公司发展大事记：

2012年7月，一块去旅行网成立于常州，设总部于广州。

2012年8月，参与常州政府举办的龙城英才计划并获得高新扶持资金。

2012年10月，景点打折门票APP应用发布，实现全国6000家景点门票打折预订。

2012年12月，一块去旅行网获得天使轮投资。

2013年3月，一块去旅行网微信应用上线，是首个具有预定功能的旅游微信公众号。

2013年7月，导游助手APP产品上线，批量发布景区自助导游导览。

2014年1月，一块去旅行网获得Pre A轮融资。

2014年3月，一块去旅行网开始开辟周边游市场，提供"景点门票+精品度假酒店+游玩项目"产品。

2014年7月，成为周边游五大预定平台之一。

2014年12月，获得A轮融资。

2015年1月，一块去周边游APP产品发布，在安卓市场获得海量下载。

2015年7月，获得A+轮融资。

2015年8月，一块去产品月销售额突破5000万元，成为2015年中国创业创新50强企业，再次成为周边游五大预订平台之一。

2016年5月20日，正式登陆新三板，国内在线周边游第一股。

2018年1月，公司旗下景区运营管理公司宜景汇与山东荣成东楮岛签署景区托管合作协议。

2018年5月，公司在公开采购招标中，成功中标山东省旅游发展委员会关于十大文化旅游目的地品牌旅游营销项目。

2018年6月，公司2018年第三次临时股东大会通过《关于拟成立合资孙公司的议案》，拟同意子公司宜景汇与莱州市城市投资发展有限公司携手打造莱州全域旅游度假目的地，投资设立合资孙公司"莱州一块去文旅运营管理有限公司"（以工商实际核准名称为准）。

公司简介：一块去旅行是专注周边游/休闲度假领域的全国性互联网旅游服务商，拥有超过 80 000 个周边游旅游产品（SKU）的在线销售能力，为自驾、城际交通出行的白领和中高端家庭用户提供高性价比、特色鲜明、服务贴心的景区门票、度假酒店以及周边游打包产品。公司通过自建网站、APP 应用，以及与各大移动互联网流量入口平台合作，发展游客用户。同时通过度假云平台向同行批发销售旅游产品。

企业所获荣誉：
首届中国江苏创新创业大赛一等奖
GMIC 全球移动互联网大会 Top20 应用
2015 年中国创业创新 50 强企业
2015 智慧旅游年度最具创新旅游企业奖
十大亚洲杰出旅游初创企业（2015 年）
2014/2015 年中国知名周边游预订平台
2016 年最佳周边游服务品牌及预订平台

走吧，一块去创业！

周边游主要是指旅游者离开惯常居住地，前往与惯常居住地相距两百公里之内的旅游地游玩，主要目的为休闲、娱乐或消遣的旅游行为。相对于其他相对距离较远的旅游出行活动，周边游的开展极为方便简单、随心所欲，更能满足大众出游的需求，周边游也因此深得人们喜爱。2012 年的夏末初秋，一支年轻有活力的 85 后团队在常州成立，他们应用互联网技术成功进军了旅游业做起了在线周边游。徐敏作为其中的一员与一块去（又名一块去旅行网）一路成长，她不仅是一块去的联合创始人，还是一块去的市场部总监。

对徐敏最初的认识始于一张照片,是一张一块去高管团队的合照。照片中唯一的女性便是徐敏,风采与气质完全不输他人,特别是干练的造型又不失优雅的气度,甜美的笑容透露满分的亲和,令人久久难以忘怀。这也使我不禁好奇起来,这样精致的外表下究竟又怀有多少让人难以估量的才情?莎士比亚在《皆大欢喜》中这样形容女性的才情:假如用一扇门把一个女人的才情关起来,它会从窗子里面钻出来的;关了窗,它会从钥匙孔钻出来的;塞了钥匙孔,它会跟着一道烟从烟囱里飞出来的。可见女性的成功不是拥有男性一样的力量而是温柔的发挥才情,本文的主人公徐敏正是这样一位女性,以柔和谦卑的态度对待所有,引领着一块去在周边游市场中不断发展。

时势与英雄

2012年,中国迎来了创业风潮,当时的徐敏感到心潮澎湃,一块去也正是在这个关键的时刻创立了。一块去创立的初衷源自对周末出行的需求,那时一块去的几位创始人还仅是朋友,三五好友相约周末出行,却在网上找不到合适的目的地。恰逢互联网浪潮席卷而来,于是一块去的几位创始人开始尝试用自己擅长的互联网思维去探索、创造属于他们自己的旅行之路。是时势造英雄还是英雄造时势?徐敏作为一块去的联合创始人,在选择了创业道路后一步步走来,与其自身经历、自身性格和自身的努力密切相关。

1. 始于兴趣

徐敏的求学经历、成长历程和我们中的大多数人是极为相近的,高考结束后徐敏顺利地被江西理工大学计算机专业录取，并以优异的成绩毕业。大学期间，徐敏不仅是品学兼优的好学生，还担任了青年志愿者协会会长，积极参加各种社会实践活动，徐敏不仅学习到了当时新潮的计算机应用知识，还积累了一定的学生工作经历。离校后在广州奥格智能科技有限公司任市场策划主管、广州市吉星电脑科技有限公司任市场部经理、广州朋游互联网科技有限公司任高级运营经理以及在途游有限任市场总监等的工作经历，均获得了同事的认可与上司的赏识，最后因兴趣使然投身创业。徐敏在大学毕业后从事了3年市政软件行业，积累了市场拓展的能力以及管理经验，之后又选择进入互联网行业从事了5年的互联网产品运营，最终基于与一块去的 CEO 陈作智的互相信任与认可，一拍即合，开始创业。多年的积累使徐敏拥有了十分精彩的履历表，同时拥有了旅游、科技、软件等传统与新媒体资源、广泛的市场人脉基础，掌握了新媒体传播与大型活动的组织策划能力，具备了企业文化经营经验和人才管理经验。徐敏的两次工作经历是徐敏选择离职进行创业的一个重要原因，她对 B 端（Business）、C 端（Customer）市场有着深刻的认识，徐敏之前的两次工作经历都是面向 B 端，强调企业在专业方面的专注，而 C 端市场是非常巨大的，强调企业要解决用户诉求，面向用户去提升。徐敏说自己选择创业其实是因为自己有一种特殊的情怀，希望能够去做 C 端的市场，想要通过自己的努力去改善企业的不足，从而满足用户的需求。

2. 忠于性格

性格虽然不能决定最终的成败，但是性格是决定成功的因素之一。一个女性独立的个性比她风华绝代的外表更加光彩夺目，徐敏正是如此，相比于靓丽的外表，我觉得徐敏独立、爱冒险、不服输的性格更是独具魅力。通过对徐敏的采访，感受到徐敏是一个向往独立与自由，不甘平凡的生活，一直保有一颗进取之心，有激情并愿意去尝试新事物的新时代女性。张宏杰说："每个人心中，都应住着一个曾国藩，其修身，从笨人到完人；其齐家，经营了百年不衰的家族；其带团队，识人、用人、育人，皆有其法，部下出了26位正部级，52位副部级；其平天下，功盖天下且又全身而退，纵观历史皆属难得。"曾国藩一生做事都倔强到底，绝不放弃，他曾说，"男儿自立，必须有倔强之气"，而今天来说，这句话同样适合女性。徐敏认为爱冒险、不服输的特质成就了今天的她，不论是对专业还是事业的选择，都充分地体现出徐敏个性中爱冒险、不服输和积极进取的特质。当徐敏遇见一块去这个项目之后，她义无反顾地投入到了这样一个新的行业、新的市场中开启了新的事业，独立的性格使她在打拼事业的过程中充满自信，并且不服输的个性更是支撑她克服了在创业中遇到的一道又一道难关，冲破了艰难险阻，最终携手一块去赢得了今天的周边游市场。

3. 成于努力

徐敏创业成功的因素可归结于自我培养、领导风格和团队成长。徐敏个人很注重对自我的培养，在校期间的学习和工作经历使她拥有了很强的交际能力与工作能力。毕业后两次辛勤工作的经历使她将大学所学完美的应用到了实际工作中。不仅如此，徐敏个人还特别喜欢读书和旅行，用眼和心一同去感受、记录这个多彩的世界，有意识地增长自己的才情。徐敏拥有刚柔并济的领导风格，注重培养以及成为朋友是她成功领导下属的秘诀。徐敏认为自己的女性特质是工作中的一大法宝，使她可以刚柔并济的管理下属，并且能够自由掌握尺度达到最佳效果；注重对员工的培养能够让员工充分的感到备受关怀，给予员工晋升空间，使员工能够实现自我价值，提升员工对企业的忠诚度，提升工作质量及企业效益，一举多得；与员工成为朋友则能更好地了解员工的诉求，帮助他们解决在生活、工作中遇到的问题，体谅员工的难处，设身处地地为员工着想才能使企业利益最大化。徐敏认为自己能够取得今天的成绩，团队对自己的帮助功不可没的，自己是伴随着团队成长起来的。创业公司的成长是相当迅速的，2016年一块去旅行网实现营业额同比增长了一倍多，这就要求每一个员工都要跟得上企业的步伐。在一块去旅行公司内部对于所有人的要求都是一样的，并不会因为职位或创始人的身份而降低要求，只有自身能够跟得上企业成长，才能协助企业更好地发展。并且团队的氛围会给予成员坚持下去的动力，督促成员快速地学习和成长。

可以说当徐敏的经历、个性与当时的时代发生碰撞后，促使其愉快的、充满信心地踏上了创业征程。徐敏的人生经历使她确立了人生目标，她性格中独立、爱冒险、不服输和积极进取的特质帮助她勇敢地去努力实现人生目标，她不断积累的各种成功所需的能力最终协助徐敏一步一个脚印走到了今天，在创业浪潮中从一个职场小白华丽转身成了一位创业大牛。我们无法说清是时势造英雄还是英雄造时势，但是我们可以确定英雄与时势并存，既是英雄选择了时势，也是时势选择了英雄。

英雄选时势

徐敏很喜爱旅游，喜欢通过旅行去了解不同的世界。如果说把兴趣和爱好当成职业是我们的梦想，那么徐敏已经抢先一步实现了它。在2012年一块去团队开始创业时，选择通过互联网技术在旅游业进行创业可谓是明智的。大环境下，旅游行业中在线周边游市场处于一个空白阶段，团队成员大部分出身于计算机专业，良好的政策、经济以及社会环境都为一块去提供了创业的机遇与环境。

1. 经济环境

2012年是全球金融危机爆发后的第五个年头，全球经济环境复杂严峻，中国经济受到冲击后，虽受到了金融危机的严重影响，但在中国政府及各方的努力下，中国经济形势迎来了回暖。根据国家统计局发布的2011年宏观数据显示，我国全年城镇居民人均可支配收入达到21810元，同比增长14.1%，整体国民收入呈现增长趋势，除去生活必要支出外，我国国民可支配收入有所提升，与此同时人民生活质量也随之提升。良好的经济环境使人们出现了空闲时间以及对休闲娱乐的需求，促使人们有时间、有经济条件参与到旅游休闲活动当中，为旅游业的发展提供了良好的经济环境，为周边游的发展提供了经济层面的保障。

2. 政策环境

徐敏在访谈中说道，初创期恰逢国家开始鼓励创业，一块去旅行的创办也与国家政策有关。自2011年中国"十二五"规划开始，国家强调增长国内消费，积极促进居民收入增长、就业及社保，在这样的经济环境下，中国也步入了创业阶段，形成了鼓励创业的初期。2012年的中国进入了落实"十二五"规划承上启下的关键之年，一块去的第一个机遇也随之到来了。当时，常州政府积极响应国家的方针政策，推出了一系列优待政策来吸引具有良好想法的创业团队，并希望通过后续努力，持续扶持、培养、引导并帮助创业企业成长，大力推动落实创业。一块去团队带着自己的想法来到常州参加了常州政府举办的创业大赛，并在研发出第一个产品后，取得了创业大赛的第一名，获得了常州政大约200万的配资并得到了常州政府的帮扶。在创业大赛中，常州政府还邀请了众多风投机构，也正因如此，一块去拿到了创业过程中的第一笔风投资金。常州政府循序渐进的扶持，为一块去的成长提供了良好的政策环境。

3. 社会环境

根据中国互联网信息中心对中国互联网发展状况统计报告（2012年1月）显示，截至2011年12月底，中国网民规模突破5亿，达到5.13亿，中国域名总数为775万个，中国网站总数为230万个（中国互联网发展状况统计报告（2018年）显示，截至2017年12月底，我国网民规模达7.72亿，普及率达到55.8%，超过全球平均水平（51.7%）4.1个百分点，超过亚洲平均水平（46.7%）9.1个百分点）。互联网在一定程度上已经深入了中国人民的生活当中，互联网也在不断地快速普及，使人们的生活不断地更加方便快捷、更加丰富多彩。在这样的社会环境下，运用互联网技术进行创业可以更加快速地贴近人们的需求，这也体现出良好的社会氛围为一块去运用互联网进行在线周边游创业推波助澜。

英雄选择时势，徐敏选择开始创业的时期，不论是经济、政策还是社会环境，都为旅游业的发展、周边游的发展提供了良好环境，为一块去团队的创业营造了良好的氛围，为一块去团队的创业提供了可能性，经济环境带来了消费的需求，政策环境带来了政府的扶持，社会环境带来了发展的可能，这些都为一块去在"在线周边游"市场中的发展提供了绝佳机遇。

时势辨英雄

"吃饭都在思考，睡觉都在奔跑"是每一个创业者的真实写照，创业无疑是极其辛苦的一件事，徐敏创业的成功离不开选择了一个合适的环境，但是我认为她创业成功的更多因素是来源于徐敏与一块去团队的共同努力。一块去旅行是在一栋居民楼的一间三室一厅的房间里成立的，虽然没有像样的办公地点，但是他们的创业热情却使这间小屋充满了希望。徐敏说一块去选择了一条非比寻常的路，是一条充满荆棘与挑战的路。我们都知道旅游业的发展，或者说旅游企业的发展过程基本都是从线下开始的，当互联网普及以后，互联网逐渐被应用到旅游业中，但这个过程是非常艰难与漫长的。但是一块去没有走传统旅游企业的老路，而是将他们擅长的计算机技术充分利用起来学做旅游，一边做一边学，活学活用，自然成长速度惊人。

1. 研发与技术创新

一块去始终贯彻执行"极致追求IT技术提升行业生产效率"。一块去在过去几年快速成长为国内周边游领域的领先企业，重要支撑来自从企业创办一开始就重点构建的核心IT业务系统。一块去自主开发的旅游产品B2C电商交易系统支持门票、度假酒店、打包产品等多个品类，支持WEB/H5/APP等前端商城界面，支持OTA/团购等第三方平台接口互通，支持在线支付、预存款/授信、订单确认、结算、对账等业务流程的无人值守自动处理，生产效率处于行业领先水平。

IT系统的成熟度可以从一组运营数据得到印证：IT系统的成功运行大幅降低对操作层岗位的需求。以客服部门为例，目前一块去客服团队只占公司总人数的13%，远远低于国内OTA同行30%以上的平均水平。IT技术的应用直接提升了旅游电商业务的边际效益：由于人工成本稳中有降，导致整体运营成本并没跟随业务收入翻倍增长而增长。

随着度假云蚂蚁商城模块的上线，公司的度假云平台从B2B模式继续延伸扩展为B2B2C模式。蚂蚁商城允许商家通过发展旅游顾问、导游、领队等从业人员通过社交网络进行旅游产品一键分销，方便商家拓展业务的同时也为平台带来了快速成长的访问量。蚂蚁商城自动完成商家与分销员之间的佣金结算；蚂蚁商城本身通过收取商家的平台使用费来获得收入，同时平台通过交易沉淀资金池的机制获得额外现金流。

由于蚂蚁商城尚处于发展初期，目前商家数量不足100家，因此公司的商业模式未发生重大变化。目前，公司主要业务收入来自旅游产品销售、景区/酒店运营管理、度假云系统平台服务费。

2. 产品情况

一块去团队很早以前就认识到同质化竞争的旅游产品销售业务最终会陷入价格战而失去应有的利润。自2015年开始，一块去针对周边游客短决策、快决策的消费需求，开始大量自主设计周边游旅产品套餐。一块去组织了10多位具有丰富旅游行业经验的资深员工，面向主题、季节不同的游客群体，设计了大量以景点门票和度假酒店为核心，融入目的地活动、特色餐饮等元素的"景+酒+X"独家周边游打包产品，目前超过1500多个SKU。目前套餐品类在一块去业务收入结构占比已经快速上升到10%，毛利率超过10%，远高于单独销售的景点门票和度假酒店品类。

除了产品组合打包以外，一块去还与景区、酒店合作，拓展景区整体运营托管、独家产品策划和联合营销推广等业务。这一系列的努力运作标示着一块去并不满足于OTA的简单定位，而是积极向旅游行业的上游延伸和探索，已经走在挖掘旅游行业最纵深价值的路上。

2017年，公司重点培育和发展景区运营托管业务，先后签约并运营托管了山东桑沟湾海洋牧场、威海汤泊温泉度假区和临朐石门坊风景区等国内知名景区，为后续深入探索旅游产业链利益格局，整合旅游资源与渠道，最终为实现全域旅游开发和运营打下坚实的业务基础。

3. 2018—2019年发展方向

（1）拓展全域旅游项目

公司从事在线旅游业务，商业模式为向上游供应商（景区、酒店等）采购旅游产品，经过产品组合、包装、设计、咨询等服务，通过各种渠道向游客进行销售，以获取中间差价和服务费用。为了在市场竞争中掌握主动、避免陷入同质化竞争，公司一直努力设计和策划各种差异化的产品和服务。除了设计大量适销对路的周边游套餐产品和线路，还与景区合作策划周边游主题活动、设计打造自主IP或共有IP的旅游产品或活动、托管运营景区/度假酒店、布局全域旅游等，这些都是公司认可的必由之路。

公司计划在2018年布局全域旅游项目，与旅游行业的合作方成立合资公司

对全域旅游项目进行运营，包含目的地景区和度假酒店的托管运营及合作运营，基于这些合作运营的旅游项目打造有竞争优势的旅游产品和服务，利用独特的主题性旅游体验吸引游客并提升毛利空间。

（2）拓展酒店业务

根据公司近期原有旅游业务提供与代理业务的业绩表现和公司未来的发展规划，结合公司主营业务特点，公司制定了以酒店业务为主、门票业务为辅，全资子公司为主、控股子公司为辅的经营策略。公司以原有合作模式为基础，2018年将以实现盈亏平衡为首要目标，把流动资金更多投入到相对高毛利的度假酒店及景酒套餐业务上，追求更高的投资回报率。本次股票发行所募集部分资金将用于继续扩大公司调整后的业务范围和经营规模（主要为酒店及包含酒店的旅游产品套餐），提升公司未来盈利能力。

（3）满足研发投入需求

公司将持续维持并加大对研发的投入，拟投入资金进行旅游目的地综合服务平台的研发。该平台将适用于区域性旅游目的地，作为嫁接当地政府旅游主管部门、景区/酒店/交通等资源方、集散中心/旅行社/OTA等渠道方、游客/旅顾/导游/领队等多方的桥梁。综合服务平台提供旅游产品上架销售、组合打包、线路设计、攻略发布、产品分销、结算对账、出行预订、智能推荐、导游导览、评分评价、大数据分析等一站式服务。

独木不成林

徐敏曾在采访中表达过她对团队力量的看法，她说没有完美的个人，只有完美的团队。一个团队要有价值观，要有魂，要有精神力量，而不是简单的利益组合。建立团队的功能是在于1加1大于2，可见徐敏对团队力量有着独到的见解并且十分重视团队的力量。叔本华曾说："单个的人是软弱无力的，就像漂流的鲁滨孙一样，只有同别人在一起，他才能完成许多事业。"我想创业也是一样的吧，单丝不成线，独木不成林。

一块去的3位创始人加另外的高管大多来自华中科技大学、武汉大学、华南理工大学等国家重点高校。整个公司平均年龄27岁，94%以上员工具有大学以上学历，65%以上员工为研发、设计、策划、采编、运营等高级专业职能岗位。

一块去各地分支机构的高管团队则是具有多年旅游行业从业经验的专业人才。他们大多拥有10年以上的工作经验，在传统旅游集团、旅行社、旅游集散中心、旅游网站企业担任过领导岗位并全面组织工作，经验丰富，具有广泛的人脉和行业资源。

相比传统旅游企业，一块去的团队具有完全的互联网基因，年轻、充满活力而富有创造性；相比其他互联网企业，一块去的团队又具备着丰富的行业经验、高度影响力和执行力，充分胜任一块去打造旅游业生态体系的宏伟商业计划。

徐敏认为自己能够取得今天的成绩，团队对自己的帮助功不可没，自己是伴随着团队成长起来的。创业公司的成长是相当迅速的，2016年一块去旅行网实现营业额同比增长了一倍多，这就要求企业内的每一个员工都要跟得上企业的步伐。在一块去旅行网公司内部对于所有人的要求都是一样的，并不会因为职位或创始人的身份而降低要求，只有自身能够跟得上企业成长，协助企业成长才能有更好地发展，这一直是一块去旅行网团队的理念。良好的团队氛围会给予团队成员坚持下去的动力，督促每一名成员快速地学习，快速地成长。此外徐敏认为在带领团队的过程中，团队的能力也是慢慢地积累和发展的，在这个过程中，不断引进新的人才，会使自己时刻保持成长压力，不断努力学习从而互相超越。所以只有快速融入团队适应新的环境、快速地去学习充实自己，才能取得成功。

徐敏对团队成员的选择有着独到的见解，她说她喜欢"投契"的人，投契就是意气或见解相合，英雄所见略同。除此之外徐敏认为团队成员还要能力互补、互相信任并且个人要有激情。徐敏在选择团队成员时非常看重"投契"问题，创业团队的组建不单单看能力，而是要想找伴侣一样，你情我愿，尤其是创业团队与普通企业有着很大区别，包括早期时的薪资、福利都是不够如意的，这就需要成员一定要很笃定，很有激情的共同努力，才能攻克难关，一路披荆斩棘。在团队建设方面，一块去有自己的一套解决方案，当团队成员的意见出现分歧时他们会遵循商业逻辑以及利益判断，当出现多套方案时，更是有"小步快跑"测试原则，不断尝试、不断调整。

对于员工的选择方面，徐敏很注重两点，一是参与度，二是个人能力。较高的参与度能够在提升团队整体积极性与黏性的同时，也能够提升员工自身的归属感和价值感，使得员工与团队相辅相成，共同成长；良好的个人能力则是企业对员工的期望，希望员工能够通过其个人能力为企业创造出更多的价值。对于员工的管理，徐敏更是很有方法。刚柔并济、注重培养以及成为朋友是徐敏成功领导下属的秘诀，合适的领导风格可以更好地引领员工共同走向成功。徐敏认为自己的女性特质是工作中的一大法宝，使她可以刚柔并济的管理下属，并且能够自由掌握尺度达到最佳效果；注重培养员工则能够让员工感受到企业的关怀，给予员工晋升空间，使员工能够实现自我价值，提升员工对企业的忠诚度，提升工作质量及企业效益，一举多得；与员工成为朋友则能更好地了解员工的诉求，解决了员工生活工作中的问题，体谅员工的难处，设身处地地为员工着想才能使企业利益最大化。很多企业现在都知道要注重对员工的培养，才能让企业永葆动力，但徐敏对于这一点有她自己方法，她认为培养不应直接告诉员工该怎么做，而是帮助他分析决策环境，让他拥有自己的解决方案从而达到对决策能力、执行能力的培养。

寄语女性创业者和女大学生

创业的道路无疑是艰险的，创业者本身无疑是辛苦的，在采访中，徐敏还将自己创业成功的秘诀告诉了我们，希望徐敏的心得体会能够带给广大创业者一些启迪与力量。徐敏说在创业公司的发展中，并不是参与了创业，就一定会身居高位。创业公司的成长是非常快速的，对于企业里的每个人来说，你一定要伴随着企业成长的同时你自己也在成长，能够跟得上企业的发展步伐，有能力去协助企业取得更好地发展。企业氛围感也很重要，成员们一起努力营造出积极进取的氛围，咬定青山不放松。另外徐敏讲到在带领团队的过程中，企业会不断地扩充新的人才，新的人才的能力很有可能要远远超过自己，这就需要我们抱有危机感的同时快速地去追赶去学习。其实总结起来就是创业者在创业的过程中需要快速地融入其中，不断地努力，快速地学习，与团队和企业一路成长。

许多创业企业成立时都是风风火火闯九州，但最终都是昙花一现。徐敏的一句话道破了原因，徐敏说在创业的过程中企业的发展方向并不是既定的，而是要随着企业和市场的变化，随时做出调整。以一块去的发展举例来说，最初一块去团队制作导游导览工具是考虑到团队出身计算机行业，在这一领域中很占优势，同时考虑到游客在旅游的过程中容易遇到一些社会安定问题，一块去可以利用导游导览工具做一些对社会有意义的事情。后来随着创业团队的发展，一块去开始发现市场在变化，于是慢慢地开始尝试销售一些旅游产品，到了2012年的时候，一块去选择了一条市场化转型的路径，主要为顾客提供景区的经营情况、票价、开放时间等的信息服务，解决用户提前预知景区情况的诉求，为用户提供便利的预订服务，此时景点门票的销售收入在一块去的整体营业收入中占比很大，直到今天景点门票的销售额仍占有很大比重。到了2014年，一块去在经营过程中发现用户在观光旅游的过程中，不再单单需要景点门票预订服务了，更是出现了对主题性旅行的诉求，用户不仅需要休闲游玩，而且还要玩得更新鲜更有趣，更加倾向于休闲度假类型的出游。于是一块去在当时立即提出了"精选周末旅行方案"的定位，明确希望解决用户周末游玩的诉求。一块去从未停止过脚步，2016

年下半年，一块去再一次进行调整，慢慢地开始渗入到资源端，开始做景区的运营管理。一块去始终在跟着市场的变化和用户的需求在走，时至今日，徐敏与一块去还在不断地追踪市场的变化趋势，在调整中不断壮大，同时也告诉了我们要用发展的眼光看待市场，不断发现，不断适应，不断成长。

倡导创业在国家、社会和个人层面都具有一定意义，在国家层面，倡导大众创业万众创新有助于促进就业，拉动内需，培养新兴企业迅速成长；在社会层面，新型创业企业的发展有助于增加市场竞争力，使得市场可以良性竞争发展，企业优化发展，与此同时社会中会形成积极向上的良好社会风气；个人层面，创业时代的到来提供了更广阔的发展空间，人们为了适应时代的发展会进行自主学习，个人能力也将不断提升，推动社会和国家的发展。创业虽然有诸多好处、创业形势一片大好，但是创业于个人而言存在诸多风险，希望徐敏的经历能对女性创业者及女大学生们有所帮助，徐敏也对我们提出了三点宝贵的建议。

1. 注重协调

创业在某种程度上来说有时女性会比男性更为辛苦，因为在女性的背后往往存在着诸多的因素牵绊着女性，例如家庭、父母、爱人、子女等。起初因为徐敏的家人都没有过创业经历，所以并不认为徐敏这次创业跟她平常的工作有什么差别，相对地抱有支持态度。但在一两年以后，随着时间的积累，徐敏陪伴家人的时间越来越少，日常交流中更是透露出了巨大的工作压力，这些都使徐敏的家人对创业有了更深的了解，家人的态度也开始发生了转变，出现了一些抵触情绪。幸好徐敏及时发现了自己对家人的忽略、缺少关心并做出了及时调整，徐敏开始不断地自我调节情绪以及工作节奏，让自己有节奏地进入，让家人循序渐进地接受。或许是因为感触颇深，徐敏为女性创业者提出的第一点建议就是提醒想要创业或正在创业的女性，不能因充满激情的投入工作而缺失了对家人和身边朋友的关心。

2. 善用优势

徐敏提出的第二点建议就是女性不论是在创业或是生活中都要巧妙地运用自己女性的优势，试着柔和地去沟通解决问题，试着刚柔并济地去工作。创业团队中，男性往往会采用饭局拼酒的方式交流维系感情或者解决矛盾，徐敏说自己从来不跟他们拼酒反而是女性创业者的一个优势，作为女性领导可以用女性具有的亲和力去关心了解下属，使创业团队联系更为紧密。相较于男性，女性在工作中具有很多优势，例如便于顾及同事的感受、具有更强的沟通能力、更擅长激励他人、善于倾听等。徐敏更建议女性管理者要注重营造关系和谐的氛围，积极带动团队合作。徐敏往往会用柔和的态度解决矛盾或表达想法，用温柔的力量去改变世界。

3. 坚定信念

创业的道路无疑是艰险的，创业者本身无疑是辛苦的，在采访中，徐敏还将自己创业路上的体会告诉了我们，希望徐敏的心得体会能够带给广大创业者一些启迪与力量。徐敏说在创业公司的发展中，并不是参与了创业，就一定会身居高位。其实总结起来就是创业者在创业的过程中需要快速地融入其中，不断地努力，快速地学习，与团队和企业一路成长。

精彩旅图董事长张江霖

公司发展大事记：

2006年，公司成立，当时名称是乐图易航（北京）科技发展有限公司。

2008年，推出第一款车载导航产品ZorroGPS，并开始在全球范围内进行测试。

2009年，ZorroGPS推出Windows mobile导航，适用于HTC、Samsung、Sony Ericsson等手机。英国科技权威媒体评价ZorroGPS为被评为10分的导航软件。

2010年，公司携ZorroGPS参加巴塞罗那LBS峰会，并荣获该会议颁发的全球最佳界面及设计大奖，标志着公司该产品在技术与界面设计方面得到了实质性的进展，也标志着公司在国际导航领域的前沿地位。ZorroGPS开始在欧美区苹果商店上发行，并在苹果商店欧洲及美国导航类产品名列前茅。公司参加旧金山导航峰会，软件技术及产品获得硅谷业界交口称赞及推崇。

2011年，公司参加首届NAVTEQ开发者日，董事长张江霖女士特邀为演讲嘉宾。同年，公司携新一代ZorroGPS参加巴塞罗那MWC全球移动大会，作为唯一一款亚洲导航软件在全球移动大厅向世界进行展示，获得了国际各界专业人士的认可与好评。

2012年，法国办事处、西班牙办事处、德国办事处、英国办事处、北美区办事处、墨西哥办事处、巴西办事处成立。

2012年，车神迈克尔·舒马赫成为精彩旅图（erlinyou）全球代言人。

2012年，公司确定最终名称为"精彩旅图（北京）科技发展有限公司"，意在将为丰富全世界用户的出行与生活而不断努力。

2013年，全新旅图产品正式上线。

2014年，旅图旅游攻略导航地图APP安卓平台正式上线发布。

2015年，旅图成为唯一一款中文全球旅游导航地图。

2016年，旅图正式在IOS平台上线，标志着旅图成为唯一一款全平台上线的全球旅游导航地图。

2017年，正式与全球最大的在线旅游公司Expedia集团、美国最大的点评网站Yelp、欧洲最大出租车公司G7集团以及Viator公司达成合作伙伴关系，为全球的旅游爱好者提供更加优质贴心的旅游服务。

公司简介： 国际领先高科技导航及信息技术位置服务公司，总部位于北京中关村，在英国伦敦、法国巴黎、德国汉堡、西班牙巴塞罗那、美国纽约、芝加哥、中国大陆、中国香港特别行政区、中国澳门特别行政区、墨西哥墨西哥城、巴西圣保罗等地设有办事机构。旅游攻略导航地图覆盖全球近200个国家及地区、30万个城市、1000万条街道、1亿个地点；是新一代的地图、导航、公共交通、旅游和社交软件，旨在为全球旅行者提供包括路线导航、旅行攻略、旅行路线、酒店预订、车辆预约等综合性旅游服务，为旅行者提供一站式旅行解决方案。作为全球首款手机离线中文导航地图，旅图以打造高端车载GPS导航为基石，依托顶尖的拓扑技术及路径计算技术等优势，致力于给用户带来全新体验和惊喜。

旅图®

企业所获荣誉：
英国科技权威媒体评为10分的导航第一软件
巴塞罗那LBS峰会获全球最佳界面及设计大奖
法国权威Rue Du commerce平台评测综合评分法国第一导航软件
巴塞罗那MWC全球移动大会作为唯一一款亚洲导航软件在全球移动大厅向世界进行展示，获得了国际各界专业人士的认可与好评
参加旧金山导航峰会，软件技术及产品获得硅谷业界交口称赞及推崇

个人所获荣誉：
2009年，被评为创业中国年度人物"十大杰出女性"
2010年，成为FEI（国际马术联合会）国际马术场地障碍赛裁判
2011年，荣获"品牌中国（IT行业）年度人物"称号
2012年，成为中国社会科学院金融学博士班华南校友会理事
2015年，荣获正和岛"终身会员"荣誉证书（正和岛拓荒岛民终身会员）
2016年，成为"e农计划"联合发起人（浙江省益农慈善基金会）
2017年，荣获第六届中国财经峰会"时代创变榜—2017年度影响力人物"

个人社会职务：
FEI国际马术联合会的国际裁判
第28届奥运会马术项目三项赛越野障碍助理裁判
第十一届全运会马术项目裁判
广州亚运会马术项目裁判及多届锦标赛

马术世界杯裁判

多才多艺的气质女学霸

在搜索张江霖的百科时，让人不禁生奇，这位西南政法大学的法学学士、EMBA工商管理硕士、社科院金融学博士，真是一位超级学霸。不仅如此，张江霖爱好广泛，骑马、击剑、芭蕾、绘画，起初听精彩旅图员工跟我讲起时，还以为只不过是张江霖爱好。结果没想到，张江霖不仅是中国第一个马术国际裁判，还是广州亚运会裁判组组长，2008年奥运会的助理裁判，芭蕾和击剑玩得也是非常专业，芭蕾上过舞台穿足尖鞋跳变奏曲，击剑曾受过CCTV5杂志的专访。在精彩旅图的办公室里挂着很多幅张江霖的油画，风景、人物、静物，画工可见一斑。爱好广泛的人很多，但是像这样爱好广泛还样样精通，学术和商业都做得风生水起的人却很少见，也难怪精彩旅图的员工在跟我们聊起张江霖时，都是一脸的崇拜之情。

从公务员到商海

　　本科毕业之后，张江霖在法院工作，后来她参加了司法考试，被四川省自贡市中级人民法院任命为法官。在朋友看来，张江霖走审判序列是工作专业对口，而且前途无限光明。但是对于张江霖，却觉得这条一眼能看到底的路，不够有创造性，她想要更精彩的生活，有了离职的想法。从体制中出来，让张江霖的父母难以接受，家里人都是在政府机关上班的，对于突然间扔下铁饭碗投身商海的做法非常不解，纠结了很长时间。张江霖清楚地知道自己想要什么，她毅然决然地离职，去了德恒律师事务所做律师。

　　后来服务的新华信托的客户非常看重她的专业能力和职业素养，邀请她到新华信托去工作，但毕竟是跨行业的决定，在几经考虑之后，张江霖想挑战自己，尝试不同的东西，她去了新华信托做北京管理总部的经理，第一次接触金融体系，做了很多大型的投资项目。当团队越做越大之后，张江霖的团队里有越来越多留学归国的精英，与他们接触之下，燃起了她出国深造的念头，另一方面读书早的她，当时年龄还很小，觉得自己应该在二十多岁的时候去海外看看，家人也非常支持她的决定。

　　在当时北京投资、法律圈子在海外的人并不是很多，在商学院的时候，有很多项目找到张江霖，她一边学习一边做海外公司的中国项目，也在那时的工作中，张江霖遇到了她的丈夫 Eric。当项目越来越多之后，张江霖成立了汉狮兄弟国际投资顾问有限公司，渐渐地有了自己的资本积累。这时期的张江霖开始考虑想要实现自己的人生愿望。在谨慎的考虑之后，张江霖和 Eric 准备做全球位置服务，当时德国、法国各有一家导航公司与张江霖合作，到2008年之后，张江霖团队意识到不能掌控核心技术的局限性，于是下决心自己掌握技术，在Eric的带领下，精彩旅图的技术团队很快就建立起来。

涌动的变化中，吐露出商机

在这个创业的黄金时代里，张江霖说她能感受到，现在的社会环境、政府对创业的扶植力度，和创业伊始相比，真的好太多了。现在监督体制更加完善，政策更加的透明化，社会的风气很正。服务性的政府，大众创业、万众创新的环境，活跃的资本流入，社会对创业的友好度整体提升了。以前大学生毕业之前，都在拼命考公务员，觉得那是一个金饭碗；但是再看现在，很多学生在大学期间就开始做自己创业项目，毕业之后进创业公司，都变成一种常态。

以前在做全球导航仪的时候，国外市场做得非常好，利润也高，但是在国内市场却不是很乐观，一方面国内山寨太多，另一方面当时国内的市场的导航仪只能算小众，打车的时候让出租车司机开导航，他会觉得这是一种冒犯，你对他不信任。现在却不一样了，人们普遍接受了导航的存在，人人出行都需要开导航。现在手机的功能也越来越强大，相比带一个单独的导航仪，人们也更偏好使用APP导航。其实市场已经帮我们把消费者培养好了，用户对地图导航APP接受起来也相当容易。

随着我国出境旅游人数和人均消费额的持续增长，护照含金量的日益增高，旅游产业越来越受到社会的关注。据《中国旅游集团发展报告2017》研究成果显示，近年来，我国新生代消费群体的消费偏好、消费观念转变，他们更加注重个性化、高品质、体验性的旅游。旅游者从被动旁观转向主动参与，且更加注重旅游过程中的体验。人们已经不满足于传统的跟团出行，而是想像当地人一样地去感受，去体验。以前的旅游模式，只能关注到旅客的行前安排，而行中的体验则受到地接社、当地司导等多方因素的影响，可把控的程度低。主流消费群体的需求转变，在倒逼着传统旅业创新，促进了旅业的产业升级。在大数据与人工智能的加持下，传统旅业也在不断地变革。当前各定制旅游平台之所以发展迅猛，不得不说，其中一个重要的因素，就是定制旅游关注旅客的需求、注重目的地文化，关注的点从行前向行前+行中转移，但是真正了解客户，关注且干预用户行中体验的产品仍然不多。

在这个大背景下，精彩旅图的优势就凸显出来了，目前市面上能够提供实时、精准、多种模式导航功能的全球中文产品是少之又少，在中文导航产品的基础上又附加了景点介绍，能自助订酒店、订餐厅、订门票、旅行社交的平台更是稀有。关注游客的行中需求，为游客的安全出行背书，相信精彩旅图在旅游位置信息服务市场大有可为。

不骄不躁，不气不馁

面对当今创业公司激烈的竞争，精彩旅图至今未进行大规模市场推介，张江霖和她的团队却非常淡定。对于一些短平快，对技术要求相对低的企业来说，抢占市场是非常重要的，而精彩旅图是一家提供全球中文位置信息服务的高科技公司，他们从底层代码开始做起，有过硬的技术支撑，系统非常的完善，体系相对完整，这样的产品，窗口期本身就要长，产品含金量也高，是竞争对手难以在一时之内进行复制的。从2008年创业到现在，精彩旅图错失了一些市场的机会，但张江霖依然非常知足。像百度地图和高德地图，能拿到大笔的投资，迅速做大，这是一件好事，但是在当时精彩旅图并不具备那样的整合能力，技术也没有达到可以直面用户的点，所以这些事不该得的，即使得到了，也未必能撑得住。

面对现在活跃的旅游定制市场，让张江霖更加喜欢这个时代，这是一个百花齐放的年代，旅游从之前的跟团游到自助游，再到如今的定制游，人的需求是越来越广，要求越来越高。市场不是一家两家就能垄断的，每个企业都有自己的特长，有的擅长做客户服务，有的擅长技术，有的擅长做数据分析，有的有市场优势，不同的公司都可以合作整合，贡献自己的优势，补齐对方的短板，为用户提供给贴心的旅游服务，更优质的旅游体验。精彩旅图作为一家科技公司，刚好有这样的技术、数据资源，张江霖和她的团队，怀抱着开放的心态，迎接旅游同业的合作。

其实创业最难的，就是能不能在每一个节点上都做对，如果足够幸运，每一个点都做对了，对企业发展是最好的。但是如果没有做到，失去了一些机会，也不应该感到遗憾，精彩旅图在当时没有拿到市场，确实是因为当时还没有做好准备。反观现在的精彩旅图，躲过了资本寒冬，在激烈的地图市场中存活下来，既没有被吞并，也没有倒闭，反而找到了自己的方向。

现在位置信息服务市场，已经被地图巨头培育成熟，用户能够接受导航软件，甚至生活中离不开导航软件了，这能帮助精彩旅图在打开市场上节约很多时间，这几年精彩旅图也没有闲着，他们从底端程序到全球数据，都已经做了海量的积累。

目前的导航巨头，都宣称开启了海外导航业务，至今能真正做到有资源点、海外数据精准全面、专业导航的并不多。精彩旅图的工作人员以曼谷街头为例，为我们做了展示，精彩旅图的数据点非常多，可以直接导航使用，而且做到了中文地图和中文导航。相信在不久之后，精彩旅图这样一个海外自助旅行神器，会成为旅客出行的必备APP。

聚焦旅游，厚积薄发

最早的时候，张江霖的团队是做车载导航的，他们的产品在海外，尤其是欧洲和北美的很多国家销量领先，但是随着手机的智能化，便携式导航设备开始走下坡路，当时公司面临着转型，做手机还是APP，成为当时转型的两个大方向。后来张江霖的团队在深入考察之后，决定转型做APP，为旅游市场提供全球位置服务。一方面，做车载导航，公司有海量的位置信息积累和技术的底蕴，当前出境游人数越来越多，这也意味着市场的不断扩大。做全球位置服务的公司并不多，这是一片蓝海。另一方面，在做车载导航时，公司也是做软件，核心是拓扑地图平台和导航引擎，硬件的生产外包给其他厂家，如果真的要做手机的话，不擅长的硬件技术可能会是一个隐藏着的危机，而且张江霖也预见了未来手机市场势必会竞争激烈，不如充分利用现有的优势，做APP。

精彩旅图所开发的旅图APP综合了地图、社交和点评功能。游客在国外旅行时，可能会遇到信号不好、语言不通、流量太贵、司导目的地不熟悉等问题。旅图APP，可以为用户提供车行、步行、骑行、公交地铁的综合导航服务，完美地解决了游客旅行中的痛点。用户可以根据自己所需，免费下载和使用，地图涵盖海外200个国家、30万个城市、1000万条街道、1亿个地点、20万条电车、地铁、公交线路和3.5万个3D地标等。

精彩旅图和多家旅游供应商合作为用户提供增值服务，对接了海量的酒店、景点门票，为用户提供了一个可靠的中文订票渠道，所以旅图地图能提供的不仅仅是目的地的离线中文导航服务。张江霖向我们介绍，精彩旅图与Expedia合作，可以为用户提供30万家可预订的酒店信息，且用户通过旅图地图进行预订，不需要缴纳保证金，让用户做到想退就退，不再担心保证金的问题；和viator合作提供50万个中文景点介绍，超过20万个可预订的景点门票；和yelp合作，为用户提供50万家可预订的餐厅信息。在目的地，用户可以像在国内用点评软件一样，查找附近的特色餐饮、景点，并进行预订，解决了用户出行服务的大部分痛点。

旅图APP还有丰富独特的社交功能，是一款基于位置的全球旅游社交软件。

不少人在出行之前，都会想写一个攻略，发布到旅游内容平台，但是多数情况下，因为回国后积压的工作等事搁置，时间长了就彻底打消了写旅游攻略分享的念头，针对这个用户痛点，精彩旅图开发了即时打卡的功能。用户可以通过在游览景点即时打卡，实时分享自己的旅行信息，留下自己当时的感悟，最多支持十张照片的分享，即使回国之后，还是能精准地感受到当时的兴奋点。不仅如此，用户还能与自己同时在同一景点打卡的人实时聊天互动，没准还能认识新的旅伴，在地图上实时看到彼此的位置，不容易走散，也更加安全。旅游企业也能通过整合旅图旅行的社交功能，直接建立自己的品牌社群，可以与自己的用户直接互动和沟通，从而进一步提高用户的活跃度和忠诚度；旅游局可以通过精彩旅图的软件，吸引更多的游客前往。在多方的努力下，更能让用户享受到更加优质贴心的全方位旅游服务。

从全球位置服务,到进军旅游市场,对于精彩旅图来说,也就是这两年的事情。在旅游市场上精彩旅图还很年轻,全球位置服务结合 AI 功能,让用户不仅能全球导航,安全快捷的到达目的地,还能进行虚拟漫游,预订酒店门票。考虑到用户内存的问题,精彩旅图还为用户提供了离线云服务。张江霖和她的团队希望能有越来越多的游客,通过精彩旅图去环球旅行。

扎营北京后厂村

精彩旅图创业的大本营在北京中关村的后厂村,选址在北京,一方面是因为张江霖的家在北京;另一方面是因为北京的首都优势,北京是全中国的硅谷,最优秀的人才资源都向北京靠拢,所以精彩旅图选择从北京开始。当然创业公司选址要多维度的去调研,创始团队的家在哪儿,公司的规模、资源(政府关系、人力资源等)在哪儿,行业的调性是否与该地契合,当地政府有什么扶持政策,都是要细细考虑的因素。如果是制造业的话,北京的成本就太高了,但是作为全球位置服务的企业,北京就符合精彩旅图的定位。如今这里聚集着百度、网易、新浪等互联网的龙头企业,也足以见得张江霖团队的选址能力。

夫妻携手创业行

精彩旅图的另一位创始人叫 Eric,他的另一个身份是张江霖的老公,夫妇二人自 2008 年一起创立了精彩旅图。Eric 是法国卡昂大学企业管理学院工商管理硕士和法国国立高等工程技术学院(法国顶级工程师学院)科学技术硕士。在 15 岁时便开始写源代码,进行 IT 研发。工作后一直致力于技术研发,曾在飞利浦、Legrand、SAP、A NOVO(ITCAC 排名前五十名的上市公司,在 22 个国家设有分支,拥有 5000 多名员工)做技术高管,是名副其实的技术大咖,在技术领域有相当多的专利和人脉的积累。一直供职于企业的 Eric,做事非常严谨,个性里又有犹太族裔的勤奋,对工作非常有热情。张江霖在投资、法律、政府关系方面有很多的积累,两个人都是以工作为乐,能踏实做事情的人,在各方面都既契合又互补。在精彩旅图决定做旅游地图之后,有一位新的 COO 加入精彩旅图的团队,他曾是法国旅游发展总署副总裁,在欧洲旅游行业非常具有影响力,有了 Christian Delom 的加入,令精彩旅图快速打开 B 端的合作业务。

每个企业在员工招募方面的要求都不尽相同,张江霖的团队招聘新成员时,更看重员工是否满怀热情,怀揣梦想。一个人,只有认同企业的价值和文化,有热情和活力，又能稳住心性，才是促进企业发展的新鲜血液。张江霖说，她的团队不会招募只想拿个人工资，简简单单地做个员工的人，这样的目的对其个人成长没有任何意义。她欢迎有事业心，有追求，有想法，有活力，愿意和公司一起成长，想在位置信息服务市场沉淀下来，在自己成长的同时，也为这个行业做出贡献的人，加入精彩旅图。公司也乐于为员工提供培训、成长、锻炼的平台与机会。看员工得到成长，在张江霖眼中是一件非常幸福的事情，对于任何一个人来说，成长和成功一样重要。

精彩旅图，就是精彩！

生活是异彩纷呈，旅行也是。旅行可以丰富人生，可以打开人的视野，精彩旅图的企业文化就是精彩。在很多合作商眼中，精彩旅图这家有着深厚技术底蕴的公司，规模一定很大，工作一定很枯燥，但深入合作之后才知道，原来精彩旅图每位员工的产值和贡献竟然如此之大，工作氛围也异常的轻松活跃。精彩旅图人也想将这份精彩带给用户，助力用户出行、生活和社交。

舒马赫曾是精彩旅图的产品代言人，他非常看重精彩旅图的车载导航技术，也很看重精彩旅图的发展，觉得这是速度与激情的结合。张江霖夫妇和舒马赫夫妇在生活中也是朋友关系，张江霖告诉我们，舒马赫是一个人品好，智商高，精神力强大的人，他做得最出名的是赛车，但是他能骑马、足球、开战斗机，和张江霖一样，是个多才多艺，活得精彩的人。很多次他们一同接受采访时，事先没有做准备的舒马赫，面对犀利的记者，还能保持思维逻辑缜密，灵活应对。张江霖笑着跟我们说，代言的发布会上留了一些遗憾，当时一头猛扎在技术领域的精彩旅图，还没有学会如何公关。发布会现场来了很多海外媒体，结果国内开花，国外香，国外的新闻已经引起轰动，国内却一片静悄悄。

对于舒马赫的意外受伤，张江霖表示非常的心痛，希望他能早日康复。全球导航的概念最早就是舒马赫向精彩旅图提出的，因为工作关系，舒马赫是个全球飞人，到访每座城市，有时被不熟悉的当地情况困扰，他非常需要一款全球的导航服务工具，而不是区域的地图信息。

畅谈未来

如果给精彩旅图打一个分数的话，张江霖说她会给 7 分，剩下的 3 分留给未来。如果未来精彩旅图上市了，那可以给自己评为 8 分，做到全球位置服务的顶级公司，可以打个 8.5~9 分。

目前 6 分是及格线，精彩旅图是目前全球第一款，也是唯一一款中文地图供应商，能在一众地图创业市场活下来，度过自己的风险期，并且找到自己的发展方向——旅游地图市场，以公司沉淀下来的估值和无形资产来讲，已经算是及格了。精彩旅图多年来的积淀，使自己拥有强大的技术底蕴、海量的海外中文地图资源，可以说是万事俱备，只欠东风。

在未来，精彩旅图还有很多事情要做。张江霖希望，旅图能在全球高科技、位置服务领域，找到自己的价值所在，在旅游出行市场，成为一个有影响力的企业，不断地整合资源，开拓市场，为旅游市场带来新的变革，在位置服务方面有自己的一番作为。

边工作，边生活

张江霖和丈夫是在早前合作的时候认识的，当时她在做投资顾问，Eric 在技术公司做高管，投资的眼光非常好，非常具有前瞻性，挑的公司全上市了，估值也非常高，这一点让张江霖非常佩服。她直言和丈夫一起创业，既有优点又有缺点。优点就是对待工作的时候，大家一条心，目标都很一致，而且沟通起来障碍比较小。

张江霖说，相处的时候聊工作已经潜移默化为一种习惯，有时候在生活中，互相看着，感觉不聊工作是在浪费时间。如果不创业的话，一起做点浪漫的事情，也是一种可能，但是既然选择走上了创业这条路，那势必要放弃一些东西。Eric 是法国人，非常幽默，又很有创意。即便是在工作中，他也能把气氛调节得非常轻松。以前没有创业的时候，每做完一个项目，夫妻二人就会一起去海岛度假，现在创业之后时间紧张了，拿完整的时间外出度假似乎变成了一种奢望，现在周末没有工作的话，他们就会去郊外，享受大自然。

自从有了宝宝之后，两个人在相处的时候，聊工作已经比以前少些了，以前聊工作的比重有 95% 的话，现在是 90%。多才多艺的张江霖，也为了宝宝，把击剑、骑马都暂时放弃。工作之外的所有时间都压缩到最低，酷爱跳舞的她，还是放弃不了舞蹈，在家里做了一个练功房，保证一周能训练三次。每天工作结束之后，就会立刻回家陪孩子，偶尔出差晚上也一定要和宝宝视频聊天，或许是遗传了母亲的专注力，也或许得益于母亲的培养，三岁的宝宝已经能自己看一个小时以上的书。

员工的导师

张江霖于员工,与其说是老板,更不如说是一个导师,成长于大学教师家庭的她,很喜欢看到别人的成长。或许在很多管理者的心里,员工执行的角色大于创造的角色,但是张江霖却认为恰恰相反。工作上,她会放手让员工去做,给员工足够的空间,让他们发挥自己的创造性。在这个过程中,她也会时刻关注员工的完成情况,发现确实有困难的话,她会及时提供辅助性的帮助,从一对一的指导到团队培训,力求让员工在每一个项目都有成长,每每看到员工能独当一面,她都会感到非常幸福。但这不表示她不注重结果,关注员工创造力的同时,雷厉风行的她还是非常看重数据和完成周期的,如果在有 bug 的时候还想混过去,她会变得非常严肃。当然,作为一个结果导向的完美主义者,遇到非常重要的事情,她还是会亲力亲为,为员工立下榜样,在某些事情上员工的决策正确,张江霖会毫不犹豫地去推荐与力挺他。这样松弛有度的管理方式,让员工非常喜欢这位女老板,当员工跟我们谈到张江霖时,都是一脸的崇拜,跟我们细数张总的日常。

寄语广大创业者与女大学生

说到创业,张江霖有太多的感悟,她已经见证了太多公司在地图市场的失败,虽然目前国家鼓励万众创业,社会的创业风气也很盛,但仍然要谨慎。

如果打算创业,首先要明确你是否真的热爱这个行业,你想为改变这个行业做些什么,你的热爱能坚持多久,准备行动之前,一定要想明白自己未来所做的事情有什么意义。如果对这个行业没有十足的热爱,而是想去赚一把快钱,那创业者很可能扛不住,一有诱惑就马上放弃了,改去回报更高的行业或者早早地把公司卖掉了。

其次条件要成熟,创业之前要想清楚,你在想要耕耘的行业里,有多少人脉,有多少资源,你对这个行业了解有多少,你有多少可支配的启动资金,万一创业失败,你的家人还能否保持正常的生活,你能承受多少的亏损,这些都是非常现实而且不得不考虑的问题。毕竟创业不是纯投资,这是一件风险相当大的事情,你创业要砸进去的是真金白银,一定是要各方面资源都还好的时候再进行创业。所以说刚毕业的大学生,很少一出校门就有各种资源,如果有创业的梦想,还是去那个行业磨炼几年,积累一定的资源之后,再评估自己是否适合创业。当然如果是富二代,家里肯为你提供资源和资金,可能砸砸砸,很快就能砸出来,但是这种情况毕竟也是少数。很多人创业失败,就回去工作了,这种是非常理性的；如果自己没有准备好，公司没有强大的技术、资源支撑，被人收购也不一定是坏事。

最后，创业者要有冒险精神和极强的抗压能力，如果很喜欢慢节奏，喜欢享受生活的人创业之前还是要三思，因为创业之后你的生活可能会变得一团乱麻，牺牲很多闲暇的时间。创业者一定要学会未雨绸缪，准备好未来的现金流计划，自己也要有承担者的精神，你要为家庭负责，为公司负责，为员工负责；少抱怨多乐观，为团队带来正能量。遇事一定要果敢，机遇来了，就要牢牢抓住。千万不要因为面子，只考虑那些务虚的东西，很多事情真的只有做过了才知道价值。

马术、击剑、芭蕾、绘画，样样精通的张江霖就像是一本书，每看一页都能带给我们不同的惊喜，她给笔者的感受，也像她的公司一样，精彩！张江霖说她从不给自己设限，就像她挚爱的马术，这是一项男女公平的运动，不会因为你是女性而降低对你的评判标准，在马术的世界里，男女平等。

她认为，现代社会，职场女性承担的压力要高于男性，生活上女性也承担了更多的社会责任和社会角色。当然，作为女性本身，也具备自己的优势：女性更善良、沟通的方式更柔和，有着卓越的细节把控能力、美的敏感和捕捉力，这些都是与生俱来的天赋，这些创造性的优势是 AI 技术也替代不了的。虽然在目前的职场中，有很多人对女性有偏见，但是张江霖在自己力所能及的地方，为员工们创造一个男女平等的平台，给所有员工同等的机会和拼实力的舞台。

张江霖劝诫当前的女大学生们，不要刻意强化自己女性的身份，限制自己的天性，要保留足够的想象力空间和善良的天性，在校期间学习科学文化知识，多参加社会实践活动，既要发挥自己的优势，也要把女性的传统美德延续下去，达到心神结合的状态，学会快乐地工作和生活。

下篇

中国促进女性创业
政策与活动

国务院办关于加快构建大众创业万众创新支撑平台的指导意见（国发〔2015〕53号）

各省、自治区、直辖市人民政府，国务院各部委、各直属机构：

当前，全球分享经济快速增长，基于互联网等方式的创业创新蓬勃兴起，众创、众包、众扶、众筹（以下统称四众）等大众创业万众创新支撑平台快速发展，新模式、新业态不断涌现，线上线下加快融合，对生产方式、生活方式、治理方式产生广泛而深刻的影响，动力强劲，潜力巨大。同时，在四众发展过程中也面临行业准入、信用环境、监管机制等方面的问题。为落实党中央、国务院关于大力推进大众创业万众创新和推动实施"互联网+"行动的有关部署，现就加快构建大众创业万众创新支撑平台、推进四众持续健康发展提出以下意见。

一、把握发展机遇，汇聚经济社会发展新动能

四众有效拓展了创业创新与市场资源、社会需求的对接通道，搭建了多方参与的高效协同机制，丰富了创业创新组织形态，优化了劳动、信息、知识、技术、管理、资本等资源的配置方式，为社会大众广泛平等参与创业创新、共同分享改革红利和发展成果提供了更多元的途径和更广阔的空间。

众创，汇众智搞创新，通过创业创新服务平台聚集全社会各类创新资源，大幅降低创业创新成本，使每一个具有科学思维和创新能力的人都可参与创新，形成大众创造、释放众智的新局面。

众包，汇众力增就业，借助互联网等手段，将传统由特定企业和机构完成的任务向自愿参与的所有企业和个人进行分工，最大限度利用大众力量，以更高的效率、更低的成本满足生产及生活服务需求，促进生产方式变革，开拓集智创新、便捷创业、灵活就业的新途径。

众扶，汇众能助创业，通过政府和公益机构支持、企业帮扶援助、个人互助互扶等多种方式，共助小微企业和创业者成长，构建创业创新发展的良好生态。

众筹，汇众资促发展，通过互联网平台向社会募集资金，更灵活高效满足产品开发、企业成长和个人创业的融资需求，有效增加传统金融体系服务小微企业

和创业者的新功能，拓展创业创新投融资新渠道。

当前我国正处于发展动力转换的关键时期，加快发展四众具有极为重要的现实意义和战略意义，有利于激发蕴藏在人民群众之中的无穷智慧和创造力，将我国的人力资源优势迅速转化为人力资本优势，促进科技创新，拓展就业空间，汇聚发展新动能；有利于加快网络经济和实体经济融合，充分利用国内国际创新资源，提高生产效率，助推"中国制造2025"，加快转型升级，壮大分享经济，培育新的经济增长点；有利于促进政府加快完善与新经济形态相适应的体制机制，创新管理方式，提升服务能力，释放改革红利；有利于实现机会公平、权利公平、人人参与又人人受益的包容性增长，探索一条中国特色的众人创富、劳动致富之路。

二、创新发展理念，着力打造创业创新新格局

全面贯彻党的十八大和十八届二中、三中、四中全会精神，按照党中央、国务院决策部署，加快实施创新驱动发展战略，不断深化改革，顺应"互联网+"时代大融合、大变革趋势，充分发挥我国互联网应用创新的综合优势，充分激发广大人民群众和市场主体的创业创新活力，推动线上与线下相结合、传统与新兴相结合、引导与规范相结合，按照"坚持市场主导、包容创业创新、公平有序发展、优化治理方式、深化开放合作"的基本原则，营造四众发展的良好环境，推动各类要素资源集聚、开放、共享，提高资源配置效率，加快四众广泛应用，在更大范围、更高层次、更深程度上推进大众创业、万众创新，打造新引擎，壮大新经济。

——坚持市场主导。充分发挥市场在资源配置中的决定性作用，强化企业和劳动者的主体地位，尊重市场选择，积极发展有利于提高资源利用效率、激发大众智慧、满足人民群众需求、创造经济增长新动力的新模式、新业态。

——包容创业创新。以更包容的态度、更积极的政策营造四众发展的宽松环境，激发人民群众的创业创新热情，鼓励各类主体充分利用互联网带来的新机遇，积极探索四众的新平台、新形式、新应用，开拓创业创新发展新空间。

——公平有序发展。坚持公平进入、公平竞争、公平监管，破除限制新模式新业态发展的不合理约束和制度瓶颈，营造传统与新兴、线上与线下主体之间公平发展的良好环境，维护各类主体合法权益，引导各方规范有序发展。

——优化治理方式。转变政府职能，进一步简政放权，强化事中事后监管，优化提升公共服务，加强协同，创新手段，发挥四众平台企业内部治理和第三方治理作用，健全政府、行业、企业、社会共同参与的治理机制，推动四众持续健

康发展。

——深化开放合作。"引进来"与"走出去"相结合,充分利用四众平台,优化配置国际创新资源,借鉴国际管理经验,积极融入全球创新网络。鼓励采用四众模式搭建对外开放新平台,面向国际市场拓展服务领域,深化创业创新国际合作。

三、全面推进众创,释放创业创新能量

（一）大力发展专业空间众创。鼓励各类科技园、孵化器、创业基地、农民工返乡创业园等加快与互联网融合创新,打造线上线下相结合的大众创业万众创新载体。鼓励各类线上虚拟众创空间发展,为创业创新者提供跨行业、跨学科、跨地域的线上交流和资源链接服务。鼓励创客空间、创业咖啡、创新工场等新型众创空间发展,推动基于"互联网+"的创业创新活动加速发展。

（二）鼓励推进网络平台众创。鼓励大型互联网企业、行业领军企业通过网络平台向各类创业创新主体开放技术、开发、营销、推广等资源,鼓励各类电子商务平台为小微企业和创业者提供支撑,降低创业门槛,加强创业创新资源共享与合作,促进创新成果及时转化,构建开放式创业创新体系。

（三）培育壮大企业内部众创。通过企业内部资源平台化,积极培育内部创客文化,激发员工创造力；鼓励大中型企业通过投资员工创业开拓新的业务领域、开发创新产品,提升市场适应能力和创新能力；鼓励企业建立健全股权激励机制,突破成长中的管理瓶颈,形成持续的创新动力。

四、积极推广众包,激发创业创新活力

（四）广泛应用研发创意众包。鼓励企业与研发机构等通过网络平台将部分设计、研发任务分发和交付,促进成本降低和提质增效,推动产品技术的跨学科融合创新。鼓励企业通过网络社区等形式广泛征集用户创意,促进产品规划与市场需求无缝对接,实现万众创新与企业发展相互促动。鼓励中国服务外包示范城市、技术先进型服务企业和服务外包重点联系企业积极应用众包模式。

（五）大力实施制造运维众包。支持有能力的大中型制造企业通过互联网众包平台聚集跨区域标准化产能,满足大规模标准化产品订单的制造需求。结合深化国有企业改革,鼓励采用众包模式促进生产方式变革。鼓励中小制造企业通过众包模式构筑产品服务运维体系,提升用户体验,降低运维成本。

（六）加快推广知识内容众包。支持百科、视频等开放式平台积极通过众包实现知识内容的创造、更新和汇集,引导有能力、有条件的个人和企业积极参

与，形成大众智慧集聚共享新模式。

（七）鼓励发展生活服务众包。推动交通出行、无车承运物流、快件投递、旅游、医疗、教育等领域生活服务众包，利用互联网技术高效对接供需信息，优化传统生活服务行业的组织运营模式。推动整合利用分散闲置社会资源的分享经济新型服务模式，打造人民群众广泛参与、互助互利的服务生态圈。发展以社区生活服务业为核心的电子商务服务平台，拓展服务性网络消费领域。

五、立体实施众扶，集聚创业创新合力

（八）积极推动社会公共众扶。加快公共科技资源和信息资源开放共享，提高各类公益事业机构、创新平台和基地的服务能力，推动高校和科研院所向小微企业和创业者开放科研设施，降低大众创业、万众创新的成本。鼓励行业协会、产业联盟等行业组织和第三方服务机构加强对小微企业和创业者的支持。

（九）鼓励倡导企业分享众扶。鼓励大中型企业通过生产协作、开放平台、共享资源、开放标准等方式，带动上下游小微企业和创业者发展。鼓励有条件的企业依法合规发起或参与设立公益性创业基金，开展创业培训和指导，履行企业社会责任。鼓励技术领先企业向标准化组织、产业联盟等贡献基础性专利或技术资源，推动产业链协同创新。

（十）大力支持公众互助众扶。支持开源社区、开发者社群、资源共享平台、捐赠平台、创业沙龙等各类互助平台发展。鼓励成功企业家以天使投资、慈善、指导帮扶等方式支持创业者创业。鼓励通过网络平台、线下社区、公益组织等途径扶助大众创业就业，促进互助互扶，营造深入人心、氛围浓厚的众扶文化。

六、稳健发展众筹，拓展创业创新融资

（十一）积极开展实物众筹。鼓励消费电子、智能家居、健康设备、特色农产品等创新产品开展实物众筹，支持艺术、出版、影视等创意项目在加强内容管理的同时，依法开展实物众筹。积极发挥实物众筹的资金筹集、创意展示、价值发现、市场接受度检验等功能，帮助将创新创意付诸实践，提供快速、便捷、普惠化服务。

（十二）稳步推进股权众筹。充分发挥股权众筹作为传统股权融资方式有益补充的作用，增强金融服务小微企业和创业创新者的能力。稳步推进股权众筹融资试点，鼓励小微企业和创业者通过股权众筹融资方式募集早期股本。对投资者实行分类管理，切实保护投资者合法权益，防范金融风险。

（十三）规范发展网络借贷。鼓励互联网企业依法合规设立网络借贷平台，

为投融资双方提供借贷信息交互、撮合、资信评估等服务。积极运用互联网技术优势构建风险控制体系，缓解信息不对称，防范风险。

七、推进放管结合，营造宽松发展空间

（十四）完善市场准入制度。积极探索交通出行、无车承运物流、快递、金融、医疗、教育等领域的准入制度创新，通过分类管理、试点示范等方式，依法为众包、众筹等新模式新业态的发展营造政策环境。针对众包资产轻、平台化、受众广、跨地域等特点，放宽市场准入条件，降低行业准入门槛。（交通运输部、邮政局、人民银行、证监会、银监会、卫生计生委、教育部等负责）

（十五）建立健全监管制度。适应新业态发展要求，建立健全行业标准规范和规章制度，明确四众平台企业在质量管理、信息内容管理、知识产权、申报纳税、社会保障、网络安全等方面的责任、权利和义务。（质检总局、新闻出版广电总局、知识产权局、税务总局、人力资源社会保障部、网信办、工业和信息化部等负责）因业施策，加快研究制定重点领域促进四众发展的相关意见。（交通运输部、邮政局、人民银行、证监会、银监会、卫生计生委、教育部等负责）

（十六）创新行业监管方式。建立以信用为核心的新型市场监管机制，加强跨部门、跨地区协同监管。建立健全事中事后监管体系，充分发挥全国统一的信用信息共享交换平台、企业信用信息公示系统等的作用，利用大数据、随机抽查、信用评价等手段加强监督检查和对违法违规行为的处置。（发展改革委、工业和信息化部、工商总局、相关行业主管部门负责）

（十七）优化提升公共服务。加快商事制度改革，支持各地结合实际放宽新注册企业场所登记条件限制，推动"一址多照"、集群注册等住所登记改革，为创业创新提供便利的工商登记服务。简化和完善注销流程，开展个体工商户、未开业企业、无债权债务企业简易注销登记试点。推进全程电子化登记和电子营业执照应用，简化行政审批程序，为企业发展提供便利。加强行业监管、企业登记等相关部门与四众平台企业的信息互联共享，推进公共数据资源开放，加快推行电子签名、电子认证，推动电子签名国际互认，为四众发展提供支撑。进一步清理和取消职业资格许可认定，研究建立国家职业资格目录清单管理制度，加强对新设职业资格的管理。（工商总局、发展改革委、科技部、工业和信息化部、人力资源社会保障部、相关行业主管部门负责）

（十八）促进开放合作发展。有序引导外资参与四众发展，培育一批国际化四众平台企业。鼓励四众平台企业利用全球创新资源，面向国际市场拓展服务。加强国际合作，鼓励小微企业和创业者承接国际业务。（商务部、发展改革委牵

头负责）

八、完善市场环境，夯实健康发展基础

（十九）加快信用体系建设。引导四众平台企业建立实名认证制度和信用评价机制，健全相关主体信用记录，鼓励发展第三方信用评价服务。建立四众平台企业的信用评价机制，公开评价结果，保障用户的知情权。建立完善信用标准化体系，制定四众发展信用环境相关的关键信用标准，规范信用信息采集、处理、评价、应用、交换、共享和服务。依法合理利用网络交易行为等在互联网上积累的信用数据，对现有征信体系和评测体系进行补充和完善。推进全国统一的信用信息共享交换平台、企业信用信息公示系统等与四众平台企业信用体系互联互通，实现资源共享。（发展改革委、人民银行、工商总局、质检总局牵头负责）

（二十）深化信用信息应用。鼓励发展信用咨询、信用评估、信用担保和信用保险等信用服务业。建立健全守信激励机制和失信联合惩戒机制，加大对守信行为的表彰和宣传力度，在市场监管和公共服务过程中，对诚实守信者实行优先办理、简化程序等"绿色通道"支持激励政策，对违法失信者依法予以限制或禁入。（发展改革委、人民银行牵头负责）

（二十一）完善知识产权环境。加大网络知识产权执法力度，促进在线创意、研发成果申请知识产权保护，研究制定四众领域的知识产权保护政策。运用技术手段加强在线创意、研发成果的知识产权执法，切实维护创业创新者权益。加强知识产权相关法律法规、典型案例的宣传和培训，增强中小微企业知识产权意识和管理能力。（知识产权局牵头负责）

九、强化内部治理，塑造自律发展机制

（二十二）提升平台治理能力。鼓励四众平台企业结合自身商业模式，积极利用信息化手段加强内部制度建设和管理规范，提高风险防控能力、信息内容管理能力和网络安全水平。引导四众平台企业履行管理责任，建立用户权益保障机制。（网信办、工业和信息化部、工商总局等负责）

（二十三）加强行业自律规范。强化行业自律，规范四众从业机构市场行为，保护行业合法权益。推动行业组织制定各类产品和服务标准，促进企业之间的业务交流和信息共享。完善行业纠纷协调和解决机制，鼓励第三方以及用户参与平台治理。构建在线争议解决、现场接待受理、监管部门受理投诉、第三方调解以及仲裁、诉讼等多元化纠纷解决机制。（相关行业主管部门、行政执法部门负责）

（二十四）保障网络信息安全。四众平台企业应当切实提升技术安全水平，

及时发现和有效应对各类网络安全事件，确保网络平台安全稳定运行。妥善保管各类用户资料和交易信息，不得买卖、泄露用户信息，保障信息安全。强化守法、诚信、自律意识，营造诚信规范发展的良好氛围。（网信办、工业和信息化部牵头负责）

十、优化政策扶持，构建持续发展环境

（二十五）落实财政支持政策。创新财政科技专项资金支持方式，支持符合条件的企业通过众创、众包等方式开展相关科技活动。充分发挥国家新兴产业创业投资引导基金、国家中小企业发展基金等政策性基金作用，引导社会资源支持四众加快发展。降低对实体营业场所、固定资产投入等硬性指标要求，将对线下实体众创空间的财政扶持政策惠及网络众创空间。加大中小企业专项资金对小微企业创业基地建设的支持力度。大力推进小微企业公共服务平台和创业基地建设，加大政府购买服务力度，为采用四众模式的小微企业免费提供管理指导、技能培训、市场开拓、标准咨询、检验检测认证等服务。（财政部、发展改革委、工业和信息化部、科技部、商务部、质检总局等负责）

（二十六）实行适用税收政策。加快推广使用电子发票，支持四众平台企业和采用众包模式的中小微企业及个体经营者按规定开具电子发票，并允许将电子发票作为报销凭证。对于业务规模较小、处于初创期的从业机构符合现行小微企业税收优惠政策条件的，可按规定享受税收优惠政策。（财政部、税务总局牵头负责）

（二十七）创新金融服务模式。引导天使投资、创业投资基金等支持四众平台企业发展，支持符合条件的企业在创业板、新三板等上市挂牌。鼓励金融机构在风险可控和商业可持续的前提下，基于四众特点开展金融产品和服务创新，积极发展知识产权质押融资。大力发展政府支持的融资担保机构，加强政府引导和银担合作，综合运用资本投入、代偿补偿等方式，加大财政支持力度，引导和促进融资担保机构和银行业金融机构为符合条件的四众平台企业提供快捷、低成本的融资服务。（人民银行、证监会、银监会、保监会、发展改革委、工业和信息化部、财政部、科技部、商务部、人力资源和社会保障部、知识产权局、质检总局等负责）

（二十八）深化科技体制改革。全面落实下放科技成果使用、处置和收益权，鼓励科研人员双向流动等改革部署，激励更多科研人员投身创业创新。加大科研基础设施、大型科研仪器向社会开放的力度，为更多小微企业和创业者提供支撑。（科技部牵头负责）

（二十九）繁荣创业创新文化。设立"全国大众创业万众创新活动周"，加强政策宣传，展示创业成果，促进投资对接和互动交流，为创业创新提供展示平台。继续办好中国创新创业大赛、中国农业科技创新创业大赛等赛事活动。引导各类媒体加大对四众的宣传力度，普及四众知识，发掘典型案例，推广成功经验，培育尊重知识、崇尚创造、追求卓越的创新文化。（发展改革委、科技部、工业和信息化部、中央宣传部、中国科协等负责）

（三十）鼓励地方探索先行。充分尊重和发挥基层首创精神，因地制宜，突出特色。支持各地探索适应新模式新业态发展特点的管理模式，及时总结形成可复制、可推广的经验。支持全面创新改革试验区、自由贸易试验区、国家自主创新示范区、战略性新兴产业集聚区、国家级经济技术开发区、跨境电子商务综合试验区等加大改革力度，强化对创业创新公共服务平台的扶持，充分发挥四众发展的示范带动作用。（发展改革委、科技部、商务部、相关地方省级人民政府等负责）

各地区、各部门应加大对众创、众包、众扶、众筹等创业创新活动的引导和支持力度，加强统筹协调，探索制度创新，完善政府服务，科学组织实施，鼓励先行先试，不断开创大众创业、万众创新的新局面。

国务院
2015 年 9 月 23 日

国务院关于促进创业投资持续健康发展的若干意见（国发〔2016〕53号）

各省、自治区、直辖市人民政府，国务院各部委、各直属机构：

创业投资是实现技术、资本、人才、管理等创新要素与创业企业有效结合的投融资方式，是推动大众创业、万众创新的重要资本力量，是促进科技创新成果转化的助推器，是落实新发展理念、实施创新驱动发展战略、推进供给侧结构性改革、培育发展新动能和稳增长、扩就业的重要举措。近年来，我国创业投资快速发展，不仅拓宽了创业企业投融资渠道、促进了经济结构调整和产业转型升级，增强了经济发展新动能，也提高了直接融资比重、拉动了民间投资服务实体经济，激发了创业创新、促进了就业增长。但同时也面临着法律法规和政策环境不完善、监管体制和行业信用体系建设滞后等问题，存在一些投资"泡沫化"现象以及非法集资风险隐患。按照党中央、国务院的决策部署，为进一步促进创业投资持续健康发展，现提出以下意见。

一、总体要求

创业投资是指向处于创建或重建过程中的未上市成长性创业企业进行股权投资，以期所投资创业企业发育成熟或相对成熟后，主要通过股权转让获取资本增值收益的投资方式。天使投资是指除被投资企业职员及其家庭成员和直系亲属以外的个人以其自有资金直接开展的创业投资活动。发展包括天使投资在内的各类创业投资，应坚持以下总体要求：

（一）指导思想。

牢固树立和贯彻落实创新、协调、绿色、开放、共享的发展理念，着力推进供给侧结构性改革，深入实施创新驱动发展战略，大力推进大众创业万众创新，使市场在资源配置中起决定性作用和更好发挥政府作用，进一步深化简政放权、放管结合、优化服务改革，不断完善体制机制，健全政策措施，加强统筹协调和事中事后监管，构建促进创业投资发展的制度环境、市场环境和生态环境，加快形成有利于创业投资发展的良好氛围和"创业、创新+创投"的协同互动发展格

局,进一步扩大创业投资规模,促进创业投资做大做强做优,培育一批具有国际影响力和竞争力的中国创业投资品牌,推动我国创业投资行业跻身世界先进行列。

(二)基本原则。

一是坚持服务实体。创业投资是改善投资结构、增加有效投资的重要手段。要进一步深化简政放权、放管结合、优化服务改革,创新监管方式,既要重视发挥大企业的骨干作用,也要通过创业投资激发广大中小企业的创造力和活力。以支持实体经济发展、助力创业企业发展为本,引导创业投资企业和创业投资管理企业秉承价值投资理念,鼓励长期投资和价值投资,防范和化解投资估值"泡沫化"可能引发的市场风险,积极应对新动能成长过程中对传统产业和行业可能造成的冲击,妥善处理好各种矛盾,加大对实体经济支持的力度,增强可持续性,构建"实体创投"投资环境。

二是坚持专业运作。以市场为导向,充分调动民间投资和市场主体的积极性,发挥市场规则作用,激发民间创新模式,防止同质化竞争。鼓励创业投资企业和创业投资管理企业从自身独特优势出发,强化专业化投资理念和投资策略,深化内部体制机制创新,加强对投资项目的投后管理和增值服务,不断提高创业投资行业专业化运作和管理水平,夯实"专业创投"运行基础。

三是坚持信用为本。以诚信为兴业之本、发展之基,加强创业投资行业信用体系建设,建立和完善守信联合激励和失信联合惩戒制度,促进创业投资企业和创业投资管理企业诚信守法,忠实履行对投资者的诚信义务,创建"信用创投"发展环境。

四是坚持社会责任。围绕推进创新型国家建设、支持大众创业万众创新、促进经济结构调整和产业转型升级的使命和社会责任,推动创业投资行业严格按照国家有关法律法规和相关产业政策开展投资运营活动,按照市场化、法治化原则,促进创业投资良性竞争和绿色发展,共同维护良好市场秩序,树立"责任创投"价值理念。

二、培育多元创业投资主体

(三)加快培育形成各具特色、充满活力的创业投资机构体系。鼓励各类机构投资者和个人依法设立公司型、合伙型创业投资企业。鼓励行业骨干企业、创业孵化器、产业(技术)创新中心、创业服务中心、保险资产管理机构等创业创新资源丰富的相关机构参与创业投资。鼓励具有资本实力和管理经验的个人通过依法设立一人公司从事创业投资活动。鼓励和规范发展市场化运作、专业化管理的创业投资母基金。(国家发展改革委、科技部、工业和信息化部、人力资源和

社会保障部、商务部、国务院国资委、工商总局、银监会、证监会、保监会按职责分工负责）

（四）积极鼓励包括天使投资人在内的各类个人从事创业投资活动。鼓励成立公益性天使投资人联盟等各类平台组织，培育和壮大天使投资人群体，促进天使投资人与创业企业及创业投资企业的信息交流与合作，营造良好的天使投资氛围，推动天使投资事业发展。规范发展互联网股权融资平台，为各类个人直接投资创业企业提供信息和技术服务。（国家发展改革委、科技部、证监会按职责分工负责）

三、多渠道拓宽创业投资资金来源

（五）大力培育和发展合格投资者。在风险可控、安全流动的前提下，支持中央企业、地方国有企业、保险公司、大学基金等各类机构投资者投资创业投资企业和创业投资母基金。鼓励信托公司遵循价值投资和长期投资理念，充分发挥既能进行创业投资又能发放贷款的优势，积极探索新产品、新模式，为创业企业提供综合化、个性化金融和投融资服务。培育合格个人投资者，支持具有风险识别和风险承受能力的个人参与投资创业投资企业。（国家发展改革委、财政部、国务院国资委、银监会、证监会、保监会按职责分工负责）

（六）建立股权债权等联动机制。按照依法合规、风险可控、商业可持续的原则，建立创业投资企业与各类金融机构长期性、市场化合作机制，进一步降低商业保险资金进入创业投资领域的门槛，推动发展投贷联动、投保联动、投债联动等新模式，不断加大对创业投资企业的投融资支持。加强"防火墙"相关制度建设，有效防范道德风险。支持银行业金融机构积极稳妥开展并购贷款业务，提高对创业企业兼并重组的金融服务水平。完善银行业金融机构投贷联动机制，稳妥有序推进投贷联动业务试点，推动投贷联动金融服务模式创新。支持创业投资企业及其股东依法依规发行企业债券和其他债务融资工具融资，增强投资能力。（国家发展改革委、科技部、人民银行、银监会、证监会、保监会按职责分工负责）

四、加强政府引导和政策扶持

（七）完善创业投资税收政策。按照税收中性、税收公平原则和税制改革方向与要求，统筹研究鼓励创业投资企业和天使投资人投资种子期、初创期等科技型企业的税收支持政策，进一步完善创业投资企业投资抵扣税收优惠政策，研究开展天使投资人个人所得税政策试点工作。（国家发展改革委、科技部、财政部、商务部、税务总局、证监会按职责分工负责）

（八）建立创业投资与政府项目对接机制。在全面创新改革试验区域、双创示范基地、国家高新区、国家自主创新示范区、产业（技术）创新中心、科技企业孵化器、众创空间等，开放项目（企业）资源，充分利用政府项目资源优势，搭建创业投资与企业信息共享平台，打通创业资本和项目之间的通道，引导创业投资企业投资于国家科技计划（专项、基金等）形成科技成果的转化。挖掘农业领域创业投资潜力，依托农村产业融合发展园区、农业产业化示范基地、农民工返乡创业园等，通过发展第二、三产业，改造提升第一产业。有关方面要配合做好项目对接和服务。（国家发展改革委、科技部、工业和信息化部、农业部、商务部按职责分工负责）

（九）研究鼓励长期投资的政策措施。倡导长期投资和价值投资理念，研究对专注于长期投资和价值投资的创业投资企业在企业债券发行、引导基金扶持、政府项目对接、市场化退出等方面给予必要的政策支持。研究建立所投资企业上市解禁期与上市前投资期限长短反向挂钩的制度安排。（国家发展改革委、科技部、财政部、人民银行、证监会按职责分工负责）

（十）发挥政府资金的引导作用。充分发挥政府设立的创业投资引导基金作用，加强规范管理，加大力度培育新的经济增长点，促进就业增长。充分发挥国家新兴产业创业投资引导基金、国家中小企业发展基金、国家科技成果转化引导基金等已设立基金的作用。对于已设立基金未覆盖且需要政府引导支持的领域，鼓励有条件的地方按照"政府引导、市场化运作"原则推动设立创业投资引导基金，发挥财政资金的引导和聚集放大作用，引导民间投资等社会资本投入。进一步提高创业投资引导基金市场化运作效率，促进政策目标实现，维护出资人权益。鼓励创业投资引导基金注资市场化母基金，由专业化创业投资管理机构受托管理引导基金。综合运用参股基金、联合投资、融资担保、政府出资适当让利于社会出资等多种方式，进一步发挥政府资金在引导民间投资、扩大直接融资、弥补市场失灵等方面的作用。建立并完善创业投资引导基金中政府出资的绩效评价制度。（国家发展改革委、科技部、工业和信息化部、财政部按职责分工负责）

五、完善创业投资相关法律法规

（十一）构建符合创业投资行业特点的法制环境。进一步完善促进创业投资发展相关法律法规，研究推动相关立法工作，推动完善公司法和合伙企业法。完善创业投资相关管理制度，推动私募投资基金管理暂行条例尽快出台，对创业投资企业和创业投资管理企业实行差异化监管和行业自律。完善外商投资创业投资企业管理制度。（国家发展改革委、商务部、证监会按职责分工负责）

（十二）落实和完善国有创业投资管理制度。鼓励国有企业集众智，开拓广阔市场空间，增强国有企业竞争力。支持有需求、有条件的国有企业依法依规、按照市场化方式设立或参股创业投资企业和创业投资母基金。强化国有创业投资企业对种子期、初创期等创业企业的支持，鼓励国有创业投资企业追求长期投资收益。健全符合创业投资行业特点和发展规律的国有创业投资管理体制，完善国有创业投资企业的监督考核、激励约束机制和股权转让方式，形成鼓励创业、宽容失败的国有创业投资生态环境。支持具备条件的国有创业投资企业开展混合所有制改革试点，探索国有创业投资企业和创业投资管理企业核心团队持股和跟投。探索地方政府融资平台公司转型升级为创业投资企业。依法依规豁免国有创业投资企业和国有创业投资引导基金国有股转持义务。（国家发展改革委、财政部、国务院国资委、证监会按职责分工负责）

六、进一步完善创业投资退出机制

（十三）拓宽创业投资市场化退出渠道。充分发挥主板、创业板、全国中小企业股份转让系统以及区域性股权市场功能，畅通创业投资市场化退出渠道。完善全国中小企业股份转让系统交易机制，改善市场流动性。支持机构间私募产品报价与服务系统、证券公司柜台市场开展直接融资业务。鼓励创业投资以并购重组等方式实现市场化退出，规范发展专业化并购基金。（证监会牵头负责）

七、优化创业投资市场环境

（十四）优化监管环境。实施更多的普惠性支持政策措施，营造公平竞争的发展环境，深化简政放权、放管结合、优化服务改革，搞好服务，激发活力。坚持适度监管、差异监管和统一功能监管，创新监管方式，有效防范系统性区域性风险。对创业投资企业在行业管理、备案登记等方面采取与其他私募基金区别对待的差异化监管政策，建立适应创业投资行业特点的宽市场准入、重事中事后监管的适度而有效的监管体制。加强信息披露和风险揭示，引导创业投资企业建立以实体投资、价值投资和长期投资为导向的合理的投资估值机制。对不进行实业投资、从事上市公司股票交易、助推投资泡沫及其他扰乱市场秩序的创业投资企业建立清查清退制度。建立行业规范，强化创业投资企业内控机制、合规管理和风险管理机制。加强投资者保护，特别是要进一步完善产权保护制度，依法保护产权和投资者合法经营、合法权益和合法财产。加强投资者教育，相关投资者应为具有风险识别和风险承受能力的合格投资者。建立并完善募集资金的托管制度，规范创业投资企业募集资金行为，打击违法违规募集资金行为。健全对创业投资企业募集资金、投资运作等与保护投资者权益相关的制度规范，加强日常监

管。（国家发展改革委、科技部、国务院国资委、证监会按职责分工负责）

（十五）优化商事环境。各地区、各部门不得自行出台限制创业投资企业和创业投资管理企业市场准入和发展的有关政策。建立创业投资行业发展备案和监管备案互联互通机制，为创业投资企业备案提供便利，放宽创业投资企业的市场准入。持续深化商事制度改革，提高工商登记注册便利化水平。促进创业投资行业加强品牌建设。（国家发展改革委、工商总局、证监会会同各有关部门按职责分工负责）

（十六）优化信用环境。有关部门、行业组织和社会征信机构要进一步建立健全创业投资企业、创业投资管理企业及其从业人员信用记录，实现创业投资领域信用记录全覆盖。推动创业投资领域信用信息纳入全国信用信息共享平台，并与企业信用信息公示系统实现互联互通。依法依规在"信用中国"网站和企业信用信息公示系统公示相关信息。加快建立创业投资领域严重失信黑名单制度，鼓励有关社会组织探索建立守信红名单制度，依托全国信用信息共享平台，按照有关法律法规和政策规定实施守信联合激励和失信联合惩戒。建立健全创业投资行业信用服务机制，推广使用信用产品。（国家发展改革委、商务部、人民银行、工商总局、证监会按职责分工负责）

（十七）严格保护知识产权。完善知识产权保护相关法律法规和制度规定，加强对创业创新早期知识产权保护，在市场竞争中培育更多自主品牌，健全知识产权侵权查处机制，依法惩治侵犯知识产权的违法犯罪行为，将企业行政处罚、黑名单等信息纳入全国信用信息共享平台，对严重侵犯知识产权的责任主体实施联合惩戒，并通过"信用中国"网站、企业信用信息公示系统等进行公示，创造鼓励创业投资的良好知识产权保护环境。（国家发展改革委、人民银行、工商总局、知识产权局、证监会等按职责分工负责）

八、推动创业投资行业双向开放

（十八）有序扩大创业投资对外开放。发展创业投资要坚持走开放式发展道路，通过吸引境外投资，引进国际先进经验、技术和管理模式，提升我国创业投资企业的国际竞争力。按照对内外资一视同仁的原则，放宽外商投资准入，简化管理流程，鼓励外资扩大创业投资规模，加大对种子期、初创期创业企业支持力度。鼓励和支持境内外投资者在跨境创业投资及相关的投资贸易活动中使用人民币。允许外资创业投资企业按照实际投资规模将外汇资本金结汇所得的人民币划入被投资企业。（国家发展改革委、商务部、人民银行、国家外汇局按职责分工负责）

（十九）鼓励境内有实力的创业投资企业积极稳妥"走出去"。完善境外投资相关管理制度，引导和鼓励创业投资企业加大对境外及港、澳、台地区高端研发项目的投资，积极分享高端技术成果。（国家发展改革委、商务部、人民银行、国家外汇局按职责分工负责）

九、完善创业投资行业自律和服务体系

（二十）加强行业自律。加快推进依法设立全国性创业投资行业协会，鼓励具备条件的地区成立创业投资协会组织，搭建行业协会交流服务平台。充分发挥行业协会在行业自律管理和政府与市场沟通中的积极作用，加强行业协会在政策对接、会员服务、信息咨询、数据统计、行业发展报告、人才培养、国际交流合作等方面的能力建设，支持行业协会推动创业投资行业信用体系建设和社会责任建设，维护有利于行业持续健康发展的良好市场秩序。（国家发展改革委、科技部、民政部、证监会按职责分工负责）

（二十一）健全创业投资服务体系。加强与创业投资相关的会计、征信、信息、托管、法律、咨询、教育培训等各类中介服务体系建设。支持创业投资协会组织通过高等学校、科研院所、群团组织、创业投资企业、创业投资管理企业、天使投资人等多种渠道，以多种方式加强创业投资专业人才培养，加大教育培训力度，吸引更多的优秀人才从事创业投资，提高创业投资的精准度。（国家发展改革委、科技部、证监会按职责分工负责）

十、加强各方统筹协调

（二十二）加强政策顶层设计和统筹协调。国家发展改革委要会同有关部门加强促进创业投资发展的政策协调，建立部门之间、部门与地方之间政策协调联动机制，加强创业投资行业发展政策和监管政策的协同配合，增强政策针对性、连续性、协同性。建立相关政府部门促进创业投资行业发展的信息共享机制。（国家发展改革委、证监会会同有关部门按职责分工负责）

各地区、各部门要把促进创业投资持续健康发展作为深入实施创新驱动发展战略、推动大众创业万众创新、促进经济结构调整和产业转型升级的一项重要举措，按照职责分工抓紧制定相关配套措施，加强沟通协调，形成工作合力，确保各项政策及时落实到位，积极发展新经济、培育新动能、改造提升传统动能，推动中国经济保持中高速增长、迈向中高端水平。

国务院
2016 年 9 月 16 日

国务院关于做好当前和今后一段时期就业创业工作的意见（国发〔2017〕28号）

各省、自治区、直辖市人民政府，国务院各部委、各直属机构：

就业是13亿多人口最大的民生，也是经济发展最基本的支撑。党中央、国务院坚持把就业放在经济社会发展的优先位置，强力推进简政放权、放管结合、优化服务改革，营造鼓励大众创业、万众创新的良好环境，加快培育发展新动能，就业局势保持总体稳定。但也要看到，当前经济社会发展中还存在不少困难和问题，部分地区、行业、群体失业风险有所上升，招工难与就业难并存的结构性矛盾加剧，新就业形态迅速发展对完善就业政策提出了新要求。面对就业形势的新变化和新挑战，必须把就业作为重中之重，坚持实施就业优先战略和更加积极的就业政策，坚决打好稳定和扩大就业的硬仗，稳住就业基本盘，在经济转型中实现就业转型，以就业转型支撑经济转型。现就进一步做好就业创业工作提出以下意见。

一、坚持实施就业优先战略

（一）促进经济增长与扩大就业联动。稳增长的主要目的是保就业，要创新宏观调控方式，把稳定和扩大就业作为区间调控的下限，保持宏观政策连续性稳定性，促进经济中高速增长，增强对就业拉动能力。若城镇新增就业大幅下滑、失业率大幅攀升，要加大财政政策和货币政策调整实施力度，促进经济企稳向好，确保就业稳定。加强经济政策与就业政策衔接，在制定财税、金融、产业、贸易、投资等重大政策时，要综合评价对就业岗位、就业环境、失业风险等带来的影响，促进经济增长与扩大就业联动、结构优化与就业转型协同。（国家发展改革委、财政部、工业和信息化部、商务部、人民银行、税务总局等负责。列第一位者为牵头单位，下同）

（二）促进产业结构、区域发展与就业协同。优化发展环境，推进实施政府和社会资本合作，大力发展研究设计、电子商务、文化创意、全域旅游、养老服务、健康服务、人力资源服务、服务外包等现代服务业。完善多元化产业体系，既注重发展资本、技术和知识密集的先进制造业、战略性新兴产业,又要支持劳动密集型产业发展,降低实体经济成本,推进传统产业绿色改造,创造更多就业机会。结合区域发展战略实施,引导东部地区产业向中西部和东北地区有序转移,落实完善中西部地区外商投资优势产业目录,支持中西部地区利用外资,引导劳动者到重点地区、重大工程、重大项目、重要领域就业。(国家发展改革委、科技部、工业和信息化部、民政部、财政部、人力资源和社会保障部、商务部、文化部、国家卫生计生委、国家旅游局等负责)

(三)发挥小微企业就业主渠道作用。落实小微企业降税减负等一系列扶持政策和清理规范涉企收费有关政策。着力推进小微企业创新发展,推动小微企业创业创新示范基地建设,搭建公共服务示范平台。加大科研基础设施、大型科研仪器向小微企业开放力度,为小微企业产品研发、试制提供支持。鼓励高校、科研院所及企业向小微企业转移科技成果,有条件的地区可推动开放共享一批基础性专利或购买一批技术资源,支持小微企业协同创新。(工业和信息化部、国家发展改革委、教育部、科技部、财政部、税务总局、国家知识产权局等负责)

(四)缓解重点困难地区就业压力。促进资源型城市转型发展,实施替代产业培育行动计划,扶持劳动密集型产业、服务业和小微企业发展。补齐基础设施短板,加大对商贸流通、交通物流、信息网络等建设和改造项目的倾斜力度,完善公共服务设施,实施西部和东北地区人力资源市场建设援助计划。强化人才支撑,加大招才引智力度,引导科研院所、博士后工作站、高校在具备条件的资源型城市布局,对急需紧缺人才可提供研究场地、科研经费、安家补助等政策支持。对地处偏远、资源枯竭、不适宜居住的独立工矿区,有组织地开展跨地区劳务对接。对去产能任务重、待岗职工多、失业风险大的困难地区,实施就业援助行动。(国家发展改革委、教育部、科技部、工业和信息化部、财政部、人力资源和社会保障部、交通运输部、商务部、全国总工会、共青团中央、全国妇联等负责)

二、支持新就业形态发展

(五)支持新兴业态发展。以新一代信息和网络技术为支撑,加强技术集成和商业模式创新,推动平台经济、众包经济、分享经济等创新发展。改进新兴业态准入管理,加强事中事后监管。将鼓励创业创新发展的优惠政策面向新兴业态企业开放,符合条件的新兴业态企业均可享受相关财政、信贷等优惠政策。推动政府部门带头购买新兴业态企业产品和服务。(国家发展改革委、工业和信息化部、财政部、商务部、人民银行、工商总局等负责)

（六）完善适应新就业形态特点的用工和社保等制度。支持劳动者通过新兴业态实现多元化就业，从业者与新兴业态企业签订劳动合同的，企业要依法为其参加职工社会保险，符合条件的企业可按规定享受企业吸纳就业扶持政策。其他从业者可按灵活就业人员身份参加养老、医疗保险和缴纳住房公积金，探索适应灵活就业人员的失业、工伤保险保障方式，符合条件的可享受灵活就业、自主创业扶持政策。加快建设"网上社保"，为新就业形态从业者参保及转移接续提供便利。建立全国住房公积金异地转移接续平台，为跨地区就业的缴存职工提供异地转移接续服务。（人力资源和社会保障部、财政部、住房和城乡建设部等负责）

三、促进以创业带动就业

（七）优化创业环境。持续推进"双创"，全面落实创业扶持政策，深入推进简政放权、放管结合、优化服务改革。深化商事制度改革，全面实施企业"五证合一、一照一码"、个体工商户"两证整合"，部署推动"多证合一"。进一步减少审批事项，规范改进审批行为。指导地方结合实际整合市场监管职能和执法力量，推进市场监管领域综合行政执法改革，着力解决重复检查、多头执法等问题。（国家发展改革委、中央编办、工商总局等按职责分工负责）

（八）发展创业载体。加快创业孵化基地、众创空间等建设，试点推动老旧商业设施、仓储设施、闲置楼宇、过剩商业地产转为创业孵化基地。整合部门资源，发挥孵化基地资源集聚和辐射引领作用，为创业者提供指导服务和政策扶持，对确有需要的创业企业，可适当延长孵化周期。各地可根据创业孵化基地入驻实体数量和孵化效果，给予一定奖补。（人力资源和社会保障部、国家发展改革委、科技部、财政部、住房和城乡建设部等负责）

（九）加大政策支持。继续实施支持和促进重点群体创业就业的税收政策。对首次创办小微企业或从事个体经营并正常经营1年以上的高校毕业生、就业困难人员，鼓励地方开展一次性创业补贴试点工作。对在高附加值产业创业的劳动者，创业扶持政策要给予倾斜。（财政部、人力资源和社会保障部、税务总局等负责）

（十）拓宽融资渠道。落实好创业担保贷款政策，鼓励金融机构和担保机构依托信用信息，科学评估创业者还款能力，改进风险防控，降低反担保要求，健全代偿机制，推行信贷尽职免责制度。促进天使投资、创业投资、互联网金融等规范发展，灵活高效满足创业融资需求。有条件的地区可通过财政出资引导社会资本投入，设立高校毕业生就业创业基金，为高校毕业生创业提供股权投资、融资担保等服务。（人民银行、国家发展改革委、财政部、人力资源和社会保障部、

银监会、证监会等负责）

四、抓好重点群体就业创业

（十一）鼓励高校毕业生多渠道就业。实施高校毕业生就业创业促进计划，健全涵盖校内外各阶段、就业创业全过程的服务体系，促进供需对接和精准帮扶。教育引导高校毕业生树立正确的就业观念，促进他们更好参与到就业创业活动中，敢于通过创业实现就业。实施高校毕业生基层成长计划，引导鼓励高校毕业生到城乡基层、中小微企业就业，落实学费补偿、助学贷款代偿、资金补贴等政策，建立高校毕业生"下得去、留得住、干得好、流得动"的长效机制。鼓励高校毕业生到社会组织就业，对于吸纳高校毕业生就业的社会组织，符合条件的可同等享受企业吸纳就业扶持政策。鼓励科研项目单位吸纳高校毕业生参与研究，按规定将社会保险补助纳入劳务费列支，劳务费不设比例限制。鼓励大学生应征入伍，落实好学费资助、助学贷款代偿、优抚安置等政策。合理安排机关事业单位招录（招聘）和高校毕业生基层服务项目招募时间，优化录用（聘用）流程，为高校毕业生求职就业提供便利。支持高校毕业生到国际组织实习任职。加大就业见习力度，允许就业见习补贴用于见习单位为见习人员办理人身意外伤害保险以及对见习人员的指导管理费用，艰苦边远地区、老工业基地、国家级贫困县可将见习对象范围扩大到离校未就业中职毕业生。加大对困难高校毕业生的帮扶力度，将求职创业补贴补助范围扩展到贫困残疾人家庭、建档立卡贫困家庭高校毕业生和特困人员中的高校毕业生。促进留学回国人员就业创业，实施留学人员回国创新创业启动支持计划，鼓励留学人员以知识产权等无形资产入股方式创办企业。简化留学人员学历认证等手续，降低服务门槛，依法为全国重点引才计划引进人才及由政府主管部门认定的海外高层次留学人才申请永久居留提供便利。实施有效的人才引进和扶持政策，吸引更多人才回流，投身创业创新。（人力资源和社会保障部、教育部、工业和信息化部、公安部、财政部、民政部、人民银行、工商总局、国家知识产权局、全国总工会、共青团中央、中国残联等负责）

（十二）稳妥安置化解钢铁煤炭煤电行业过剩产能企业职工。鼓励去产能企业多渠道分流安置职工，支持企业尽最大努力挖掘内部安置潜力，对不裁员或少裁员的，降低稳岗补贴门槛，提高稳岗补贴标准。促进分流职工转岗就业创业，对单位新增岗位吸纳去产能分流人员的，按规定给予企业吸纳就业扶持政策；对自主创业的分流人员，要优先安排入驻各类创业孵化基地，落实创业扶持政策；对确实难以安置的就业困难人员，新增及腾退的公益性岗位要优先安置。要将符合条件的去产能企业下岗职工纳入现行就业创业政策扶持范围。积极稳妥、依法依规处理劳动关系,对本轮化解钢铁煤炭煤电行业过剩企业产能职工因解除劳动合同依法取得的一次性补偿收入,符合相关税收法律法规规定条件的,可享受相关个人所得税政策。稳妥做好国有企业瘦身健体、提质增效、剥离企业办社会职能过程中的职工安置工作。(人力资源和社会保障部、国家发展改革委、工业和信息化部、财政部、国务院国资委、税务总局、全国总工会等负责)

(十三)健全城乡劳动者平等就业制度。农村转移劳动者在城镇常住并处于无业状态的,可在城镇常住地进行失业登记。公共就业服务机构要为其提供均等化公共就业服务和普惠性就业政策,并逐步使外来劳动者与当地户籍人口享有同等的就业扶持政策。对在农村常住并处于无地无业状态的劳动者,有条件的地区可探索为其在农村常住地进行失业登记,并提供相应的就业服务和政策扶持。加大对发展潜力大、吸纳农业转移人口多的县城和重点镇用地计划指标倾斜,大力发展特色县域经济、魅力小镇、乡村旅游和农村服务业,为农村劳动者就地就近转移就业创造空间。促进农民工返乡创业,大力发展农民合作社、种养大户、家庭农场、建筑业小微作业企业、"扶贫车间"等生产经营主体,其中依法办理工商登记注册的可按规定享受小微企业扶持政策,对吸纳贫困家庭劳动力就业并稳定就业1年以上的,地方可酌情给予一定奖补。鼓励金融机构按照商业化可持续发展原则,运用扶贫再贷款优先支持带动建档立卡贫困户就业发展的企业及家庭农场、专业大户、农民合作社等经济主体。适应新生代农民工就业创业特点,推进职业培训对新生代农民工全覆盖,创新培训内容和方式,多渠道、广领域拓宽就业创业渠道,引导新生代农民工到以"互联网+"为代表的新产业、新业态就业创业。推动农村劳动力有序外出就业,对人力资源服务机构、劳务经纪人等市场主体开展有组织劳务输出的,给予就业创业服务补贴。加大对贫困人口特别是易地扶贫搬迁贫困人口转移就业的支持力度,确保他们搬得出、稳得住、能致富。(人力资源和社会保障部、国家发展改革委、财政部、国土资源部、农业部、人民银行、国家旅游局、国务院扶贫办等按职责分工负责)

(十四)完善就业援助长效机制。全面落实各项扶持政策,促进结构调整、转型升级中的失业人员再就业。合理确定就业困难人员范围,强化分类帮扶和实名制动态管理,确保零就业家庭、有劳动能力的成员均处于失业状态的低保家庭至少有一人稳定就业。加强社会保障与就业联动,对实现就业的低保对象,在核算其家庭收入时可扣减必要的就业成本,增强其就业意愿和就业稳定性。(人力资源和社会保障部、民政部、财政部、中国残联负责)

(十五)促进退役军人就业创业。认真做好军队转业干部安置工作,大力扶持自主择业军队转业干部就业创业，积极开展就业服务、职业培训、创业孵化等服务活动，按规定落实相关扶持政策。加大退役士兵安置工作力度，对符合政府安排工作条件的，要采取刚性措施，确保岗位落实、妥善安置。对自主就业的，要强化教育培训，落实优惠政策，提高就业创业成功率。（人力资源和社会保障部、民政部等按职责分工负责）

五、强化教育培训和就业创业服务

（十六）提高教育培训质量。坚持面向市场、服务发展、促进就业的人力资源开发导向，着力化解就业结构性矛盾。深入推进高校创新创业教育改革，加快高校学科专业结构调整优化，健全专业预警和动态调整机制，深化课程体系、教学内容和教学方式改革。更好发挥职业教育和职业培训作用，推进职业教育和职业培训精准对接产业发展需求、精准契合受教育者需求，加快发展现代职业教育，着力提高学生的就业能力和创造能力。实施现代职业教育质量提升计划、产教融合发展工程、高技能人才振兴计划和大国工匠培训支持计划，统筹普通高中和中等职业教育协调发展，提高中等职业教育招生比例，大力发展技工教育，大规模开展职业培训，广泛开展岗位练兵、技术比武、技能竞赛、师徒帮教等活动，加快培育大批具有专业技能和工匠精神的高素质劳动者和技术技能人才，确保企业职工教育经费足额提取并合理使用。健全技能人才多元化评价机制，完善技能人才职业技能等级认定政策并做好与职业资格制度的衔接，建立职业资格、职业技能等级与相应职称比照认定制度，用人单位聘用的高级工、技师、高级技师可比照相应层级工程技术人员享受同等待遇。（教育部、国家发展改革委、财政部、人力资源和社会保障部、全国总工会、共青团中央等按职责分工负责）

（十七）完善职业培训补贴方式。根据产业发展和市场需求，定期发布重点产业职业培训需求、职业资格和职业技能等级评定指导目录，对指导目录内的职业培训和技能鉴定，完善补贴标准，简化审核流程。创新培训模式，探索职业培训包模式，充分运用职业培训补贴，支持优质培训机构开发数字培训课程，支持平台开展网上创业培训，支持培训机构引进国外优质资源或开展联合办学。在现行职业培训补贴直接补贴个人方式基础上，可根据去产能企业失业人员、建档立卡贫困人口的特点，创新培训组织形式，采取整建制购买培训项目、直接补贴培训机构等方式开展集中培训。依法参加失业保险3年以上、当年取得职业资格证书或职业技能等级证书的企业职工，可申请参保职工技能提升补贴，所需资金按规定从失业保险基金中列支。（人力资源和社会保障部、财政部等负责）

（十八）强化公共就业创业服务。着力推进公共就业创业服务专业化，合理布局服务网点，完善服务功能，细化服务标准和流程，增强主动服务、精细服务意识。创新服务理念和模式，根据不同群体、企业的特点，提供个性化、专业化的职业指导、就业服务和用工指导。加强公共就业创业服务从业人员职业化建设，建立定期培训、持证上岗制度。落实政府购买基本公共就业创业服务制度，充分运用就业创业服务补贴政策，支持公共就业创业服务机构和高校开展招聘活动和创业服务，支持购买社会服务，为劳动者提供职业指导、创业指导、信息咨询等专业化服务。加强公共就业创业服务信息化建设，在充分利用现有平台基础上，建立"互联网+"公共就业创业服务平台，推动服务向移动端、自助终端等延伸，扩大服务对象自助服务范围，推广网上受理、网上办理、网上反馈，实现就业创业服务和管理全程信息化。（人力资源和社会保障部、财政部等负责）

（十九）推进人力资源市场建设。加强人力资源市场法治化建设，逐步形成完善的市场管理法规体系。深化人力资源市场整合改革，统筹建设统一规范、竞争有序的人力资源市场体系，打破城乡、地区、行业分割和身份、性别、残疾、院校等歧视。规范招人用人制度和职业中介服务，密切关注女性平等就业情况，促进妇女、残疾人等公平就业。建立与经济社会发展需求相适应的人力资源供求预测和信息发布制度。开展人力资源市场诚信体系建设，加快出台人力资源市场各类标准，创新事中事后监管方式，营造规范有序的市场环境。推进流动人员人事档案管理服务信息化建设。大力发展人力资源服务业，实施人力资源服务业发展推进计划。简化劳动者求职手续，有条件的地区可建立入职定点体检和体检结果互认机制，尽力避免手续过于烦琐、重复体检。（人力资源和社会保障部、国家发展改革委、国家卫生计生委、工商总局、全国妇联、中国残联等负责）

六、切实加强组织实施

（二十）强化政府责任。各地要切实履行政府促进就业责任，政府主要负责同志为本地区就业工作第一责任人。完善就业工作目标责任制，纳入党政领导班子工作实绩考核。按照中央与地方财政事权和支出责任划分的原则，合理安排就业资金支出，加强资金使用管理和监督，提高资金使用效益。（人力资源和社会保障部、国家发展改革委、财政部等负责）

（二十一）狠抓政策落实。加强政策宣传，强化督查问责和政策落实情况评估。健全激励机制和容错纠错机制，对抓落实有力有效的，加大政策和资金倾斜力度，适时予以表彰；对大胆探索、担当尽责、不谋私利，但在依法依规履行职责过程中由于难以预见因素出现失误或错误的，可容错免责；对不履行或者不正确履行职责的，依纪依法严肃问责。（人力资源和社会保障部、监察部、财政部

等负责）

（二十二）加强统计监测和形势研判。完善统计监测制度，探索建立新就业形态、劳动者创业等统计监测指标。扩大就业数据信息来源，加强就业数据与宏观经济数据的比对分析，充分利用大数据技术开展就业监测，为加强形势研判、落实完善政策、实施精准服务提供有力支撑。（国家统计局、教育部、人力资源和社会保障部、国家发展改革委、工业和信息化部、农业部、商务部、工商总局等负责）

（二十三）防范化解失业风险。增强风险意识和底线思维，根据就业失业重点指标、人力资源市场供求、宏观经济运行等变化，及早发现异常情况和潜在风险，按照分级预警、分层响应、分类施策的原则，制定应对规模性失业风险预案。对出现严重规模性失业风险的地区，省级人民政府可通过提高稳岗补贴标准、开展以工代赈、组织跨地区劳务对接、合理降低企业人工成本、阶段性延长领取失业保险金期限、开展生活帮扶等措施，化解失业风险。（人力资源和社会保障部、国家发展改革委、财政部、民政部、商务部、人民银行、工商总局等负责）

各地区、各有关部门要结合实际，进一步细化政策措施，抓好贯彻落实，为保持就业局势稳定、加快推进经济转型升级提供有力保障。

国务院

2017 年 4 月 13 日

山东省促进女性创业的政策与活动

一、出台政策鼓励女性创业

自 2010 年起,山东省就以山东省妇联为主开展了"巾帼创业贷"项目,山东省财政厅、省人力资源和社会保障厅、中国人民银行济南分行、省妇联联合出台了《关于完善小额担保贷款财政贴息政策推动妇女创业就业工作的实施意见》(以下简称《意见》)、《山东省巾帼创业贴息资金管理办法》,根据以上文件发布了《山东省妇女小额担保贴息贷款服务手册》(以下简称《手册》)。这些文件的出台,是对山东省小额担保贷款财政贴息政策的进一步完善,在贷款覆盖面、贷款额度、担保措施、奖补机制等方面都实现了新突破,是使妇女得实惠、普受惠、长受惠的民心工程,体现了山东省委、省政府对妇女创业就业和妇女发展权益的高度重视和大力支持。

(一)妇女小额担保贷款操作流程

1. 贷款申请

持身份证明等有关证件向社区妇联(当地妇联)提出贷款申请,填写并提交小额担保贷款相关表格及申请材料。

2. 妇联初步审核

妇联组织对借款人申请进行初步审核,对借款人的身份进行确认,并对贷款用途是否符合规定及借款人信用情况等进行调查,出具推荐意见。

3. 人力资源和社会保障部门审核

人力资源和社会保障部门接到申请材料和妇联推荐意见后,对申请人资格、是否属于微利项目等进行复核并出具意见。审查合格后,将有关资料移交担保机构。

4. 贷款审核

担保机构与经办银行联合对贷款申请人及反担保人进行现场调查审核。审核内容主要包括:贷款申请人基本条件考察、经营项目合法性、借款用途核实、还款能力分析、经营场所项目勘察、微利项目确认、贷款材料的时效性和真实性,

下篇　中国促进女性创业政策与活动

到反担保人单位进行材料核实等。

5. 签订合同

担保机构对审查合格的申请给予担保，经办银行、担保中心、借款人分别签订相关合同。因申请人不符合贷款条件而不能提供贷款的，经办银行要向申请人说明理由，提出改进建议，并将有关情况定期向上级行报告。

6. 贷款发放

经办银行按有关规定和程序给借款人办理存折或银行卡，并将借款及时发放到借款人账户。

7. 贷款管理

贷款期间，经办银行、就业服务部门要定期与借款人联系，了解其资金使用和经营情况，提供必要的财务管理、市场信息等创业指导。经办银行要单独设置小额担保贷款业务台账，接受有关部门的检查；随时掌握本行开展贷款情况和存在的问题，定期向有关部门报告；建立区别于其他商业性贷款考核制度的小额担保贷款单独考核制度。在操作规范、勤勉尽责的前提下，经办银行的小额担保贷款质量考评情况可不纳入商业银行不良贷款考核体系，不影响经办银行和信贷人员的年终评比、奖励和晋级。

8. 贷款归还和利息支付、贴息办理

贷款到期后，借款人及时到经办银行办理还款。贷款利息支付方式由经办银行和借款人协商确定，一般按季结息。贴息由同级财政支付。

（二）项目的典型案例

1. 潍坊：启动"巾帼之约"授信贷款

潍坊市妇联与市商业银行联合在全市开展"巾帼创业信贷担保助推行动"，着力推出面向优秀女企业家的"巾帼之约"授信品种和面向创业妇女的小额贷款，并由谊达担保公司提供专业融资担保服务，下调50%担保费率支持妇女创业发展。

2. 临沂：成立以妇女为主体的"村民发展互助资金合作组织"

村民发展互助资金组织使农村妇女借款程序简化、期限灵活、费用支出少，为农村贫困妇女创业发展提供了便利条件，促进了农村妇女增收致富。

3. 巨野：组建"巾帼致富信用联合体"

巾帼致富信用联合体成为提高信贷妇女的诚信意识，降低信贷风险，争取信贷支持，促进妇女共同致富的有效组织形式，极大地激发了妇女创业热情。

二、开展活动提高女性创业能力

（一）"大众创业万众创新——巾帼在行动"主题活动

山东省妇联开展了"大众创业万众创新——巾帼在行动"为主题的六大行动，主要内容包括巾帼新型农业经营主体培育、山东大姐家庭服务工作品牌提升、齐鲁巾帼手工艺精品"四进"、女企业家创业创新、女大学生创业就业帮扶、巾帼文明岗岗位创业创新六大行动，通过开展一系列有针对性的服务和活动，进一步提高妇女创业创新能力，激发妇女创业创新热情，团结凝聚广大妇女积极投身到大众创业万众创新大潮，促进经济社会的发展。

（二）开通网络及新媒体平台

山东省妇联还创办了山东妇女创业网，开通了山东省妇女创业微信公众平台，及时为大家提供有用的创业信息。在"大众创业万众创新——巾帼在行动"的指导下，妇联开展了各种具体活动以切实提高女性的创业能力，如"山东妇女创业博览会""山东省妇女创业创新大赛"等，都取得了一定的成果。

（三）组建"山东女子创业大学"

山东省妇联与山东女子学院联合组建了"山东女子创业大学"，学校旨在依托政府政策资金扶持、妇联组织协调优势、高校教学科研优势、企业支持和社会机构专业化运作，面向全省有创业意愿的女性，通过开设创业基础教育课程、开办齐鲁巾帼创业大讲堂、组织齐鲁巾帼创业导师高校行等开展创业教育；通过线上线下结合，学校基地结合，理论实践结合，依托大学和巾帼创业基地开展课程培训和实践培训；通过山东妇女创业网及项目推介活动，及时向社会发布女性创业项目库项目内容，并对具有一定技术含量和广阔市场前景的创业项目，提供一条龙创业服务。

三、新形势下的"'互联网＋巾帼创业'行动计划"方案

为全面落实党中央、国务院关于"大众创业、万众创新"的决策部署，山东省妇联联合齐鲁云商、鲁网联合开展"互联网＋巾帼创业"行动计划（2016—2017年），在全省范围内进一步传递女性创业的正能量，全力动员全省广大女性积极参与到大众创业、万众创新的热潮中去，通过"互联网＋女创客"的形式，培养出一批巾帼创业精英团队，发掘一批巾帼创业优质企业，树立一批巾帼电商

工作品牌，带动一大批乡镇女性在家创业，初步建立惠及广大妇女的县、镇、村三级"妇女创客互联体系"，为山东省的"十三五"建设贡献巾帼力量。

"'互联网＋巾帼创业'行动计划"方案的总体思路是，顺应世界"互联网＋"发展趋势，深入贯彻落实《国务院关于积极推进"互联网＋"行动的指导意见》与《全国妇联关于开展创业创新巾帼行动的意见》，积极落实山东省"互联网＋"发展意见，充分发挥我省的互联网资源和应用优势，积极推进我省"互联网＋"工作，丰富我省"互联网＋"行动方案的展现形式，提升"十三五"期间我省妇女创业工作的管理水平，积极调动广大妇女的创业激情，增强广大妇女的创新、创造能力，开创我省"互联网＋巾帼创业"新局面。

2017年，在山东省政协十一届五次会议上提出了妇女创新创业中面临一定的困难和问题，主要表现在：一是部分女性创业过程中缺乏必要有效的指导；二是政府部门对女性创新创业的支持还不完善；三是女性创业遭遇门槛低、渠道单一、融资困难等瓶颈。同时提出解决以上问题的途径有：一是加强对女性创新精神和创业能力的培养。建议人社、科技、财政等政府部门加大对妇女创新创业的培训支持。二是优化妇女创新创业的政策支持和社会环境支持。财政、工商、税务等各相关部门出台创业政策时积极纳入性别意识，针对女性创新创业过程中遇到的困难给予适当的倾斜与照顾。三是针对不同类型女性创新创业提供相应的扶助政策。强化对女大学生创业的服务引领，为失业再创业女性提供小额金融支持，为农村女性创业致富搭建更广的平台，重点推进女性电商创业工作。

江苏省促进女性创业的政策与活动

一、促进妇女创业就业系列行动

2014年,江苏省以促进妇女创业就业为主线,针对不同的女性群体进一步深化巾帼牵手SYB导师行动、科技创新成才行动、创业就业增收行动等一系列行动,常规工作求突破,重点工作谋创新,积极为全省妇女创业就业、参与经济社会各项建设搭建平台、创造条件、提供服务,为加快社会经济转型、推动社会和谐稳定做出了积极贡献。

(一)巾帼牵手SYB导师行动助女大学生自主创业、平等就业

自2008年起,省妇联、省人社厅等六家单位联合开展巾帼牵手SYB导师行动,面向女大学生提供能力培训、政策咨询、实践指导、项目推介等服务。携手SYB导师进校园让女企业家、成功创业女大学生典型走进高校巡回演讲,与女大学生分享创业史和心路历程,交流探讨求职观念、职业技能、就业渠道、就业创业心理,做好"前期培训、中期指导、后期管理跟进"一条龙服务,激发创业热情、改变择业观念、提升创业能力。女大学生专场招聘、女大学生创新创业大赛等活动则为大学生们送岗位、送机遇,为就业创业增添筹码。

(二)科技创新成才行动助女企业家增强素质、转型发展

邀请知名专家为女企业家做讲座,分批组织女企业家参加信息化建设培训、参加金陵女子学堂讲座及中英贸易协会活动,帮助她们获得清华大学培训机会,组织部分女企业家赴北京、哈尔滨等地参加高级女性经理人研修班,帮助女企业家不断提升综合素质,增强企业应对信息化、大数据时代到来的实战能力。

提供交流平台,进一步加大科企对接、银企对接,召开项目推介会,促进产学研一体化。组织涉农女企业家参加海峡两岸(江苏)名优农产品展销会、组织部分女企业家参加青洽会、义博会、2014年全球妇女高峰会议APEC女性领袖峰会等,推进了行业间、区域间的经济合作交流,开拓了国际视野。

联合《莫愁》杂志社共同推出"展现女企业家风采、服务女企业家发展"系

列活动,每月一名"创业之星",每季度一期"创业女性会客厅",立体展示女企业家风采。联合省工商联开展"十大民营女企业家"评选表彰活动,引导女企业家增强环保理念,向生态产业、循环经济进军,发展技术含量高、资源能耗低、污染排放少、经济效益好的产业。

(三)创业就业增收行动帮助失业失地、留守流动妇女特别是困难妇女就近创业就业,实现增收致富

进一步发展巾帼来料加工业,组织来料加工女经纪人去义乌接受培训提升能力,同时开展业务对接、寻求商机。广泛开展巾帼现代农业科技、来料加工、合作经济组织、农家乐以及"三八"绿色工程基地、巾帼科技创新、家政服务等各类示范基地创建活动。省妇联今年命名50个示范带动效应好的省级巾帼示范来料加工基地,并分别给予2万元共计100万元的资金扶持。全年通过"以奖代补"下拨扶持资金640万元,建成国家级巾帼现代农业科技示范基地8个、"三八"绿色工程示范基地1个,省级巾帼示范农家乐基地50个、巾帼现代农业基地15个、来料加工基地50个、专业合作组织15个。

制定下发《关于规范和促进巾帼家政健康发展的意见》,积极推进"好苏嫂"家庭服务提档升级,开通96338服务热线,全力打造96338巾帼智慧家庭服务平台,为全省妇女儿童提供智慧生活、智慧养老、智慧红娘、智慧就业、智慧维权五大类服务,为广大妇女提供更为广阔的就业空间。

大力推进巾帼手工产业发展,依托苏州镇湖刺绣一条街、南通海门中国家纺城、徐州睢宁来料加工示范区,充分发挥其手工产业发达、已经形成一定集聚规模的优势,分别建立以刺绣、家纺、编织为主导的苏南、苏中、苏北三大手工产业展洽中心,集聚区域内妇女特色手工产品,进行常态化展示销售,形成区域集聚品牌效应,辐射带动更多妇女创业就业。

毫不松懈推进小贷政策,积极加强与人社、财政、人民银行、金融办等部门的联系,努力争取政策突破,探索实施多元化担保模式,不断建设完善授信体系,为创业女性送去"救命钱""及时雨"。今年全省累计发放妇女小额担保贷款近8亿元,贴息约8000万元,帮助一万余名妇女创业发展、带动十余万名妇女实现就业。

二、创业创新巾帼行动

（一）政策给力，强劲妇女发展新动力

积极争取江苏省党委政府的重视和相关部门的支持，协调财政、人社、金融部门共同制定完善妇女小额担保贷款财政贴息政策，扩大政策覆盖人群，拓展微利项目范围，创新担保、再担保模式，努力为妇女创业创新提供优惠政策、创造良好环境。南通市创新担保方式，增加村支书、村主任、高等院校自办企业及商品房抵押反担保等担保方式。连云港市推出了"巾帼红"全套妇女贷款服务项目。经济较发达的苏南地区，在贷款对象、年龄、额度、期限、续贷次数等方面均有突破，常州个贷发放额度最高已至80万元，年龄最大至55周岁；苏州最快2天即可放贷到位。截至2015年9月底，全省发放妇女创业小额贷款35亿元，帮助8万名妇女实现创业发展。

（二）提素培训，拓展妇女发展新空间

坚持以培训为先导，将培训作为增强妇女素质、提升妇女技能、开阔妇女思路、促进妇女创业就业的务实举措，丰富培训形式、拓展培训课程、优化培训师资，面向留守流动妇女、单身贫困母亲、女大学生、女经纪人、女能手、女致富带头人等不同群体，开展了多门类多层次多级别的培训。紧跟互联网+时代要求，引导妇女树立开放包容的互联网精神、大数据意识，强化共创共享、共融共赢的创业创新战略思维和合作理念。突出新农村创业，强化女农民培训，打造女性电商人才"蓄水池"。全省农村妇女"网上行"技能培训，免费培训2.5万人，其中1.3万人获"现代女性网络技能初级证书"；举办乡村旅游、巾帼农家乐负责人、农产品女经纪人电子商务创业高级研修班，750名从事乡村旅游的女性经营管理者和省级示范农家乐负责人从中获益，1.5万名农产品女经纪人接受了电子商务创业培训。

（三）典型培树，引领妇女发展新潮流

创建巾帼示范基地、培树创业创新典型，有效发挥"妇"字号基地在带动吸纳妇女创业就业中的示范引领作用，推动全省妇女融入巾帼创新创业浪潮。全省建成省级巾帼现代农业科技示范基地60个、巾帼来料加工示范基地200个、巾帼示范专业合作组织100个、巾帼农家乐示范基地90个。顺应互联网+时代潮流，发挥农村妇女在"一村一品"与电商发展中的积极作用，集聚女性网络创业

人才，建成省级巾帼电子商务示范村 30 个。发挥妇女在手工产业创业发展的优势，打造苏南、苏中、苏北三大巾帼手工产业展洽中心，集聚区域内妇女特色手工产品，进行常态化展示销售，引导妇女依托互联网实现手工文化创新、产品创意和品牌创造，实现巾帼手工产业联盟、联网、联营，辐射带动更多妇女创业创新、就业增收。组织开展《小贷助我创业发展》征文和寻找"百名巾帼科技创新典型人物"活动，培树了 250 名在生态农业、新型农家乐、电子商务、高附加值的手工加工业等领域实现创业理想的女性典型，133 名在相关科学领域从事科研创新工作的女性科技工作者、科技型企业女性经营管理人员、现代农业科技示范基地负责人，极大地激发了广大妇女的创造热情，引领了妇女发展的潮流。

（四）服务创新，打造妇女发展新平台

合力打造 96338 巾帼智慧家庭服务平台，为全省妇女儿童提供智慧生活、智慧养老、智慧红娘、智慧就业、智慧维权五大类服务，为广大妇女提供更为广阔的就业空间。不断更新完善科技创新政策库、需求库、项目库、人才库，为女性创业创新提供政策解读、项目咨询、技术支持、创业指导等方面基础服务，拓展女性创富新空间。发挥女企业家协会凝聚、服务会员的功能，鼓励社会资本创建适合妇女创业的众创空间、创新工场等新兴创业服务平台，探索建立女性创业孵化基地。南京的青梦家、常州的丁香苗圃创客空间吸引、凝聚了一大批女创客入驻。苏州市争取到 100 万项目经费，筹建巾帼家庭服务业创业孵化基地。镇江市推出"寻找我身边的巾帼创客"推荐活动，促进妇女创新创意与企业发展、市场需求和社会资本的有效衔接。创建女大学生实践基地，优化创业实训、就业见习、岗位推介、网络创业等服务，帮助女大学生积累创业经验和技能，全省建成女大学生创业就业实践基地 500 个，组织 1 万多名女企业家为 5 万多名女大学生提供创业指导和实践帮扶。

三、推进巾帼电商创业行动

自 2016 年起，江苏省妇联将"巾帼电商创业行动"列为年度重点工作，紧扣目标，积极在"建、培、链、树"上下功夫。

（一）建立巾帼电商服务基地

联合经信委、农委、商务、供销等部门出台《关于开展"引领电商创业——巾帼在行动"工作实施意见》，明确建基地任务。目前，全市申报各级巾帼电商服务示范站（基地）40 多个，申报巾帼电商示范村 13 个、先行镇 7 个。高邮、邗江等地结合本地产业园区积极打造巾帼电商创业孵化园。

（二）培训电子商务创业技能

据统计，各级妇联分类分层开展电商培训38场次，培训妇女近2000人次，在广大妇女中普及了电商知识，提升了从业技能，巾帼电商人才队伍正初步形成。

（三）链接电商创业资源

各地妇联巧搭政府的船，主动与有关部门建立资源链接。高邮市妇联为入驻孵化园的妇女争取了摊位费全额补贴；宝应县妇联为巾帼电商申请发展奖励金；邗江区政府持续发放巾帼创业扶持资金；全市妇女创业就业小额贴息担保贷款均向巾帼电商倾斜。建立电商之间的互动链接，宝应、邗江等地成立巾帼电商联谊会、建立巾帼电商微信群。各地妇联积极与阿里巴巴、苏宁易购直营店等龙头电商企业洽谈合作。

（四）培树巾帼电商创业典型

宝应、仪征等地通过评比表彰"十佳创业创新女性""最美创业女性"，推介宣传电商女能手事迹，通过典型带动，引领电商发展。全市涌现出张玉鸾、唐素芳、郝成凤、陈尚梅、王艳等巾帼电商女能手137名，巾帼电商示范户169户，巾帼电商创业氛围日益浓厚。

安徽省促进女性创业的政策与活动

一、促进就业创业的政策

（一）实施就业优先战略

2017年11月，安徽省政府发布《关于进一步促进当前和今后一段时期就业创业工作的通知》（以下简称《通知》），明确了安徽省将深入实施就业优先战略，支持新就业形态发展，继续抓好各类重点群体就业创业，推进以创业带动就业。

《通知》提出，在稳增长调结构中扩大就业，巩固小微企业就业主渠道地位；培育新兴业态，完善适应新兴业态特点的用工和社保等制度。对小微企业新招用毕业年度高校毕业生，支持地方给予稳定就业12个月以上的高校毕业生一次性就业补贴，补贴标准可参照高校毕业生1个月社会保险月平均缴费基数确定。新兴业态企业招用就业困难人员、毕业年度高校毕业生的，按规定给予企业5项社会保险补贴（不含劳动者个人缴纳部分）；开展岗前培训的，给予职业培训补贴；其他新兴业态从业者，属于就业困难人员或离校1年内未就业的高校毕业生，每人每月给予250元职工养老保险补贴和60元职工医疗保险补贴，其中享受最低生活保障的职工养老保险补贴为每人每月300元。

此外，还对推进以创业带动就业、拓宽高校毕业生就业创业渠道、抓好其他重点群体就业创业等方面的政策进行了归纳、提升和创新。具体包括：对毕业2年以内的高校毕业生、就业困难人员首次创办小微企业并正常经营6个月以上的，给予不少于5000元的一次性创业扶持补贴；全面放开对高校毕业生、技术工人、职业院校毕业生、留学回国人员的落户限制等。

（二）设置安徽省妇女创业扶持专项资金项目

根据《安徽省财政厅安徽省妇女联合会关于安徽省妇女创业扶持资金使用管理的实施意见》（财行〔2014〕262号文件）和《关于开展2017年度省妇女创业扶持转移支付资金项目申报工作的通知》（淮妇〔2017〕15号）要求，设置妇女创业扶持专项资金项目工作领导小组及项目专家组，对"妇女专业合作社"项目、"妇女之家"项目、"美丽家园"行动项目、"皖嫂家政服务基地"项目等进行扶持。

二、积极构建众创、众包、众扶、众筹等支撑平台

今后安徽省将进一步优化创新创业环境，积极构建众创、众包、众扶、众筹等支撑平台，推动创新创业热潮在江淮大地涌动。

（一）支持高层次人才做创业"领头羊"

安徽省支持携带拥有自主知识产权、具有国际先进或国内一流水平科技成果的省内外科技团队在皖开展科技成果转化、产业化，对符合条件团队分类给予300万元、600万元、1000万元的参股支持，加快培养集聚一大批高层次创新创业领军人才。赋予高校、科研院所科技成果使用、处置和收益管理自主权，完善科技人员创业股权激励政策。建立健全科研人员双向流动机制，落实高校、科研院所等事业单位专业技术人员离岗创业政策。

（二）给予群众性创新创业活动更多支持

鼓励大学生创新创业，推动实施以大学生为重点的青年创业计划，对高校毕业生初始创办科技型、现代服务型小型微型企业的，给予一次性5000~10 000元补助。每年支持新建4~5个青年创业园，培育1万名以上大学生自主创业。

安徽还将对群众性创新创业活动给予更多支持。每年开展各类农民工职业技能培训100万人次以上。围绕休闲农业、农产品深加工、乡村旅游、农村电子商务等引导开展创业；激发大学生村官创业热情，每年重点扶持100名大学生村官创业，对符合条件的项目给予信用贷款、担保贷款支持，并享受贴息政策。

（三）创新"债股联投"新方式提供融资

为了帮助创业者挖到"第一桶金"，安徽将给予更多的金融支持。积极开展实物众筹，推进股权众筹融资试点。鼓励银行业金融机构成立科技信贷专营事业部，提供科技融资担保、知识产权质押、股权质押等方式的金融服务。

对符合条件的城乡创业者，可在创业地申请最高额度10万元的担保贷款。对向个人发放的创业担保贷款，银行在基础利率基础上上浮3个百分点以内的，由财政给予贴息。扩大"青年之星"信用贷款试点，创新"债股联投"新方式，为创业青年提供融资支持。

（四）新创业失败后有望享受社保补贴

对于广大创业者来说，如果失败了也不用害怕，政府会给予更多的保障措施。比如，领取失业保险金期间自主创业的人员，可一次性领取未领的失业保险金、代缴的医疗保险费，创业成功后可领取一次性创业补贴；最低生活保障对象自主创业的，视其生产经营和家庭收入情况，可给予3个月的救助缓退期；新创业失败人员以个人身份续缴社会保险费的，根据其创业纳税情况给予一定的社会保险补贴。

三、妇女创业行动

2016年，安徽省妇联发布《关于贯彻落实安徽省妇女第十一次代表大会精神大力实施妇女创业行动、妇女维权行动、妇女文明行动、妇女关爱行动的意见》，今后五年，全省各级妇联组织要围绕发展目标和总体要求，大力实施妇女创业行动，促进妇女积极参与社会主义经济、政治、文化、社会和生态文明建设。

（一）妇女创业行动目标

（1）五年内，全省建立1000个"巾帼示范村"，扶持1000个以妇女为带头人的农业产业化示范基地，建立1000个省级"巾帼文明岗"。

（2）五年内全省培训15万人次妇女。包括培育一批创业致富带头人、经纪人和科教兴农产业带头人，一批巾帼创业能手，一批女企业家和一批下岗失业、失地妇女和女农民。

（3）加强妇女创业就业指导。各市建立"巾帼创业园"或"巾帼创业实践基地"，建立县级妇女创业指导中心，进一步完善妇女劳动力人才市场。

（4）加强妇女创业扶持。继续开展银企对接，积极争取金融机构提供低息贷款。争取各县妇联建立"巾帼创业示范基地"，帮助妇女进入政府建立的就业创业园和农民工创业园创业。

（5）加强妇女就业帮助，五年内帮助5万名妇女就业。通过广泛开展"双百"帮带结对活动，各县妇联至少组织百名创业成功者与百名妇女结对。

（6）建立区域妇女合作平台。五年内初步建立起皖江城市带、沿淮城市群、合芜蚌等妇女创业区域合作平台。

（二）妇女创业行动措施

（1）围绕提高妇女创业能力，加强创业培训。县以上建立妇女创业培训基地，乡镇街道设立妇女创业指导培训点，开展具有市场导向性的创业、就业和农业科技培训。

（2）面向城乡妇女开展创业、就业技能培训。省妇联与有关部门合作，对各地女创业带头人、女能人，女致富带头人进行再提高培训。继续抓好农民工转移、阳光工程、雨露计划、SYB培训等。省妇联积极争取政府增加女性扶贫培训资金额度，努力扩大培训范围，提高培训质量。

（3）促进城乡妇女共同发展。深入开展"岗村联建""企村共建"，推动巾帼文明岗、城市妇委会、女企业家等与巾帼示范村结对，设立联系和帮扶点。

（4）搭建联系桥梁，组织女性创办的企业与金融机构、担保公司加强联系沟通，争取创业发展支持。

（5）协调外部资源，取得有关部门支持，争取"农家书屋""全面健身"器材和"农村卫生室"等进入巾帼示范村。

（6）开展创业就业政策宣传、项目推介，宣传表彰一批妇女创业典型，省每两年开展一次评选表彰十名"优秀女企业家"和百名"巾帼创业之星"活动，市县妇联可适时表彰一批创业女性。

（7）组织"春风送岗位"招聘会或女性专场招聘会，建立创业指导团，进行创业就业咨询、指导、服务。培育巾帼家政品牌。

（8）整合省级妇联各类专项资金，争取对所扶持的巾帼示范村、农业产业化示范基地给予每点2万~5万元的经费支持或项目援助。

浙江省促进女性创业的政策与活动

第十一届全球女企业家会议公布的数据显示，中国女企业家约占全国企业家总数的25%，并且中国女性自主创业的比例比10年前提高了17个百分点，达到21%以上。2017年5月16日浙江省女企业家协会换届大会发布《"十二五"以来浙江省女性创新创业蓝皮书》。《浙江女性创业年度报告（2017）》显示，目前浙江女性创办的市场主体数量占全省总数的30%。浙江女性创业领跑全国。

一、出台政策鼓励创业

为贯彻落实《国务院关于促进创业投资持续健康发展的若干意见》（国发〔2016〕53号）精神，大力促进浙江省创业投资持续健康发展，积极推动大众创业万众创新，加快推进经济转型升级、提质增效，浙江省人民政府推出的《关于促进创业投资持续健康发展的实施意见》，以五大发展理念为引领，以"八八战略"为总纲，深入实施创新驱动发展战略，使市场在资源配置中起决定性作用和更好发挥政府作用，积极落实创业投资服务实体、专业运作、信用为本、社会责任的原则，不断完善体制机制，健全政策措施，加强统筹协调和事中事后监管，加快构建促进创业投资发展的制度环境、市场环境和生态环境，形成有利于创业投资发展的良好氛围和"创业、创新＋创投"协同互动发展格局，进一步扩大创业投资规模，促进创业投资企业做大做强做优，加快培育一批具有国际竞争力和影响力的浙商创业投资品牌，推动我省创业投资行业走在全国前列；进而提出到2018年底，全省创业投资行业在资本规模、企业品牌、队伍建设等方面有较大发展；资本规模达到1000亿元左右，在全国比重进一步提高；形成20家左右在全国具有品牌影响力的创业投资企业；创业投资管理队伍人数达到2000人以上。到2020年，创业投资企业进一步做大做强做优，形成一批具有国际竞争力和影响力的浙商创业投资品牌，浙江成为国内领先的创业投资集聚地。

就业是民生之本，创业是就业之源。早在2015年，浙江省制定出台了《关于支持大众创业促进就业的意见》，以及创业担保贷款、创业培训、网络创业认定等配套文件，形成具有浙江特色的"1+X"政策体系。2016年浙江省共发放创业担保贷款11亿元、贴息近6000万元。同时，实行创业培训补贴、创业带动就业补贴、优秀创业项目奖励等多种补贴项目，2016年合计发放7000多万元，3万多人受惠。

在武义温泉小镇大学生创业园，入园创业的大学生可以享受补贴、场租减免、税收减免等优惠政策，目前已吸引入园创业企业30多家。

农村电商是带动农民增收致富的有效途径。浙江省制定出台了促进农村电商创业的政策意见，明确农村电商创业在创业园建设、创业社保补贴、创业带动就业补贴、创业担保贷款等方面，可与实体创业同等或上浮20%享受补贴。截至2016年12月，全省农村电商创业补贴6000多人，支出1600多万元。

在此基础上，浙江省加快人才引育，各地成立农村电商职业培训学校，同时组织优秀农村电子商务企业到省外引才。全年培训农村电商基础人才和领军人才14万人次；全省联动举办农村电商引才招聘会128场，提供岗位6.83万个。

浙江将农村电商作为创业带动就业的重要突破口，全力培育扶持。浙江省共有1.49万个农村电商服务站，164个农村电商创业园，其中14个残疾人电商创业园。

据统计，截至2016年底，全省共有大学生创业园193个，在园企业总数达1.45万家，提供就业岗位近10万人。今年以来，扶持农村电商创业2.7万人，带动就业18.19万人。

二、浙江妇女创客园

浙江妇女创客园是集产品展销、业务对接、信息共享、电商培训、创业孵化、创意实践等功能于一体的综合性服务平台。自2015年10月开园以来，浙江省妇联、义乌市妇联及省内各级妇联主办的实操培训29期，毕业学员1070名。创客园以"优质的教学、专业的导师、综合的服务、开放的平台"为宗旨，组建了一支教学经验丰富、创业成功的服务团队长期驻点指导。"手把手"式的"小班精品化"培训模式，深受广大有志创业女性的喜爱。为打造经济发展新的"发动机"发挥"半边天"作用，浙江省妇联、义乌市妇联抢抓机遇，组织历届学员回"娘家"参加世界电商大会、中国国际小商品博览会等大型盛会，帮助学员"更新脑库，增大脑容量"，引领妇女发展新潮流。

三、促进浙江妇女创业行动

（一）培训活动

2017年4月至6月，省妇联以购买服务的形式，由浙江女子专修学院承接，举办3期全省女大学生创业培训班,来自11所高校的133名女大学生接受创业培训。

2017年7月30日至8月1日,全省妇联系统网络及新媒体工作专题培训班在宁波举办。省妇联主席王文娟出席会议并讲话,副主席张丽萍作全省妇联系统网络新媒体工作部署。各市、县(市、区)妇联分管主席、宣传部长(或负责网络及新媒体建设的负责人)共150余人参加培训。

2017年9月20日至23日,全省"她组织"成长导航公益培训班在杭州开班,来自全省各地50个女性社会组织的负责人参加培训。

(二)浙江省女性创新创业大赛

2017年5月,省妇联与省女企业家协会联合举办以"创启她时代·创享她时代"为主题的浙江省女性创新创业大赛。大赛自3月启动以来,共征集到全省10地市53个创业项目,涵盖电商消费、医疗健康、智能科技、文化创意、生态农业及教育等多个领域。初赛阶段在"浙江女性"微信公众号上开设网络投票渠道,共获得投票46万多张。决赛现场成立浙江省女性创新创业导师团,首批聘请陈爱莲、屠红燕、张波、沈月华、周冠女、高屏等16位我省优秀女企业家作为浙江省女性创新创业指导老师,进行一对一全程帮扶和指导。大赛最终决出一等奖1个、二等奖2个、三等奖3个、优秀奖6个。

2017年9月19日至21日,由省妇联承办,全国妇联、浙江省人民政府主办的"中国妇女创业创新大赛"在杭州未来科技城举行。浙江省有178个项目参赛,占全国参赛项目总数的14.33%。经过多轮评选,我省3个项目晋级决赛、2个项目晋级总决赛,分别获得最具环保创新奖、优秀商业价值奖、商业价值奖。

(三)搭建平台

2017年7月,省妇联与浙江移动公司合作,开发"浙江女性"APP客户端,包括智慧妇联移动办公平台、妇女代表之家、服务互动板块,制定《浙江省妇联信息化建设方案》。

2017年10月,省妇联在义博会上举行"浙江妇女创业成果展洽活动"。全省290个优秀创业女性、来料加工经纪人组团参展。100个展位共收获意向订单1413项,意向成交额5011.43万元,实际成交1371项,成交额1939.97万元,其中来料加工344项,成交额735.812万元,产品销售1027项,成交额1204.16万元,代理合作意向382项。外贸订单88项,成交额459.39万元。同时举办百名来料加工女经纪人培训班,提升妇女来料加工经纪人微商创业能力。

2017年11月,在省农博会上搭建以"新时代精彩有她,新作为巧手丽人"为主题的妇联馆,组织丽水市9位农业优秀女企业家参展。

2017年,省妇联发挥省妇女来料加工推广中心市场对接拓展能力,共承接订单3750多个,订单金额1.52亿元。以浙江妇女创客园为基地,针对全省妇女举办电商培训共19期,培训学员1050人,已有882人开网店、微店。

2017年,省妇联推荐杭州市巾帼西丽职业技能培训学校申报"全国巾帼脱贫示范基地",被认定为"全国巾帼家政转移就业培训基地"。推荐宁海县桑洲南与舍(南山驿)客栈参评,被认定为"全国巾帼示范农家乐"。

(四)评选活动

2017年,举办第二届"魅力女浙商"评选活动,经网络投票、专家评定,宗馥莉、沈月华等12位女企业家获得第二届"魅力女浙商"荣誉称号,赵万里、戴秋芬等12位女企业家荣获第二届"魅力女浙商"·提名奖称号的女企业家。省妇联推荐省女企业家协会会员参加2018年全国"杰出创业女性"、第二届"浙江创新女杰"评选活动,强火英、杨燕、花莉蓉三位女企业家获"杰出创业女性"荣誉称号,宗馥莉、周晓光、花莉蓉、俞丽华、王莉、杨胜荣获"浙江十大创新女杰"称号,叶如君、祝祺荣获"浙江十大创业女杰"称号。

福建省促进女性创业的政策与活动

一、出台政策鼓励女性创业

2018年,福建省妇联和福建省农信社联合推出"巧妇贷"创业贷款,旨在支持广大妇女创业的贷款新产品,是贯彻落实十九大精神,引领帮助广大农村妇女积极投身乡村振兴,参与大众创业、万众创新和脱贫攻坚的重大举措。2015年,福建省妇联推出关于开展创业创新巾帼行动的实施意见,提出:

(一)突出宣传引导,激发妇女创业创新的巨大热情

1. *积极顺应妇女需求*

女性是推动新经济、新业态、新模式发展的一支重要力量。在经济发展新常态下,很多有梦想、有意愿、有能力的妇女希望通过创业创新增加收入,逐步富裕起来。引导好、服务好蕴含在妇女之中的创业创新热情和需求是妇联组织的职责所在。各级妇联组织要加强对妇女创业创新需求的研判,充分调动和激发城乡妇女创业热情、创新精神和创造活力,鼓励她们在双创中施展才华、实现梦想、报效社会。

2. *广泛宣传扶持政策*

党中央、国务院和省委省政府、全国妇联出台了一系列推进大众创业万众创新的重要文件,提出了具体扶持政策。各级妇联要通过各种新闻媒体,特别是互联网新媒体进行广泛宣传,积极培育和营造浓厚的创业创新氛围,为创业创新路上不断崛起的"她力量"提供强大的精神支撑。要强化政策解读,汇编扶持政策指南、创业指导小册子,确保广大妇女都知晓、能理解、会运用。

3. *着力把握发展机遇*

大众创业万众创新的氛围为妇女干事创业提供了难得机遇。"互联网+"作为一种新的经济形态给女性创业提供了广阔空间。各级妇联要明大势识大局,充分认识大众创业、万众创新的重要意义,引导广大妇女抓住"互联网+"的新契机,在创业中实现价值,为实现民族复兴中国梦和建设"机制活、产业优、百姓富、生态美"的新福建做出新贡献。

（二）突出创新举措，凝聚妇女创业创新的无穷力量

1. 创建妇女特色众创空间

各设区市因地制宜打造 1~2 家具有女性特色的妇女众创空间，聚集从事非物质文化遗产传承、具有当地地域特色或民族特色的妇女手工业企业和妇女，尝试引进省海峡文化创意产业协会创意团队，以创客卡位、创客作坊、创客沙龙、创客咖啡空间等形式开展孵化，充分发挥手工小产品、经济大产业、就业大舞台的综合效益。有条件的县级妇联积极创建公益性女性创业大本营，打造女性电商企业"孵化园"。要支持妇女围绕传承民族文化从事手工业创业，鼓励女企业家、社会资本创建适合妇女的创业创新工场，促进妇女创新创意与企业发展、市场需求和社会资本有效衔接。协调高校、科研机构探索构建女性创业孵化平台，吸引女大学生、女科技人员进行技术创新。

2. 重组一批创业示范基地

引导巾帼现代农业科技示范基地把优秀的农产品与互联网结合起来，搭建以农产品销售为主的电子商务平台，促进农产品生产、加工、销售的转型升级。有条件的"巾帼美丽家园"要积极设立巾帼农村创新驿站，鼓励农村妇女和返乡创业妇女发展智能农业，通过"电商+协会+农户"模式，开办网店、微店，促进绿色、有机、无公害农产品的生产、流通和消费，在参与现代农业发展中创业致富。

（三）突出有效服务，催生妇女创业创新的丰硕成果

1. 依托互联网创新妇女培训模式

依托城乡"妇女之家"，借助各类教育培训资源优势，合作开展妇女创业人才和创业技能培训。加大电子商务、市场营销等培训课程，大力培养女性创业创新带头人。举办"互联网+"妇女创业创新竞赛活动，支持有能力的妇女参与国内和国际创业创新赛事。组织女大学生创业导师、巾帼志愿者、优秀创客等组成公益团队，通过巡回演讲、实地指导等方式为城乡妇女开展创业教育，提供创业帮扶。举办形式多样的创业训练营等实践活动，交流创业创新心得，展示创业创新成果，分享创业创新经验。

2. 用好"6·18"平台

充分利用网上"6·18"展厅，发布创新产品、技术成果、技术需求，开展日常对接服务。充分利用"6·18"虚拟研究院网络协同平台，寻求技术攻关合作，解决创新技术难题。参与办好"6·18"展会，推介展示妇女创业创新成果，

促进创新产品、技术和市场有效对接。鼓励女性创客群体参加"6·18"创业创新系列大赛,争取创投机构的支持。

3. 鼓励女大学生创业

加强创业导师队伍建设,将优秀女企业家、女技能大师、互联网营销专家等扩充到女大学生创业导师队伍。继续开展贴合女大学生需求的创业培训。在妇女领办的企业新创建一批女大学生实践基地,推介具有女性特色的创业项目、开展创业指导和电商运营培训。积极为女大学生创业争取小额担保贷款,争取经营场所、公共租赁住房,争取电信运营优惠等,为女大学生创业创新提供有效服务。

4. 推动形成促进妇女创业创新合力

积极争取社会组织、新媒体力量,建立促进女性创业创新的新型战略合作关系,打造妇女创业创新社会化协作平台。抓住"一带一路"发展契机和闽台妇女交流优势,推进区域妇女和两岸妇女创业资源共享、市场互通、合作共进,完善妇女创业创新多元化发展平台。鼓励并引导女大学生、返乡创业女性、女村官等自愿建立创业联盟,抱团创业,打造妇女创业创新手牵手致富平台。

(四)突出典型示范,展现妇女创业创新的全新魅力

1. 培树和宣传妇女双创典型

培树和宣传在"互联网+"新业态中讲道德、重诚信、循法治、守契约的创业典型和自强不息、勇创新业、开放包容、合作共赢的创新典型,讲好妇女创业创新的感人故事,用榜样的力量激励妇女大胆创业、锐意创新,使创业创新成为广大妇女的价值追求和行为习惯。

2. 总结和推广基层双创经验

各级妇联要把实施"创业创新巾帼行动"作为服务党和国家工作大局、发挥妇联独特作用的着力点,切实加强领导,认真组织推进。要善于学习借鉴、及时总结经验,形成可复制可推广的双创模式和工作机制,切实把《福建省妇联关于开展创业创新中国行动的实施意见》落细落小落实。

此外,福建还创立了53个女大学生创业实践基地、32个妇女就业基地,通过企业为在读女大学生提供见习机会,组织女企业家到高校给女大学生做创业指导;开展妇女技能培训;帮助妇女维权。

二、推进大众创业万众创新的十大举措

自2015年起,福建省政府出台十条措施,大力推进大众创业、万众创新,打造福建经济增长新引擎、增强发展新动力。

(一)广泛宣传创业创新扶持政策

要求各级各部门要通过各种新闻媒体,特别是互联网新兴媒体,广泛宣传国务院《关于大力推进大众创业万众创新若干政策措施的意见》等一系列重要文件;要强化政策解读,提供咨询服务,确保广大创业企业、创新群体都知晓、能理解、会运用;要开展多层次的创业创新交流活动,树立创业典型,使创业创新成为全社会共同的价值追求和行为习惯。

(二)加快构建各具特色的众创空间

积极推进重点突出、资源集聚、服务专业、特色鲜明的创业创新载体建设,2017年底前建成100家以上、2020年前建成200家以上众创空间,不断满足大众创业创新需求。

培育一批创业示范基地。各设区市和平潭综合实验区要各打造1家运行模式先进、配套设施完善、服务环境优质、影响力和带动力强的示范创业创新中心。省财政厅安排专项资金给予每家不少于500万元的奖励。

创建一批创业大本营。全省各普通高等学校要设立不少于2000平方米的公益性大学生创业创新场所。符合条件的创业大本营,吸纳创业主体超过20户以上的,省就业专项资金给予每个不超过100万元的资金补助。

改造一批创客天地。各地要充分利用老厂房、旧仓库、存量商务楼宇以及传统文化街区等资源改造成为新型众创空间。鼓励设立劳模、国家级技能大师工作室、农村创新驿站等。符合条件的众创空间,省科技厅给予新建每平方米100元、上限100万元,改扩建每平方米50元、上限50万元孵化用房补助。

提升一批传统孵化器。依托国家级和省级高新技术产业开发(园)区、其他各类产业园区等,对现有孵化器进行升级改造,拓展孵化功能,鼓励与上市公司、创投机构和专业团队合作,形成创业创新、孵化投资相结合的新型孵化器。符合条件的国家级和省级孵化器,省科技厅分别给予一次性100万元、50万元奖励。鼓励各级小微企业创业基地完善服务功能、提高服务质量、提升孵化水平,对符合条件的国家级、省级小微企业创业基地,省经信委分别给予一次性50万元、30万元补助。

(三)降低创业创新门槛

简政放权。全面清理、调整与创业创新相关的审批、认证、收费、评奖事项,将保留事项向社会公布。实行"三证合一、一照一码",加快推行电子营业执照和全过程电子化登记管理，企业设立推行"一表申报"，允许"一址多照""一照多址"，按工位注册企业。允许科技人员、大学生等创业群体借助"商务秘书公司"地址托管等方式申办营业执照。

减免规费。对初创企业免收登记类、证照类、管理类行政事业性收费。事业单位开展各类行政审批前置性、强制性评估、检测、论证等服务并收费的，对初创企业均按不高于政府价格主管部门核定标准的50%收取。

提供便利。支持完善网络宽带设施，对众创空间投资建设、供创业企业使用、带宽达到100M以上的，可按照其年宽带资费的50%标准给予补贴；符合条件的众创空间，属政府投资建设的，可给予入驻创业企业2~5年的房租减免，非政府投资建设的，可给予每平方米每月不超过30元的房租补贴；对创投机构投资的初创期、成长期科技企业，可给予3年全额房租补贴。

（四）完善众创公共服务功能

发展"互联网+"创业创新服务。符合条件的众创空间，省新增互联网经济引导资金按每年实际发生的数据中心租用费的30%予以补助，年补助额度最高不超过30万元；符合条件的互联网孵化器由省科技厅从省新增互联网经济引导资金给予一次性补助30万元。以特许经营等方式优先支持省内企业和创业创新团队开发运营政务信息资源。发挥科技云服务平台作用，推动创客与投资机构交流对接。

提升"6·18"创业创新服务功能。完善"6·18"网络平台专业化服务体系，集中发布创业创新信息，推介展示创业创新成果；"6·18"创业投资基金重点支持创业创新项目；举办"6·18"创业创新系列大赛，省级"6·18"专项资金每年安排500万元奖励竞赛优胜者。

发挥各类科技创新平台作用。各级政府建设的重点（工程）实验室、工程（技术）研究中心等科技基础设施，以及利用财政资金购置的重大科学仪器设备按照成本价向创业创新企业开放。支持企业、高等院校和科研机构向创业创新企业开放其自有科研设施。

健全知识产权保护和运用机制。建立面向创业创新的专利申请绿色通道，创新知识产权投融资方式。对以专利权质押获得贷款并按期偿还本息的创业企业，省知识产权局按同期银行贷款基准利率的30%~50%予以贴息，总额最高不超过50万元。鼓励企业购买专利技术，在省内注册的具有法人资格的企业购买专利技术交易额单项达20万元以上200万元以下，属非关联交易并实施转化的，省科技厅、知识产权局按10%给予补助。

（五）支持科技人员创业创新

激发科技人员创业积极性。高等学校、科研院所职务科技成果转化收益可由重要贡献人员、所属单位约定分配，未约定的，从转让收益中提取不低于50%比例用于奖励对完成、转化职务科技成果做出重要贡献的人员和团队；从事创业创新活动的业绩作为职称评定、岗位聘用、绩效考核的重要依据；实施"工程技术人才回归创业工程"，鼓励闽籍在外工程技术人才回乡创业创新。

建立科研人员双向流动机制。加快落实国有企事业单位科研人员离岗创业政策，经同意离岗的可在3年内保留人事关系，并与原单位其他在岗人员同等享有参加职称评定、社会保险等方面的待遇，3年内要求返回原单位的，按原职级待遇安排工作；支持高校科研院所高级科研人员带领团队参与企业协同创新，并给予生活津贴补助。

（六）支持青年创业

鼓励大学生创业。建立健全弹性学制管理办法，将我省高校毕业生自主创业扶持政策范围延伸至普通高校在校大学生。大学生自主创业可申请最高30万元创业担保贷款。高校毕业生创业者享受所在地经营场所、公共租赁住房政策，有条件的地方给予2年期免费，电信运营商应给予宽带资费的优惠。鼓励台湾青年大学生、科技创新人才、台湾资深创业导师及专业服务机构来闽创业。

支持返乡创业。深入实施农村青年创业富民行动、大学生返乡创业计划。鼓励设立各类返乡创业园，以土地租赁方式进行返乡创业园建设的，形成的固定资产归建设方所有；鼓励电子商务第三方交易平台渠道下沉，带动基层创业人员依托其平台和经营网络开展创业。对通过自营或第三方平台销售我省农产品，年销售额超过5000万元的B2C企业、超过1亿元的B2B企业，省商务厅给予最高不超过100万元奖励。支持建设一批农村互联网创业园，对从业人员达100人以上的，省人社厅给予20万元一次性奖励；及时将电子商务等新兴业态创业人员纳入社保覆盖范围，探索完善返乡创业人员社会兜底保障机制，降低创业风险；支持妇女围绕传承民族文化从事手工业创业，开发民族、民间手工艺新作品。

（七）构建多元化金融服务体系

创新股权融资方式。省产业股权投资基金首期出资1亿元发起设立福建省创业创新天使基金，投资众创空间大学生等创业创新项目，参股社会资本发起设立的天使基金；各设区市和平潭综合实验区都要设立创业创新天使基金，支持创业创新企业发展壮大。

增强资本市场融资能力。鼓励互联网和高新技术创业创新企业到资本市场上市。支持创业创新企业在"新三板"和海峡股权交易中心挂牌交易,省经信委对挂牌交易企业一次性给予不超过30万元的奖励;海峡股权交易中心设立创柜板,引导成长性较好的企业在创柜板挂牌;建立大众创新众筹平台,进行股权众筹融资试点,鼓励众创空间组织创新产品开展网络众筹,为大众创业创新提供融资服务。

加大信贷支持力度。各地政府主导的融资担保公司可对创投机构投资的初创期、成长期科技企业,按投资额的50%、最高不超过500万元的标准给予担保,担保费由企业所在地财政补贴。

(八)加大财税政策扶持

加大资金扶持。各设区市、平潭综合实验区要设立创业创新专项扶持资金,重点支持创业示范基地、创业大本营、创客天地、新型孵化器等众创空间。推行创新券制度,省财政每年安排2000万元,通过购买服务、后补助、绩效奖励等方式,为创业者和创新企业提供仪器设备使用、检验检测、知识产权、数据分析、法律咨询、创业培训等服务。

落实税收采购政策。抓紧在全省推广企业转增股本分期缴纳个人所得税、股权奖励分期缴纳个人所得税政策;推行小微企业按季度申报纳税。发挥政府采购支持作用,不得以注册资本金、资产总额、营业收入、从业人员人数、利润、纳税额等规模条件设置政府采购准入条件。

(九)加强创业培训辅导

推进创业教育培训。在普通高等学校、职业学校、技工院校开设创业创新类课程。发挥青年创业训练营等作用,采取培训机构面授、远程网络互动等方式有效开展创业培训。到2020年,参加创业培训的大学生人数不低于我省应届高校毕业生总人数5%。省教育厅每年安排3000万元专项经费,用于大学生创业创新教育与指导,加强创业导师队伍建设。

(十)强化组织保障

建立由省发改委、科技厅牵头,各有关部门共同参与的大众创业、万众创新厅际联席会议制度,及时研究解决有关重大事项,开展创业创新政策的调查与评估,建立相关督查机制,共同推进大众创业、万众创新蓬勃发展。

上海市促进女性创业的政策与活动

2017年10月,上海市妇联等举办的相关论坛上公布的一组数据显示:上海女性在互联网等领域创业者中占比高达55%,上海女企业家约占全国女性企业家总数的25%。市人社局最新一份就业调查数据显示:上海女性创业活动率为11.3%,女性意向创业活动率为14.9%,这两个指标与男性的差距约1%。

上海工程技术大学社会科学学院闫宏微曾在全市范围对创业女性进行抽样调查,结果显示:72.3%的上海女性认为"互联网+"时代女性创业具有更大优势,58.7%的女性创业者认为上海总体社会环境有利于女性创业。

为了使女性更好地参与创业活动中,上海市在近几年采取了一系列能够促进女性创业的措施。

一、出台政策鼓励女性创业

开展微贷业务,为女性创业提供资金需求。截至2017年3月6日,自从有微贷业务开始,蚂蚁金服每年接受过贷款的女性用户就在逐年增加。一组对比数据显示,2010年蚂蚁金服贷款服务了1397位女性创业者和小企业主,到2016年,这一数字达到118万。截至目前,蚂蚁金服累计服务的女性创业者和小企业主已经达到169万,贷款余额超2600亿元,仅去年一年,贷款余额就超过880亿元。

二、开展活动提高女性创业能力

(一)举办"海纳百'创'·志愿在我心"创业指导专家主题活动

一场由区创业型城区创建工作领导小组主办、区人力资源和社会保障局和区妇女联合会承办、区就业促进中心协办的"海纳百'创'·志愿在我心"创业指导专家主题活动暨"她时代——梦想因你而美"创业论坛举行。创业指导专家志愿者们从女性创业话题切入,通过女性创业论坛、创业扶持政策宣传和女性创业项目展示,与女性创业者们开展交流。

论坛邀请了女性创业者、创业指导专家、女性创业服务者围绕"女性创业在哪些方面比较有优势""面对二孩潮,女性创业的契机"等女性创业话题进行讨论。活动现场,市创业指导专家分别从法律法规、幼儿教育、人力资源、知识产权、企业文化、营销策划等方面,给予女性创业者指导与服务。区就业促进中心创业咨询师沈婕告诉记者:"通过活动想与众多女性创业者一起分享在创业过程中的欢笑和泪水、矛盾和坚持,也让更多的人能够走近女性创业、理解女性创业、支持女性创业。"

(二)推出女性创业的公益活动——她视界妇女研究论坛

上海市妇联为回应上海女性发展中的需求热点推出的公益活动——她视界妇女研究论坛。此次活动,有来自上海各领域的女性创业者、有创业意愿的女大学生和妇女理论研究者等近200人参加。

此外,上海市妇联方面还启动了"巾帼建功奉献行动",推进"女性创业方案大赛",建立了上海市女性创客空间、上海市女性创业基地等,以激励女性创新创业,奉献巾帼智慧和力量。

(三)开展上海市女性创业大赛

2017年度上海市妇女联合会、上海市人力资源和社会保障局、静安区人民政府将联合主办2017年上海市女性创业大赛,进一步弘扬勇于开拓的创新精神,努力营造鼓励创新创业的良好氛围。

1. *活动主题*

大赛以"筑梦飞翔创享人生"为主题,聚焦上海女性对创新的大胆探索,对创业的勇敢实践,彰显上海女性创业者的智慧、执着和担当。

2. *大赛内容*

"最有创意的创业方案"征集。面向上海高校女大学生征集最有创意的创业方案,创业方案设计者为女性或女性团队。

"最具潜力的创业项目"征集。面向社会各界征集创业项目以及已创业1~3年的项目,创业项目负责人为女性或创业团队以女性为主。

3. *活动安排*

(1)活动启动(3月)

在2017年"筑梦飞翔创享人生"上海市女性创业就业活动季启动仪式暨2017年上海市女性创业大赛启动仪式上启动,在媒体上发布大赛征集启事,开通线上线下报名平台。

上海市妇联依托全市各级妇女组织、高校和女性社会组织等资源,利用媒体平台等进行宣传发动；由市妇女就业促进中心做好组织、报名等具体服务工作。

（2）方案、项目征集（4—9月）

各级妇联组织、女性社团、高校等做好组织宣传工作，并按要求做好指导、申报工作，将本区域内的优秀创业方案、项目申报材料电子版于9月15日前发送至shnc2017@163.com邮箱。

（3）赛前培训（8月）

市妇联将于8月举办创业计划书撰写、路演演讲技巧等专题培训。

（4）方案、项目评审（9—10月）

本次大赛分为初审和终审。初审是由专家评审组（由创业导师与创投机构组成）对选手申报的创业方案、项目材料按项目、团队、市场、潜力等指标进行评分排序，评选出符合条件的参赛候选方案。终审是由评审专家对进入初赛的选手根据选手路演及现场答辩等方面进行打分，按得分高低评选出获奖选手及项目。评出的具有发展潜力的创业项目则由专家组根据项目的性质，为其进一步发展寻找合作的创投机构，促进项目更好发展。

（5）颁奖及风采展示大会（11月）

11月举行2017年上海市女性创业大赛颁奖及风采展示大会。

4. 奖励方式

（1）奖项设置：十佳"最有创意的创业方案"和10个优秀方案；十佳"最具潜力的创业项目"和10个入围奖。

（2）奖励：对评选出的"最有创意的创业方案"十佳方案和10个优秀方案给予一定数额的奖励。对评选出的"最具潜力的创业项目"十佳项目和入围奖给予一定数额的资助。奖励和资助的金额在3000元至6万元不等。

所有入围决赛的选手，可以获得与创投机构的对接机会和专家一对一创业指导等服务。

拟注册在静安的决赛获胜团队，将有机会优先入驻"上海市女性创业基地"，并可申请享受房租补贴、代办注册、开办资助、社会保险费补贴、小额担保贷款贴息等静安创业扶持优惠政策。

2017年，上海开展了"上海市巾帼建功标兵"和"上海市巾帼文明岗"创建评选活动，涌现出了一大批活跃在各行各业的优秀职业女性。举办现代女性领导力建设与发展论坛、第八期女性人才开发专题培训班、第一期外企女高管研修班、"两新"组织高层次女性人才主题活动等，连续第4年开展女大学生村官培训。通过市妇联1200万"妇女工作先行先试"财政经费，搭建四大类74个服务项目。2017年"寻找公益创变客——上海市妇女儿童家庭公益服务创意赛"遴选出 25 个项目落地实施。7 名上海选手进入首届中国妇女创业创新大赛复赛。第十六轮"双学双比"实事项目中有 14 个项目获得小额扶持资金。

2018 年上海将推进巾帼建功活动走向园区、走进"两新"组织、走近新的社会阶层女性；举办巾帼文明岗联盟培训班，发挥历届巾帼文明岗作用，开展跨行业、跨领域、多形式结对交流活动。研究出台更多有利于妇女创业创新的扶持政策；实施新一轮青年女性职业飞翔计划，举办形式多样的女大学生创业训练营；加强女性众创空间品牌化推进建设，鼓励女企业家、社会资本创建适合妇女创业的众创空间；搭建创业女性一站式服务平台、企业孵化平台、项目与资本对接平台，挖掘和培育女性创业创新带头人。提升购买平台新能级，举办社会组织项目推介会，建立女性社会组织数据库；开展女性社会组织主题论坛和相关调研；评选优秀女性社会组织领袖案例。加强对农村科技致富女带头人、女能手、女性专业合作社负责人等培训，培养一大批有文化、懂技术、会经营、善管理的新型女农民；夯实"女带头人+项目+基地"建设，搭建组团式经营、销售、服务平台；继续深化"农村女性智慧课堂"项目。

广东省促进女性创业的政策与活动

根据蚂蚁金服一项数据显示,其服务过的创业者和小企业主中,有 36% 为女性。其中服务过的广东女性创业者和小企业主超过 36 万人,占比达到 22%。在全国范围来看,广东女性创业者和小企业主最多,是当之无愧成为女性创业大省。在互联网+时代,越来越多的女性加入到创业大军中来。

一、出台政策鼓励女性创业

广东省每年发放 8 亿元妇女小额财政贴息贷款支持农村妇女创业就业,2017 年申请该贷款的年龄限制扩宽至 60 岁,个人贷款最高额度也提高至 10 万元。此外,广东省还将打造 500 个省级"妇女之家"示范点,新建 5000 个"儿童之家"。

(一)小额贷款申请条件放宽

据广东省妇联介绍,广东省每年发放 8 亿元妇女小额财政贴息贷款,为农村妇女提供金融支持,解决发展资金问题。截至目前,共发放贷款 57.7 亿元,6.8 万名妇女获得贷款,带动了 50 万妇女创业就业。

今年,申请该贷款的条件进一步放宽。"以往个人最多只能申请 8 万元,而今最高可达 10 万元。另外,年龄限制也由原来的 55 岁放宽至 60 岁。"高穗生表示,只要是本地户籍、60 岁以下、身体健康、诚实守信、具有一定劳动技能和创业能力的妇女都可以向当地妇联提出贷款申请,其中将优先考虑初次贷款、致富带头人、高校毕业生、网络商户、返乡创业农民工等群体。

省妇联还将组织开展"创业创业巾帼行动",创建 500 个巾帼创业示范基地,支持妇女积极参与发展"一镇一品"及休闲农业、乡村旅游等项目,辐射带动 5 万名妇女增收致富;培育 10 万名巾帼电商创客,打造广东女性创业创新孵化基地;实施百千万妇女培训计划,每年培训 100 名女创业大户,1000 名女致富带头人,100 万名妇女群众;开展寻找"十大南粤女工匠"活动等。

(二)全省将新建 5000 个"儿童之家"

据悉,广东省已有 26000 多个村(社区)"妇女之家",5263 个市、县级"妇女之家"示范点，1600个省级"妇女之家"示范点。阎静萍表示，"妇女之家"是为基层妇女服务的阵地，具有宣传教育、维权服务、组织活动功能，但不少偏远地区"妇女之家"存在功能弱化、活动单一的问题，因此，省妇联接下来将展开全面摸查，加强指导，进一步丰富"妇女之家"的服务内容，如开展寻找"最美家庭"活动，提供家庭教育、就业创业指导，法律知识普及等服务。

同时，还将依托"南粤女声"微信公众号设置"妇女之家"服务地图，将全省26 000多个村（社区）"妇女之家"的服务内容在微信平台展示，通过手机定位导航即可就近找到线下"妇女之家"，实现精准服务。按全省妇女儿童十项民生实事要求，将再打造500个省级"妇女之家"示范点。

目前，全省已经建立了15 000多个"儿童之家"。在"儿童之家"内，将开设"四点半课堂"，让放学后的孩子有一个安全的去处，同时将开展家庭教育活动、亲子活动等，促进融洽的亲子关系。按全省妇女儿童十项民生实事要求，全省计划新增5000个"儿童之家"。

（三）成立亿元级创业基金助力女性创业者

2017年，广州市妇女联合会携手广州南粤基金集团有限公司，成立亿元级的南粤红棉睿丽基金，该基金是目前国内规模最大的女性创业基金，将为女性创新创业提供资金和平台支持。基金成立仪式在广州女性创业示范基地之一——羊城创意产业园内举行。

二、开展活动提高女性创业能力

（一）华南首届女性创投盛典

2015年11月，由广东文投创工场主办、新浪广东联合主办、旅易国际冠名、贵妃时装、约摄、约妆赞助的"旅易她时代·女性创投盛典"在广州隆重举行。本次活动以女性创业为主题，吸引了100多位女性创业者携优秀项目参与其中，短短一周时间，引爆近100万人次的点击量，开启了一波线上互动热潮，最终角逐出"她时代新锐创业项目前三甲""她时代最佳人气奖""她时代最受媒体喜爱奖"等多项大奖。

（二）广州市妇联首届女性创业集市

2016年12月，广州市妇联在华农科创大学生孵化器举行红棉睿丽广州女性创业发展工作推进会暨创业集市活动。省妇联副主席孙小华、市妇联主席刘梅、市人社局、市科创委、市农业局、华南农业大学等领导，广州女性双创基地、女大学生创业联盟、女性创业代表及其妇女群众等400多人参加了此次活动。

（三）广东巾帼创新创业联盟

为贯彻落实党中央、国务院关于推进"大众创业、万众创新"的决策部署，倡导广大女性积极投身创新创业实践，扶持巾帼创新创业，特组建广东巾帼创新创业联盟。广东巾帼创新创业联盟是由广东女子职业技术学院牵头，女子学院与相关职业院校、广东富邦合创网络发展股份有限公司等行业企业共17家单位共同成立的，是自愿结成的联合性、互利性、非营利性的社会团体。联盟以相关学校、行业企业、金融机构等单位以及在广东省内创新创业女学生、女性经营管理者为主体，实施创新驱动发展国家战略为指导，培育、传播和倡导创新创业文化，弘扬创新创业精神，团结凝聚广大巾帼创新创业者，鼓励和带动更多女性投身创新创业实践，为广东巾帼创新创业事业发展做贡献。

广西壮族自治区促进女性创业的政策与活动

2016年，全国女性人数有6.7亿人，广西有0.22亿人；85后到90后女性创始人居多；女性创业者大多以消费生活、电商、医疗健康、文娱、媒体门户为主，其中，媒体门户是女性创业最多的行业；汽车、家居、金融为三大高融资能力行业，其中，汽车交通排在首位，高达8.3亿元，房产家居和金融分列第二、第三，均为3.0亿元。此外，媒体门户女创企业融资能力最弱，排在最末。

一、出台政策鼓励女性创业

2017年10月，自治区政府印发了《关于做好当前和今后一段时期就业创业工作的通知》（以下简称《通知》），就做好广西就业创业工作提出十一条新政策，在支持企业发展、推动大众创业、扶持高校毕业生就业、推进就业扶贫、开展就业援助、提升就业创业服务能力等六大方面实现了政策创新，给广大创业者和求职者带来更多实惠。《通知》规定的十一条政策自印发之日起执行，执行期限至2020年12月31日。记者了解到，自治区人社厅正在组织各市县拟定相关配套实施办法。

（一）支持企业发展开发新就业岗位有补贴

在支持企业发展方面，《通知》明确各设区市可从实际出发，对经认定符合主导产业发展且开发出新就业岗位，并与新增就业人员签订1年以上劳动合同的企业，按其为新增就业人员实际缴纳的社会保险费给予1年的社会保险补贴。

（二）孵化基地运营方最高可获100万元奖补

在推动大众创业方面，新政策大力扶持创业孵化基地、众创空间等创业载体建设。对经认定为创业孵化基地的众创空间，给予2年的房租、宽带接入费补助。对认定为自治区级创业孵化示范基地的，给予100万元的奖补。各设区市可结合实际情况评估认定市级创业孵化示范基地，给予不超过50万元的奖补。

完成工商登记注册2年以内的企业、专业合作组织、个体工商户等各类经营单位，均可申请入驻工商登记注册地所在设区市、县（市、区）的创业孵化基地。入驻期间除可享受各项创业孵化基地扶持政策外，每新招用1名就业人员并与其签订 1 年以上劳动合同的，按其为新增就业人员实际缴纳的社会保险费给予 1 年的社会保险补贴。

此外，就业困难人员和毕业 5 年内的高校毕业生首次在自治区内创办小微企业并正常经营 1 年以上的，可获得 5000 元的一次性创业补贴。

（三）企业吸纳毕业生可获 1000 元/人补助

《通知》在扶持高校毕业生就业方面明确，对吸纳毕业年度高校毕业生就业并签订 1 年以上劳动合同、依法缴纳社会保险费的小微企业或社会组织给予 1000 元/人的一次性吸纳就业补助。同时，鼓励未就业的毕业生参与就业见习实践活动，将见习对象范围进一步扩大到离校 2 年内未就业的高校、中职毕业生和完成中期就业技能培训的建档立卡贫困家庭未继续升学的初、高中毕业生，见习补贴标准也提高至每人每月 1200 元。见习期满留用率达 50% 的用工单位，所获补贴标准进一步提高至每人每月 1500 元。对高校毕业生就业见习国家级示范单位给予 20 万元的一次性奖补。

（四）就业扶贫支持企业创建就业扶贫车间

在推进就业扶贫方面，《通知》鼓励企业吸纳建档立卡贫困劳动力就业，自治区内企业或社会组织吸纳建档立卡贫困家庭劳动力就业。与建档立卡贫困劳动力签订 1 年以上劳动合同、连续工作 6 个月以上并依法缴纳社会保险费的用工单位，可给予不超过 3 年的社会保险补贴，并按其实际吸纳贫困劳动力就业数量按 1000 元/人至 1600 元/人的标准给予一次性带动就业奖补。对在乡镇（村）创建就业扶贫车间、加工点并与建档立卡贫困家庭劳动力签订劳务协议或承揽合同的生产经营主体，可按规定给予 1000 元/人的一次性带动就业奖补。

（五）就业援助公益性岗位优先安置零就业家庭

《通知》鼓励开展就业援助，公益性岗位优先安置零就业家庭、有劳动能力的成员均处于失业状态的低保家庭成员上岗就业。对公益性岗位期满清退后仍难以实现就业的零就业家庭、有劳动能力的成员均处于失业状态的低保家庭成员，由当地财政出资购买岗位予以托底安置。此外，低保对象实现就业或自主创业的，还可扣减必要的就业成本，并享受 3 至 6 个月的救助缓退期。

（六）提升服务将创新创业教育纳入教师评聘范围

在提升就业创业服务能力方面，《通知》对介绍农村劳动力和登记失业人员到企业就业，协助签订 1 年以上劳动合同并依法缴纳社会保险费满 3 个月以上的市场主体，按 300~500 元／人的标准给予就业创业服务补助；同时，将创新创业教育纳入教师专业技术资格评聘范围和绩效考核指标体系，并把创新创业教学成果作为大中专院校教学成果等级评定的重要内容，以提高大中专院校就业创业指导水平。

二、"三大产业"助力妇女创业就业

自治区妇联主席王革冰表示，今年广西妇联将创新妇女创业就业扶持和妇女人才"双培"工程，实施"产业到家牵手妈妈"、巾帼脱贫"六大行动"，主推"三大产业"助力妇女增收脱贫。

（一）主推"妇字号"发展优势产业

加大以巾帼科技示范基地为龙头的各类"妇字号"基地、巾帼合作社、家庭农场的建设，发展以"品种品质品牌"为核心的现代特色农业产业，依托基地选派巾帼科技特派员，增强基地发展能力、示范和辐射作用，促进妇女就业创业、增收脱贫。

（二）主推"金绣球"打造特色产业

实施"金绣球"系列妇女特色产业项目，"十三五"期间，每年培树 100 个"金绣球"乡村旅游农家乐示范点；实施妇女居家灵活就业项目，培树一批"金绣球"妇女居家灵活就业示范基地。

（三）主推"互联网"发展农村电商产业

实施巾帼电子商务创业行动，整合广西女企业家协会和广西女能人协会的资源，搭建电商平台，帮助贫困妇女拓宽销售渠道。

此外，广西妇联还将开展"六个牵手"服务促妇女脱贫，即开展宣传教育、牵手"励志脱贫"；加强技能培训、牵手"能力脱贫"；用好扶贫贷款，牵手"创业脱贫"；发展妇女手工，牵手"巧手脱贫"；基地示范引领，牵手"互助脱贫"；做好"两癌"检查，牵手"健康脱贫"。

广西妇联还将与广西师范大学联合，在全区选取部分高校开展女大学生创新创业"金凤"计划。从女性人才"四支队伍"中选取部分优秀女企业家、女能人、女性专业技术人才和高校导师组建导师库，指导女大学生创业设计项目，帮助女大学生用好"大学生创业贷款"进行创业。

海南省促进女性创业的政策与活动

一、强化创业扶持政策

（一）鼓励人才创业

对在国内外知名互联网企业有 3 年以上工作经历，且担任中、高层职务的管理人员和骨干技术人员（团队）来海南创业，按照本人（团队）实际投资额（不含银行贷款）1∶1 的比例给予风险投资基金扶持，最高不超过 500 万元。入驻规划园区或重点互联网创新创业平台的，按实际需求 3 年免费提供面积不超过 500 平方米的办公用房；其他人员创业，按照本人（团队）实际投资额（不含银行贷款）30% 的比例给予风险投资基金扶持，最高不超过 100 万元。入驻规划园区或重点互联网创新创业平台的，按实际需求 3 年免费提供面积不超过 150 平方米的办公用房。（牵头单位：省工业和信息化厅，各园区、重点互联网创新创业平台。责任单位：有关市县政府）

（二）支持互联网创新创业平台建设

全省重点打造 2~3 家综合性创新创业平台，对平台建设的创业公共服务设施提供适当补贴，为互联网创业团队和创业企业提供 3 年免房租和宽带接入费用服务。支持高校、科研机构、大企业等各类投资主体，充分利用闲置厂房或楼宇构建互联网众创空间。经评估后的互联网众创空间，给予 50 万元至 200 万元的资金扶持，用于初期开办费用。鼓励众创空间为创业者提供房租优惠、技术共享、创业辅导、免费高带宽互联网接入等服务，按照实际房租及服务费用的 50% 给予补贴。每年对众创空间创业辅导的企业或者团队毕业情况进行评估，每辅导成功一家企业或团队给予众创空间 6 万元额度的资金扶持。（牵头单位：省工业和信息化厅、省科技厅。责任单位：省财政厅、省教育厅、省人力资源和社会保障厅，各市县政府，各高校）

（三）支持创业活动

每年举办全国性的互联网创业大赛，安排 300 万元奖励竞赛优胜者，对落户海南的优胜创业项目经评估后给予最低 10 万元、最高 100 万元的风险投资。经行业主管部门批准的社会机构和企业在海南举办大型互联网相关会议、创业路演、创业大赛、创业论坛等各类创业招商活动，按照其举办规模和招商效果，给予活动实际支出经费不超过 30% 的补助，最高不超过 500 万元。（牵头单位：省工业和信息化厅、省商务厅。责任单位：省教育厅、省科技厅，有关市县政府，有关园区）

（四）海口市出台相关政策

鼓励科技人员、高校大学生创业，为符合条件的创办企业提供启动资金，提升基层创业能力。海口市科工信局表示，海口市从高新技术产品、高新技术企业认定、高新企业落户包括高新技术人才的引进都给予很大的扶持。被认定为高新技术企业的一次性奖励 50 万元；对引进高新技术企业投资达到两千万，三年内产值达到两个亿的，在增值税所得税市级流程部分进行 100% 的返还，奖励金额可达到 500 万；同时，对获得国家项目资助的项目企业我们市级配套可以达到 300 万；针对互联网海口市也出台了扶持力度较大的相关措施。

（五）三亚市出台相关政策

自 2017 年起，三亚市政府每年安排不低于 1 亿元设立互联网产业发展专项资金，扶持互联网产业发展，并依据三亚市新兴产业母基金设立不少于 1 亿元的互联网产业创业投资基金，用于投资培育三亚市本地互联网企业。同时在引进国内外知名互联网企业总部整体迁入三亚，或在三亚设立区域性总部、独立核算的分支机构，除按照"42 号文件"享受省政府有关优惠政策外，三亚市将另外给予 500 万元的落户奖励。"对于经评定认定的中小微互联网企业创新项目，除了享受省政府有关补贴外，三亚政府按项目研发支付的 30% 给予补贴。"

二、开展活动提高女性创业能力

（一）2017 中国百杰女性创业高峰论坛

本届论坛由中国杰出女企业家联谊会、北京妇女儿童发展基金会、百杰女性创业服务中心联合主办，中国妇女发展基金会公益指导，大会围绕"共创新时代机遇弘扬企业家精神"为主题展开了探讨。海峡两岸及港澳女企业家爱心联谊交流会自2003年首次举办以来每年举办一届。

（二）2017女性消费与女性创业峰会

2017年6月9日，海口举办了"2017女性消费与女性创业峰会"，这是一次聚焦她经济与她创业的美丽年度盛会，国内创投领域的大咖、自媒体及社群领袖到场共话消费升级与IP打造，掀起女性消费与女性创业新浪潮。峰会上不仅有大咖分享的主题论坛，把脉消费新趋势，洞察中国女性消费数据发布，解密女性社群运营，还有网红品牌故事会演讲等，都是紧扣当下互联网发展趋势的热点内容。

（三）"2016海南十大新锐创业女性"评选活动

为大力弘扬创新创业的时代精神，挖掘在海南创新创业热潮中涌现的巾帼先进典型，激励广大女性以先进为榜样，积极投身大众创业万众创新实践中。由南海网联合海南创业女性社群"创蜜圈"共同举办了"2016海南十大新锐创业女性"评选活动。评选活动按自荐、初审、网上投票、复审、终评等环节，最终陈非丽，海南薇薇安实业有限公司创始人；陈枫，海南惠众国际旅行社执行总经理；何忆晗，海口通晨网络科技有限公司总经理；刘畅，海口第三时尚文化传播有限公司创始人；刘倩，小二租车联合创始人；刘瑾，海南春秋西点商务会议展览有限公司总经理；王芬，指彩美业连锁机构创始人；谢泳春，杜杜鸟花道美学馆馆长；雅珺，绿岛时尚&LOVE DATE品牌创始人；曾雪娇，海南牧洋文化传播有限公司创始人&CEO 成功入选。

湖南省促进女性创业的政策与活动

2017年10月31日,湖南省个体私营经济发展指导中心发布《湖南省青年创业分析报告》(以下简称《报告》)。据《报告》介绍,2016年,湖南省女性青年创业者创业人数快速增长,达3.99万人,同比增长20.5%,这其中,超八成的女性创业者选择了服务业进行创业,此外,高学历化、高科技化和跨区域创业成为明显的特征。

一、强化创业扶持政策

为认真贯彻落实党的十八大提出的"劳动者自主就业、市场调节就业、政府促进就业和鼓励创业"的就业方针和《国务院办公厅关于发展众创空间推进大众创新创业的指导意见》(国办发〔2015〕9号)精神,建立健全政府激励创新创业、社会支持创新创业、劳动者勇于创新创业的新机制,凝聚调动全社会力量,大力培育新的经济和就业增长点,促进全省经济社会持续健康发展,2015年出台《中共湖南省委湖南省人民政府关于促进创新创业带动就业工作的实施意见》,2017年出台《湖南省人民政府关于做好当前和今后一段时期就业创业工作的实施意见》和《湖南省人民政府关于促进创业投资持续健康发展的实施意见》。

(一)促进创新创业带动就业的相关政策

1. 实施创新创业引领计划和创业带动就业促进计划

从2015年开始,组织实施全省创新创业引领计划和全省创业带动就业促进计划,5年内新增创业主体150万个以上,通过鼓励创业带动250万以上城乡劳动力就业。

(1)引领大众创新创业。大力培养各类创新企业主体,鼓励引导各类人才开拓创业和各类劳动者创新创业;允许党政机关、事业单位学有专长、有经验的人员,在不违反国家法律法规和政策的前提下,辞职自主创业,国家机关事业单位养老保险制度改革前,其原在机关事业单位的工作年限,按相关规定可视同缴费年限与辞职创业参加企业职工养老保险后实际缴费年限合并计算;鼓励高等院校、科研院所科技人员利用自己的科技成果入股或创办科技企业;鼓励高校毕业

生、留学回国人员结合专业特长、市场需求采取灵活多样形式创新创业；鼓励城镇失业人员、失地农民、退役军人因地制宜兴业创业；大力引导外出务工人员返乡创业，实现由"就业型"向"创业型"，"打工仔"向"企业家"，"候鸟型"向"长住型"转变。同时，扶持推动各类商会协会等组织发展壮大、抱团合作，鼓励各类民营企业发挥带头示范作用，实现"二次创业"，把各类小作坊、小工厂、小商店引导组织到全省产业发展大链条、大体系、大格局中来，促进产业发展更深入，布局更科学。以体制创新推动科技创新，着力培养创新意识，切实保护发明创造，鼓励企业增加创新投入，大力发展众创空间，营造创新文化氛围，推进创新资源开放共享。

（2）降低创新创业门槛。推动创新创业向不同所有制和各产业领域延伸发展。按照"非禁即入"的原则，允许各类创业主体平等进入国家法律法规没有禁止的所有行业和领域，鼓励各种创新创业形态的所有制经济竞相发展。精简和规范工商登记审批事项，除特定行业外，全面放开注册资本登记条件，实行注册资本认缴登记制，允许注册资本"零首付"，并由"先证后照"改为"先照后证"；简化住所登记手续，将企业年检改为年报公示制度；允许劳动者以实物、知识产权、土地使用权、股权等作为出资方式依法设立企业；允许同一地址登记多家企业或个体户的住所及经营场所；创业者以家庭住所作为经营场地的，在遵守法律、法规以及管理规约并征得有利害关系的业主同意后可办理注册登记。对产业政策范畴内的初创小微企业或初次注册个体工商户特别是服务领域创业者，正常运营并吸纳一定规模就业的创业项目，给予创业经营场所租金补贴、一次性开办费补贴和商标注册补贴，所需资金从同级创新创业带动就业扶持资金中列支。

（3）提高创新创业能力。普及创新创业教育，省内普通高等学校、技工院校要将创新创业教育作为在校学生必修课和毕业生就业指导的重要内容，纳入教学计划和学分管理。要加强创新创业培训，以有创新意识、创业意愿和创业潜能的劳动者为重点，创建创新创业培训资源数据库，编制创新创业培训计划，合理安排培训资源，分类组织实施培训。鼓励支持有条件的教育培训机构、创新创业服务企业、行业协会、群团组织开发多样化的创新创业培训项目，积极推行创新创业模块培训、创新创业案例教学和创新创业模拟训练，提升培训的有效性和针对性。根据经济社会发展情况，合理调整创新创业培训补贴标准。

（4）加强创新创业项目对接。积极建立创新创业项目库，根据当地产业发展规划，结合各类专利项目、专利产品目录，在新能源、新材料、生物医药、电子信息、节能环保等战略性新兴产业，以及现代生产性服务业、移动互联网、物联网、现代农业、健康养老、家庭服务业等领域，开发建立创新创业项目库。建立创新创业项目免费公开发布制度，定期制定和发布《创新创业产业项目指导目录》《创业政策和创业流程指南》。建立创新创业项目推介机制，积极搭建平台，促进投资与项目以及创意对接，促进创新创业科技成果转化。建立创新创业项目征集使用考评体系和科研成果转化激励机制，根据项目的使用率、创业成活率及带动就业情况，遴选一批优秀创新创业项目，给予重点扶持。

（5）促进困难群体创业就业。进一步完善就业困难对象的认定范围和条件，逐步建立实名制信息数据库，进一步加大"一对一"创业就业帮扶力度，切实提升帮扶效果。就业困难人员申报灵活就业并及时足额缴纳社会保险费的可按相关规定给予社会保险补贴。严格规范公益性岗位开发认定范围，根据工作需要和财政承受能力，从严控制纳入公益性岗位补贴对象和补贴时限，确保公益性岗位就业帮扶政策能托底、有进退、可持续。自本意见印发之日起，凡不符合在公益性岗位上就业条件的人员一律不再享受相关补贴政策。建立国有企业公开招聘制度，切实做到招聘信息公开发布、招聘过程公开透明、招聘结果公开公示，并按规定向同级就业主管部门备案。鼓励国有、国有控股企业和基层公共管理及服务领域岗位吸纳就业困难人员就业，对符合条件的按规定给予一次性岗位补贴和社会保险补贴。

2. 开展创新创业专家指导服务行动和创业就业信息化建设行动

（1）开展创新创业专家指导服务行动。招募或聘用一批具有企业管理专业背景和创新创业实践经验的专家、熟悉经济社会发展和创新创业政策的政府部门工作人员、创新创业成功的企业家，建立各级创新创业服务专家库，组建各级专家服务团。鼓励科技特派员创办、领办、协办企业和开展创新创业服务。积极建立创新创业项目评估机制，定期组织创新创业服务专家对创新创业项目、创新创业者进行评估，确定创新创业扶持对象和项目。建立创新创业项目征集、开发和推介机制，定期举办创新创业项目竞赛，搭建创新创业者定期交流活动平台，为创新创业者及时了解政策和行业信息、积累创业经验、寻找合作伙伴和创业投资人创造条件。建立创新创业项目激励机制，从2015年起，全省连续五年实行"双百资助工程"，每年根据公开评选，由省级创新创业带动就业扶持资金择优资助创新创业带动就业成效显著的100个个体工商户和100个优质初创企业，给予一次性创新创业奖励；建立创新创业服务专家考核机制，对创新创业服务专家按规定开展创新创业指导服务行动的，给予一定的创新创业服务补贴，对不能按要求开展服务活动或服务对象满意度低的专家成员，及时进行调整。

（2）开展创业就业信息化建设行动。整合现有各职能部门的信息资源，建立终端平台，畅通资本、人才、科研项目等要素之间的对接渠道，逐步实现全省创新创业相关信息资源的互通共享。按照"完整、正确、统一、及时、安全"的总体要求和"一年试行、两年成型"的时间安排,加快建设全省公共就业服务管理信息系统,逐步实现就业失业登记、就业资金审核、就业培训和公共招聘等各项业务经办全程信息化和精准化管理,逐步实现劳动者求职、岗位招聘、政策享受等信息"一点登录、全国查询",全面提升全省创业就业信息化建设行动的实施效果。

3. 加大对创业带动就业工作的扶持力度

(1)安排落实创新创业带动就业扶持资金。创新创业带动就业扶持资金的来源包括省级预算安排和从中央补助我省的就业专项资金中统筹安排。2015年省本级安排落实2亿元,以后根据全省创新创业带动就业工作发展和创新创业带动就业扶持资金的使用绩效,逐步增加资金规模。省级创新创业带动就业扶持资金主要用于:支持创新创业带动就业工作成效显著、小额担保贷款担保基金和贴息资金不足的市州、县市区扩充小额担保贷款担保基金和补充贴息资金;对带动就业效果明显的部分创新创业项目、创业孵化基地等进行扶持奖补;创新创业专家服务团队建设;其他经省人民政府同意用于创新创业带动就业方面的支出。湖南省创新创业带动就业扶持资金管理使用办法由省人力资源社会保障厅、省财政厅另行制定。各市州、县市区要结合本地实际,加大对创新创业带动就业工作的资金投入。

(2)鼓励民间资本加大对创新创业带动就业的投入。积极鼓励各类社会资金和民间资本打破行业垄断和行业壁垒,以赞助和捐赠形式,扩大全省各级创新创业带动就业的扶持资金规模。鼓励各类社会资本进入各类公共基础设施建设和社会事业领域,投资创新创业和支持发展新兴及传统优势产业。鼓励各类民间资本投资创办各类小微企业或投资高新产业园区。鼓励企业、行业协会、群团组织、天使投资人等以多种方式向各类创业主体提供资金支持。鼓励省外、国(境)外资本和高层次人才带资金、带技术、带项目来湘兴业创业。鼓励引导民间资金流向农村和欠发达地区支持创新创业带动就业。

(3)加大金融服务力度。鼓励银行等金融机构落实信贷职能,切实做好对创新创业带动就业的金融服务工作,不断创新金融产品和服务方式,加大对创新创业项目的信贷投入。对带动就业人数多、符合国家产业政策、符合贷款条件的创新创业项目,金融机构要积极给予贷款支持。各金融机构要按照人民银行促进创新创业带动就业有关信贷政策的要求,积极配合人力资源社会保障和财政部门运用创新创业带动就业扶持资金,做好创新创业项目的金融服务工作。各金融机构要采取有效措施,运用专项资金担保,个人信用担保,企业互保、联保、"信贷+保险"、财产抵质押等多种形式，有效缓解创新创业企业（个人）贷款的担保难问题。

（4）加大小额担保贷款支持力度。鼓励支持市州、县市区增加小额担保贷款担保基金，从2015年起，省级创新创业带动就业扶持资金对市州、县市区的小额担保贷款担保基金给予适当补助。各市州、县市区要加大同级小额担保贷款担保基金的投入，所需资金可从同级创新创业带动就业扶持资金中充实安排，确保基金规模逐年增加。同时，要切实落实国家和省已经出台的小额担保贷款政策，加大小额担保贷款投入力度，对还款及时、无不良信贷记录且能稳定和增加就业岗位的创业项目，允许按规定再申请一次小额担保贷款，二次贷款和逾期贷款不予贴息。网络创业企业可按规定享受小额担保贷款及贴息。鼓励金融机构扩大对小微企业、个体工商户和农村各类专业合作社的贷款规模，综合权衡其信用水平、信贷风险状况、综合贡献度等因素，按有关规定合理确定贷款利率水平。各市州、县市区要进一步完善小额担保贷款政策，简化担保手续，降低贷款门槛。

（5）全面落实税收优惠政策。税务部门要加大税收政策宣传力度，做好纳税辅导服务。对创办的符合条件的小微企业，依据财政部、国家税务总局财税〔2013〕52号、财税〔2014〕34号、财税〔2014〕71号等文件，享受相关税收优惠政策；对符合条件的个人和企业，依据财政部等部委财税〔2014〕39号文件规定，全面落实各项税收优惠政策。对个体经营户和企业吸纳各类人员就业的税收扣减限额标准，按照省财政厅等部门湘财税〔2014〕60号文件规定执行。

（6）加大行政事业性收费减免和服务性收费优惠力度。对劳动者创办小微企业和从事个体经营的行政事业性收费按规定实施减免政策。严禁各种名义、各种形式的集资、摊派、乱收费和强制服务、强制收费。严格规范行业协会、中介组织收费，各类中介机构对登记失业人员、高校毕业生从事个体经营、创办小微企业涉及的服务性收费，要给予优惠。建立创新创业企业负担举报和反馈机制。

（7）加强创业载体建设。各级各有关部门要以大力发展县级工业园为载体，努力打造县域经济的升级版，促进就近就地创业就业。通过政府投资、鼓励高校和企业建设、社会共建等多种形式建设一批孵化条件好、承载能力强、融创业指导服务为一体的创业孵化基地和创业园区。鼓励支持有条件、有能力的企业创办或领办创业孵化基地。鼓励支持大型民营企业投资建立孵化园区、创业见习基地，并切实解决创新创业扶持相关政策在民办园区落实难问题。组织实施"创业见习行动"，从各类创业成功的实体中开发组建一批创业见习基地，组织符合条件的有自主创业意愿及创业能力人员参与创业见习，增强创业实践能力，提高创业成功率。给予孵化效果好、企业存活率高的创业孵化基地和创业园区一次性以奖代补，所需资金从同级创新创业带动就业扶持资金中列支。省人力资源和社会保障厅牵头会同省财政厅、省教育厅、省经信委、团省委、省总工会、省妇联、省工商联等部门每年直接培育评估认定20个左右省级创新创业带动就业示范基地（示范园区、示范高校），根据入驻企业个数和创新创业带动就业的效果等情况，给予每个不超过100万元的一次性以奖代补资金。启动创业型县市区、乡镇（街道）、村（社区）创建活动，实施"2151"工程，每2年评选奖励10个县市区、50个乡镇（街道）、100个村（社区），对创业型县市区给予一次性以奖代补50万元，对创业型乡镇（街道）给予一次性以奖代补10万元，对创业型村（社区）给予一次性以奖代补5万元，所需资金从省级创新创业带动就业扶持资金中列支。

（二）促进创业投资持续健康发展的政策

（1）优化创业环境。深化"放管服"改革，降低制度成本，创新监管方式，优化政务服务，降低市场准入门槛和制度性交易成本，破除制约劳动者创业的体制机制障碍。全面清理各种行业准入证、生产许可证和职业资格证，加快推进企业全程电子化登记注册和电子营业执照的发放和应用，全面实施企业市场主体"多证合一、一照一码"。按照"非禁即入"的原则，允许各类创业主体平等进入国家法律法规未禁入的所有行业和领域，鼓励各种创新创业形态的所有制经济竞相发展。结合实际整合市场监管职能和执法力量，推进市场监管领域综合行政执法改革，着力解决重复检查、多头执法等问题，不断优化有利于劳动者参与创业的良好环境。（省发改委、省编办、省工商局等负责）

（2）加强创业载体建设。统筹规划、合理布局，建设一批各具特色、高水平的创新创业载体，提升创业服务能力。积极争取建设国家级"双创"示范基地，打造一批省级"双创"示范基地。加快发展市场化、专业化、集成化、网络化的众创空间，形成开放共享的科技创新创业服务平台。试点推动老旧商业设施、仓储设施、闲置楼宇、过剩商业地产转为创业孵化基地。加强孵化基地建设，充分发挥孵化基地资源集聚和辐射引领作用，为创业者提供指导服务和政策扶持，对确有需要的创业企业，可适当延长孵化周期。继续实施省级创新创业带动就业示范基地建设，深入推进创业型城市创建活动和促进创业带动就业"2151工程"，积极培育创业生态系统。（省人力资源和社会保障厅、省发改委、省科技厅、省财政厅、省住房城乡建设厅等负责）

（3）全面落实创业扶持政策。持续推进"双创三年行动计划"，继续加大创新创业带动就业扶持资金投入力度，进一步优化支出结构，除不能用于扩充市州、县市区创业担保贷款担保基金和补充贴息资金外，其他项目支出继续按《湖南省创新创业带动就业扶持资金管理暂行办法》（湘财社〔2015〕35号）规定执行。对符合条件的初创企业或初次注册的个体工商户，按规定给予创业经营场所租金补贴、一次性开办费补贴和商标注册补贴。积极落实支持重点群体创业就业的税收优惠政策，根据《财政部税务总局人力资源社会保障部关于继续实施支持和促进重点群体创业就业有关税收政策的通知》（财税〔2017〕49号）要求，在国家授权幅度范围内，按照顶格标准给予重点群体就业创业税收扶持政策。根据《人力资源社会保障部关于支持和鼓励事业单位专业技术人员创新创业的指导意见》（人社部规〔2017〕4号）精神，支持和鼓励事业单位专业技术人员到企业挂职、参与项目合作、兼职创新、在职创办企业或离岗创新创业，创业人员按规定享受相应的优惠政策。（省财政厅、省人力资源和社会保障厅、省国税局、省地税局等负责）

（4）着力拓宽融资渠道。根据《中国人民银行 财政部 人力资源和社会保障部关于实施创业担保贷款支持创业就业工作的通知》（银发〔2016〕202号）精神，全面落实创业担保贷款政策，将贷款对象扩大到留学回国学生、化解过剩产能企业职工和失业人员、返乡创业农民工、网络商户、建档立卡贫困人口；个人创业担保贷款最高额度调整为10万元；对符合条件的借款人合伙创业或组织起来共同创业的，按合伙创业或组织起来共同创业人数，每人贷款最高额度10万元，最高贷款额度50万元；个人创业担保贷款最长期限从2年调整为3年。为鼓励金融机构放贷，贷款利率可在人民银行公布的贷款基准利率的基础上适当上浮，具体标准为贫困地区（含我省40个扶贫开发工作重点县、全国集中连片特困地区贫困县）上浮不超过3个百分点，其他地区上浮不超过2个百分点。具体经办要求和流程按照有关文件规定执行。推进湖南省新兴产业投资基金设立运行，鼓励其设立就业创业方面子基金，为高校毕业生等群体创业提供股权融资支持，加大对初创企业的投资力度，拓宽创业融资渠道。（人民银行长沙中心支行、省发改委、省财政厅、省人力资源和社会保障厅、湖南银监局、湖南证监局等负责）

二、提高女性创业能力

（一）湖南省大学生创新创业孵化基地

为进一步营造创新创业氛围，搭建学习交流平台，大力增强大学生创新创业意识，全面提高大学生创业就业能力，湖南省大中专学校学生信息咨询与就业指导中心每月在湖南省大学生创新创业孵化基地举办创业月课堂活动，设置"创业资讯""创业政策""入驻指南""基地项目""创业服务""创业大课堂"等内容。

（二）开慧女红文化创客营

开慧女红文化创客营由湖南省妇联主办，长沙县开慧镇政府、湖南巧工文化艺术有限公司承办，旨在通过组织广大女性参与女红文化、手工技艺的学习与传承，促进妇女创新创业、居家灵活就业，实现新时代女性的自我价值。该营于近日开班以来，目前已吸收40多位女村民入营学习扎染技术。创客营还会举办女红文化创客集市，为产品探寻多元销售渠道。此外，创客营还会开展女红文化创客沙龙等相关活动，集合文创产品设计师、工艺美术师、非物质文化遗产传承人、手工爱好者等，共同探讨与实践将女红文化产业化的有效方法。

（三）妇女创业就业培训

过去5年来，该省各级妇联组织围绕推进新型工业化和城镇化，开展"巾帼创新业、建功十二五"主题活动，采取多种形式促进妇女创业就业，组织120万妇女接受技能培训，95万妇女实现创业就业。为了更好实施省妇联"妇女创业就业培训项目"工程，充分发挥培训班的实质作用，进一步提升妇女职业技能和素养，助推广大城乡妇女创业就业、创新创优和增收致富。来自全县各乡镇的100余名妇女接受《职业道德与法律常识》《家政服务知识与技能》《养老护理服务员知识与技能》《病患陪护知识与技能》《婴幼儿护理知识与技能》《保育员知识与技能》《手工编织》《园林与花艺》等课程的培训。

（四）2017湖南省农村创业创新项目创意大赛

2017年5月25日，湖南省农村创业创新项目创意大赛在宁乡举行，大赛3月启动以来经过推荐、培训、复审等流程，40家企业脱颖而出参加了25日的路演，最终，10家企业获得一、二、三等奖，并将代表湖南参加全国总决赛。25日的路演采用"5+5模式"，选手演讲PPT 5分钟，评委提问和选手答辩5分钟。紧扣创业创新主题，展现新技术、新产品、新业态、新模式等，涵盖了特色农业、农产品加工、流通业、现代农业服务业、休闲农业、创意农业等多个方面，突出了湖南农村创业项目的创新性和可持续性。参赛者有返乡农民工、农村能人、退役军人、下岗创业人员，也有归国海归、90后大学生、残疾人。他们勇于探索、创新创业，推动农业农村经济发展，带领农民增收致富。

（五）湖南省"互联网+"大学生创新创业大赛

为进一步激发高校学生创新创业热情，展示高校创新创业教育成果，搭建大学生创新创业项目与社会投资、社会需求对接平台，湖南省省定于2018年3月至9月组织举办"建行杯"第四届湖南省"互联网+"大学生创新创业大赛暨全国大赛选拔赛。根据参赛项目所处的创业阶段、已获投资情况和项目特点，大赛分为创意组、初创组、成长组、就业型创业组。参赛项目应能够将移动互联网、云计算、大数据、人工智能、物联网等新一代信息技术与经济社会各领域紧密结合，培育新产品、新服务、新业态、新模式；发挥互联网在促进产业升级以及信息化和工业化深度融合中的作用，促进制造业、农业、能源、环保等产业转型升级；发挥互联网在社会服务中的作用，创新网络化服务模式，促进互联网与教育、医疗、交通、金融、消费生活等深度融合。

河南省促进女性创业的政策与活动

一、出台政策鼓励女性创业

为充分发挥创业投资在激发创新创业活力、增强经济发展新动能中的资本助推作用，促进我省经济又好又快发展，根据《国务院关于促进创业投资持续健康发展的若干意见》（国发〔2016〕53号）要求，2017年2月，河南省人民政府办公厅出台关于促进创业投资持续健康发展的实施意见：

（一）实施普惠性创业投资税收政策

落实鼓励创业投资企业和天使投资人投资种子期、初创期等科技型企业的税收支持政策，进一步完善创业投资企业投资抵扣税收流程，争取开展天使投资人个人所得税政策试点。（责任单位：省财政厅、国税局、地税局）

（二）制定鼓励长期投资的政策措施

倡导长期投资和价值投资理念，对专注于长期投资和价值投资的创业投资企业在企业债券发行、引导基金扶持、政府项目对接、市场化退出等方面给予政策支持。（责任单位：省发展改革委、财政厅）

（三）发挥政府资金的引导作用

加大新兴产业创业投资基金、科技成果转化基金、科技创新风险投资基金、先进制造业基金、现代农业发展基金、"互联网＋"产业发展基金等已设立基金的投资力度，加快推进河南省重点产业知识产权运营基金设立与运营。支持未设立创业投资引导基金的省辖市按照"政府引导、市场化运作"原则，尽快设立创业投资引导基金，引导社会资本投入。鼓励创业投资引导基金注资市场化母基金，由专业化创业投资管理机构受托管理引导基金。综合运用参股、联合投资、政府出资适当让利于社会出资等多种方式，进一步发挥政府资金在引导民间投资、扩大直接融资、弥补市场失灵等方面的作用。进一步提高创业投资引导基金市场化运作效率。建立完善创业投资引导基金中政府出资的绩效评价制度。（责

任单位：省财政厅、科技厅、知识产权局）

（四）探索建立早期创业投资奖励和风险补偿机制

充分发挥各级小微企业信贷风险补偿资金作用，鼓励和引导金融机构联合创业投资企业加大对中小微企业的股权投资支持力度。有条件的省辖市、省直管县（市）要安排相应资金，对创业投资企业投资辖区内高科技中小微企业风险损失给予一定补偿。对创业投资企业投资参股的中小微企业项目，财政专项资金同等条件下给予优先支持。（责任单位：省财政厅）

二、提高女性创业能力

（一）中原女性创业高峰论坛

"中原女性创业高峰论坛"起始于2004年3月，至今已成功举办过九届，走过十三年的历程，该活动是中原地区举办时间最早、规模最大、品格、知名度最高的女性品牌活动，参与人员遍布全省各个行业，论坛和评奖活动先后推选出了众多的中原杰出女性代表。

（二）"巧媳妇"工程

"巧媳妇"工程起源于2011年，是在沿海服装业因成本上升、招工艰难而被迫向内地及东南亚转移时，由河南省服装协会发起的。当时，作为农业大省、人口第一大省，河南竟然也面临着一定程度的用工荒。为了解开这道难题，省服装协会会长李刚跑遍了34个贫困县200多个村庄，找到了那些"被隐身"了的巧媳妇。李刚称她们为"三无四最"女人。这些因为孩子小、老人老，无法到外地打工的留守妇女，一方面"无奈地留守家中""无助地忍受着贫穷"，"无聊地打发大量空闲时间"；另一方面又是"思想最稳定，责任心最强，最渴望工作，最需要花钱"的群体。这个群体在全省不少于600万人，而这些人正是被闲置的优秀劳动力资源。她们是扶贫工作最需攻克的"坚"，也是承接产能转移最大的"宝"。

"巧媳妇"工程的基本工作思路是：

一是由行业协会统筹规划布局，由地方政府组织，共同建设巧媳妇工厂。

二是以贫困县为重点区域展开，以适宜发展服装业的优势县为先导，接长板、补短板，形成产能基础。

三是巧媳妇工厂由巧媳妇能人带头，由行业协会提供引导，导入扶贫扶持资源等一条龙服务，培育造血功能，逐步实现自主自立。

四是努力探索系统性帮扶路子，鼓励巧媳妇工厂市场化自主运营，从扶贫攻坚入手，逐步由脱贫走向创富发展，成为地方可持续的主动产业。

截至2017年6月，全省已经建成"巧媳妇工厂"600多个，安置留守妇女58万人，创造产值数百亿元，帮助数十万个家庭脱贫。

（三）大学生与妇女就业创业培训

河南省面向毕业年度大学生创业广泛开展就业创业培训。从2014年起，将创业培训补贴政策期限从目前的毕业年度调整为毕业学年（即从毕业前一年的7月1日起的12个月）。河南省对参加创业培训的应届毕业生，根据其参加创业培训内容和获得创业培训合格证书情况，给予培训补贴。创业资讯网了解到，其中，创业意识培训补贴标准为每人200元，创办（改善）企业培训补贴标准为每人1000元，创业实训补贴标准为每人300元。毕业年度高校毕业生创业培训以创业意识培训为主，确有培训要求且持自主创业证的，可以开展创办（改善）企业培训和创业实训。这意味着每一位创业大学生可以享受到的创业培训补贴最高可达1500元。

此外，省、市、县三级家政服务培训网络逐步建立健全，培训妇女4.9万人。相关单位持续推进妇女小额担保贷款财政贴息政策的实施，全年共为7.8万余名妇女贷款57.7亿元。

"巾帼科技星火工程""巾帼扶贫培训工程""新型职业农民培育工程"三大工程风生水起，培训妇女55.4万人。全省创建县级以上巾帼现代农业科技示范基地600余个。

今年省妇联将继续帮助贫困妇女脱贫，培训200名贫困地区乡村妇联干部骨干，组织5万名贫困妇女参加技能培训，帮助45万名建档立卡的贫困妇女实现精准脱贫；促进城乡妇女创业就业，培育女性创业就业孵化器，壮大"巧媳妇"品牌；加强妇女思想引领，促进妇女素质提升，开办"中原女性"大讲堂，在全省举办大讲堂活动100场。

北京市促进女性创业的政策与活动

2010年,北京市妇联与相关政府职能部门积极配合,举办科技培训300多期,培训妇女5万余人。目前全市各类"妇"字号示范基地928个,共带动科技示范户1万多户,带动26万妇女就业。积极推行金融服务农家女小额信贷工程,全市妇女创业贷款资金累计达8亿元,贴息2500万元。

一、出台政策鼓励女性创业

(一)妇女创业就业小额担保贷款财政贴息政策

北京市财政局、市人保局、市妇联等单位日前联合下发妇女创业就业小额担保贷款财政贴息管理办法,推动本市妇女自主就业进程。"妇女创业就业小额担保贷款"由市级财政预算安排贴息资金。

北京市农村妇女、未就业女大学毕业生、城镇登记失业妇女等劳动年龄内女性,如果干个体从事网络销售、家政服务等微利项目可获得全额贴息的小额担保贷款;合伙经营或组织起来创办小企业,也可根据吸纳符合规定妇女的人数,享受全额贴息或者按一定比例贴息。

贴息政策分为两种——针对个体户和合伙经营创办的小企业。个体户的个体营业执照经营范围如果是"微利项目"的,无须第三人对其承诺担保。符合条件的妇女可向注册登记地区县妇联或人保局提交书面申请。

优惠对象:应有北京本市户籍且在劳动年龄之内,包括农村妇女,持有《农村劳动力转移就业证》的女性农村转移劳动力,城镇登记失业妇女,已毕业但尚未就业的女大学生,未就业的女复员转业军人。

九类微利项目:1.在社区、街道、工矿区等从事的商业、餐饮和修理等个体、自主和合伙创业经营项目;2.零售业;3.住宿和餐饮;4.工艺美术品制造及其他手工加工业;5.搬家、配送服务业;6.递送服务业;7.居民服务业;8.办公服务业;9.其他服务业。

从事微利项目的个体户初次贴息贷款额度不超过8万元,诚实守信按期还本付息的,再次贴息贷款额度不超过10万元;合伙经营和组织起来创办小企业的贴息贷款额度最高不超过 50 万元。贷款期限一般不超过 2 年。

（二）提高用人单位招用工资性岗位补贴标准

北京提高用人单位招用工资性岗位补贴标准，由原来 3 年 5000 元提高到 9000 元；延长社会保险补贴期限，对"4050"人员享受就业社会保险补贴时间由原来的 3 至 5 年，延长到 6 至 10 年；扩大享受政策的人员范围，将零就业家庭中的妇女劳动力享受自谋职业（自主创业）、灵活就业优惠政策的年龄，由 40 岁下调到 35 岁。

（三）其他促进女性创业就业优惠政策

北京市将建设征地、土地储备或腾退、整建制农转非、山区搬迁、绿化隔离等城市化建设地区的 836 个行政村的 4.63 万名农村妇女劳动力纳入失业登记范围，享受各项城镇促进就业优惠政策。

北京依法签订劳动合同或聘用合同，合同中不得含有限制女职工结婚、生育等歧视性内容。全市企业劳动合同签订率提高到 98%，城镇职工劳动合同续订率提高到 90% 以上，就业稳定性进一步增强；不断扩大集体协商和集体合同覆盖面，目前，女职工权益专项集体合同覆盖企业 5.8 万家，覆盖女职工 102.5 万人。

二、提高女性创业能力

（一）巾帼创业创新基地

2017 年 8 月 2 日下午，北京市朝阳区"巾帼创业创新基地"授牌仪式暨"女性创业创新"趋势论坛活动，在 751 时尚设计广场时尚回廊隆重举行。中华女子学院党委书记李明舜，全国妇联机关党委副巡视员、机关工会主席赵文广，北京市妇联副巡视员刘玲等领导参加了此次活动。活动现场，向首批认定的"北京极地加科技有限公司""国创产业园"和"北京阳光壹佰优客工场创业投资有限公司"三个"巾帼创业创新基地"授牌，同时为十位"巾帼创业就业导师"代表颁发了聘书。

（二）创业之美——女性创业沙龙系列活动

"创业之美——女性创业沙龙系列活动"于 2014 年正式启动，旨在邀请各领域的成功企业家或创业者，与大家交流分享工作生活经验，给予更多女性创业者信息及资源对接方面的帮助。3 月 7 日，2018 年首场（总第十七期）"创业之美——女性创业沙龙"系列活动之"三八"国际妇女节专题活动，在众创空间 DayDayUp 三里屯店成功举办。此次活动由北京市妇联指导，北京市妇女国际交流中心携手女性个人和职业发展平台励媖中国（Lean In China）共同主办，以"数字时代的女性职场影响力"为主题，活动吸引了来自首都各界创业女性代表、外企高管、女大学生、媒体等近百人来到现场。

（三）北京巧娘手工艺发展促进会

为推动首都妇女积极参与文化创意产业，进一步拓宽城乡妇女就业渠道，使更多妇女通过参与手工制作，实现居家就业，灵活就业，巧手致富增收。北京市妇联近几年在全市妇女中开展了以"科技支撑增活力，巧娘巧手巧致富"为主题的"巧娘工作室"创建活动。2017 年 12 月，北京巧娘手工艺发展促进会会员代表年会暨培训圆满完成各项议程，温暖闭幕。北京市妇联、北京巧娘手工艺发展促进会以及各区巧娘促进分会会长、副会长、秘书长，北京巧娘工作室、巧娘研发基地代表等 130 余人出席了促进会年会。

（四）北京妇女创业创新优秀项目展示活动

为深入贯彻落实党的十九大精神，激励更多女性在创业创新的双创时代洪流中奋发进取、追梦圆梦。11 月 16 日下午，北京市妇联在中关村太库孵化器举办"创新汇聚能量，创业成就梦想——北京妇女创业创新优秀项目展示活动暨颁奖仪式"。全国妇联、市委宣传部、市妇联、市劳服中心相关负责人，16 区妇联主管主席、发展部长，女性创业创新团队代表等 130 余人参加了活动。

（五）中意青年创业者路演及创新创业直通车

2017 年 11 月，北京海归孵化器科协与意大利 New-steel 孵化器共同举办了以"青'腾'中意，创见未来"为主题的中意青年创业者路演，双方青年创业者进行了现场路演 PK。北京海归孵化器科学技术协会执行主席关帅先生、海归创亿科技孵化器副总经理陈建华女士、意大利初创企业协会秘书长费德里科·巴瑞利、意大利坎帕尼亚 Newsteel 孵化器负责人 Mari Angela 分别代表中意两方，正式签署《关于加速促进北京意大利创新创业直通车的合作备忘录》，这一国家战略级文件的签署，代表着两国人民的友谊迈上了新台阶，中意在科技创新创业领域合作取得突破性进展。根据备忘录，中意双方将陆续开展各项创新创业领域的深层合作，如常设"斯巴达克斯创新勇士"奖、共建两国创业扶持基金、共建国际远程孵化器、共同推进建设"中国意大利丝路创新园"等，用以推动两国优秀青年创新创业新高潮，促进两国科技创新的可持续发展。

河北省促进女性创业的政策与活动

就业是民生之本,创业是发展之源。河北省委、省政府高度重视就业创业工作,近年来出台了一系列促进就业创业的政策措施,各级各部门认真贯彻落实中央和省的决策部署,坚持把稳定和扩大就业作为宏观调控的重要目标,大力实施就业优先战略,坚持以创业带动就业,多渠道开发就业岗位,加强就业服务和职业培训,在就业压力持续加大的情况下,就业创业工作取得明显成效。

一、出台政策鼓励创业就业

(一)自主创业税收优惠

适用对象:在人力资源和社会保障部门公共就业服务机构登记失业半年以上的人员,零就业家庭、享受城市居民最低生活保障家庭劳动年龄内的登记失业人员,毕业年度内高校毕业生。上述人员创办个体工商户、个人独资企业的。

补贴标准:按每户每年9600元为限额依次扣减其当年实际应缴纳的营业税、城市维护建设税、教育费附加、地方教育附加和个人所得税。纳税人年度应缴税款小于上述扣减额的,以其实际缴纳的税款为限;大于上述扣减限额的,应以上述扣减额为限。

补贴期限:3年。

申请主体:符合条件的个人。

资金渠道:无。

依据文件:财税〔2014〕39号、冀财税〔2014〕46号、人社发〔2014〕21号、财税〔2015〕18号、冀财税〔2015〕15号。

(二)企业吸纳税收优惠

适用对象:商贸企业、服务型企业、劳动就业服务企业中的加工型企业和街道社区具有加工性质的小型企业实体,在新增加的岗位中,当年新招用在人力资源社会保障部门公共就业服务机构登记失业半年以上且持就业创业证或就业失业登记证(注明"企业吸纳税收政策")人员,与其签订1年以上期限劳动合同并依法缴纳社会保险费的。服务型企业是指从事现行营业税"服务业"税目规定经营活动的企业以及按照《民办非企业单位登记管理暂行条例》(国务院令第251号)登记成立的民办非企业单位。

补贴标准：按实际招用人数予以定额依次扣减营业税、城市维护建设税、教育费附加、地方教育附加和企业所得税优惠。定额标准为每人每年5200元。按上述标准计算的税收扣减额应在企业当年实际应缴纳的营业税、城市维护建设税、教育费附加、地方教育费附加和企业所得税税额中扣减，当年扣减不足的，不得结转下年使用。

补贴期限：3年。

申请主体：符合条件的企业。

资金渠道：房租补贴从就业补助资金中支出。宽带网络和公共软件补贴从创业扶持资金中支出。

依据文件：冀政办〔2013〕18号、冀人社字〔2013〕249号、冀办发〔2014〕16号、冀人社字〔2014〕212号、冀政发〔2015〕33号、冀人社字〔2015〕121号。

（三）创业担保贷款

1. 个人创业担保贷款

适用对象：凡年龄在法定劳动年龄以内、个人信用记录良好的城镇登记失业人员、就业困难人员（含残疾人）、复员转业退役军人、刑满释放人员、高校毕业生（含大学生村官和留学回国学生）、化解过剩产能企业职工和失业人员、返乡创业农民工、网络商户、建档立卡贫困人口。对上述群体中的妇女，应纳入重点对象范围。除助学贷款、扶贫贷款、首套住房贷款、购车贷款以外，个人创业担保贷款申请人及其家庭成员（以户为单位）自提交创业担保贷款申请之日起向前追溯5年内，应没有商业银行其他贷款记录。

补贴标准：各经办金融机构对符合条件的个人发放的创业担保贷款最高额度为10万元，对符合条件的借款人合伙创业或组织起来共同创业的，贷款额度可按照人均不超过10万元，总额度最高不超过60万元确定贷款规模

补贴期限：不超过3年（贫困县全额贴息。其余地区第1年全额贴息，第2年贴息2/3，第三年贴息1/3。）可以展期1次，展期期限不超过1年，展期期限内贷款不贴息

申请主体：符合条件的个人。

资金渠道：符合国家政策规定的由中央和地方财政按5:5的比例分担。地方财政分担的部分，省对财政直管县分担80%，对设区市本级、非财政直管县分担

60%。设区市与非财政直管县的分担比例由设区市确定,原则上设区市级财政分担比例应占该市财政负担金额总额的50%以上。

依据文件:银发〔2016〕202号、财金〔2016〕85号、银石发〔2017〕69号、冀政发〔2015〕41号。

2. 小微企业创业担保贷款

适用对象:小微企业认定标准按照《中小企业划型标准规定》(工信部联企业〔2011〕300号)执行。同时满足以下条件:①当年新招用符合创业担保贷款申请条件的人员(不包含大学生村官、留学回国学生、返乡创业农民工、网络商户)数量达到企业现有在职职工人数30%(超过100人的企业达到15%);②与新招用员工签订1年以上劳动合同;③单位信用记录良好,无拖欠职工工资、欠缴社会保险费等严重违反劳动法律法规的行为。

补贴标准:各经办金融机构对符合条件的小微企业,根据企业实际招用人数合理确定创业担保贷款额度,最高不超过200万元。

补贴期限:各经办金融机构向小微企业发放的创业担保贷款,贷款期限最长不超过2年。贷款经担保机构和经办金融机构认可,可以展期1次,展期期限不超过1年,展期期限内贷款不贴息。

申请主体:符合条件的小微企业。

资金渠道:对符合条件的小微企业创业担保贷款,财政部门按照贷款合同签订日贷款基础利率的50%给予贴息。对展期、逾期的创业担保贷款,财政部门不予贴息。

依据文件:银发〔2016〕202号、财金〔2016〕85号、银石发〔2017〕69号、冀政发〔2015〕41号。

(四)创业相关补贴

1. 初次创业社会保险补贴

适用对象:毕业5年内高校毕业生、就业困难人员和去产能企业失业人员,初次创业(包括从事个体经营或创办小微企业和在民政部门注册的社会组织,除国家限定行业外)并缴纳社会保险的。

补贴标准:按其实际缴纳的社会保险费给予补贴。

补贴期限:3年。

申请主体:符合条件的个人。

资金渠道:就业补助资金。

依据文件:冀办发〔2014〕16号、冀人社字〔2014〕212号、冀政发〔2015〕

33号、冀人社字〔2015〕121号、冀财社〔2016〕158号。

2. 高校毕业生社会保险补贴

适用对象：毕业2年内未就业的高校毕业生申报灵活就业办理就业登记并缴纳社会保险费的。

补贴标准：最高不超过其实际缴费额的2/3。

补贴期限：2年。

申请主体：符合条件的高校毕业生。

资金渠道：就业补助资金。

依据文件：冀政办〔2013〕18号、冀人社字〔2013〕249号、冀人社发〔2014〕21号、冀财社〔2016〕158号。

3. 高校毕业生一次性创业补助

适用对象：毕业5年内高校毕业生初次创业并持续经营6个月以上的。

补贴标准：每人5000元。

补贴期限：一次性。

申请主体：符合条件的高校毕业生。

资金渠道：就业补助资金。

依据文件：冀政〔2011〕111号、冀财社〔2016〕158号、冀政办〔2013〕18号、冀人社字〔2013〕249号、冀政发〔2015〕33号、冀人社字〔2015〕121号。

4. 场地租金补贴

适用对象：城镇登记失业人员、农村转移就业劳动者、毕业年度高校毕业生初次创办的小微企业（入驻创业孵化基地或园区的除外），创办3年内租用经营场地和店铺的。

补贴标准：100平方米以下的每年不超过3000元，100平方米以上的每年不超过5000元。实际租金低于上述标准的，据实补贴。具体标准由各市（含定州、辛集市）、省财政直管县（市）确定。

补贴期限：3年。

申请主体：符合条件的个人。

资金渠道：就业补助资金。

依据文件：冀政办〔2013〕18号、冀人社字〔2013〕249号、冀办发〔2014〕16号、冀人社字〔2014〕212号、冀财社〔2016〕158号。

5. 创业孵化基地房租物业水电费补贴

适用对象：城镇登记失业人员、毕业年度高校毕业生、农村转移就业劳动者自主创业提供低成本、便利化、全要素创业服务的创业孵化基地（含创客空间、

创新工场等新型孵化模式）和入驻高层次人才、高技能人才创业园中的科技型小微企业。

补贴标准：具体补贴标准由各市（含定州、辛集市）、省财政直管县（市）确定。

补贴期限：3年。

申请主体：符合条件的创业项目。

资金渠道：就业补助资金。

依据文件：冀财社〔2016〕158号、冀政发〔2015〕33号、冀人社字〔2015〕121号。

6. 众创空间房租宽带网络公共软件补贴

适用对象：各地可根据众创空间为创客提供的创业服务内容、工作成效及费用减免等情况，给予相应补贴。

补贴标准：具体标准由各市（含定州、辛集市）、省财政直管县（市）确定。

补贴期限：不定。

申请主体：符合条件的众创空间。

资金渠道：房租补贴从就业补助资金中支出，宽带网络和公共软件补贴从创业扶持资金中支出。

依据文件：冀政办〔2013〕18号、冀人社字〔2013〕249号、冀办发〔2014〕16号、冀人社字〔2014〕212号、冀政发〔2015〕33号、冀人社字〔2015〕121号。

7. 就业创业服务能力补贴

适用对象：用于加强公共就业创业服务机构和基层服务平台的服务能力建设（包括计算机及网络硬件、软件购置、软件开发等支出），重点支持信息网络系统建设及维护等，以及用于向社会购买职业介绍、劳务输出和创业服务等基本就业创业服务成果。

补贴标准：市县要综合考虑基层公共就业服务机构承担免费公共就业创业服务的工作量，安排补助资金用于保障和提升其服务能力；补助资金还可按政府购买服务相关规定，向社会其他服务机构购买基本就业创业服务或成果。

补贴期限：由各市（含定州、辛集市）、省财政直管县（市）确定。

申请主体：符合条件的公共就业服务机构，政府购买服务的社会机构组织。

资金渠道：就业补助资金。

依据文件：冀政发〔2015〕33号、冀人社字〔2015〕121号、冀财社〔2016〕158号。

8.创业培训补贴

适用对象：未就业的贫困家庭子女、毕业学年高校毕业生、城乡未继续升学的应届初高中毕业生、农村转移就业劳动者、城镇登记失业人员、创业三年内的小微企业主创业培训后到创业实训基地安排实训。

补贴标准：每人最高不超过1200元。

补贴期限：每人每年只能享受一次职业培训补贴。

申请主体：参加创业培训的人员或协议垫付培训费的定点培训机构。

资金渠道：就业补助资金。

依据文件：冀财社〔2016〕158号。

9.创业实训补贴

适用对象：未就业的贫困家庭子女、毕业学年高校毕业生、城乡未继续升学的应届初高中毕业生、农村转移就业劳动者、城镇登记失业人员创业培训后到创业实训基地安排实训。

补贴标准：每人每月300元。

补贴期限：3个月。

申请主体：创业实训基地。

资金渠道：创业扶持资金。

依据文件：冀办发〔2014〕16号、冀人社字〔2014〕212号。

10.促进创业项目和专项服务活动资金奖补

适用对象：经本级政府批准，公共就业创业服务机构及其他社会组织开展的创业宣传、创业训练营、创业创新大赛及创新成果、创业项目征集展示推介等公益性活动。

补贴标准：由各市（含定州、辛集市）、省财政直管县（市）确定。

补贴期限：根据实际情况定。

申请主体：活动组织单位。

资金渠道：创业扶持资金。

依据文件：冀政发〔2015〕33号、冀人社字〔2015〕121号、冀财社〔2016〕158号。

除上述政策外，河北省还设置了吸纳就业补贴、企业吸纳高校毕业生社会保险补贴、特定政策补贴、就业创业服务能力补贴、公益性岗位社会保险补贴、用人单位招用就业困难人员社会保险补贴、就业困难人员灵活就业社会保险补贴、公益性岗位补贴、用人单位招用就业困难人员岗位补贴、高校毕业生求职补贴、高校毕业生就业见习补贴、技能培训补贴、岗前培训补贴、企业在职职工岗位技能培训、劳动预备制培训补贴、家庭手工业培训补贴、职业技能鉴定补贴、创业担保贷款奖补、创业孵化基地资金奖补、家政服务员培训输出示范基地资金奖补等政策，具体见 http://bys.hbrc.com.cn/zcjd/index.html。

二、提高女性创业能力

（一）协同创新巾帼创业互联网＋巾帼创业创新行动

"协同创新巾帼创业互联网＋巾帼创业创新行动"引导妇女以科技创新引领产业选择，促进妇女领办、创办科技型中小企业发展以及巾帼众创空间创建，为妇女创业创新开辟新平台，抢抓新机遇。截至目前，全省共建巾帼孵化基地 57 个，巾帼创业就业基地 595 个，巾帼众创空间 71 个，妇女领办、创办科技型中小企业 322 个。在全省开展创业就业培训 2418 场，发放资料十余万册，培训妇女 168 615 人次，帮扶创业妇女 12 924 名，帮扶 192 363 名妇女实现就业。

（二）打造巾帼"旅游＋"手工精品品牌

2016 年，旅发大会期间，河北省妇联在涞水搭建的'手艺冀康'和在涞源搭建的'巧手坊'两个手工旅游纪念品展示点，共展示全省各地的手工旅游纪念品千余件，据介绍，全省通过发展手工旅游纪念品帮扶就业创业妇女 12 469 名，助力 38 716 名贫困妇女脱贫。

为了加快全省妇女脱贫步伐，省妇联通过建立家庭手工业发展服务中心、开发手工旅游纪念品、打造巾帼乡村农业观光游、搭建巾帼互联网销售平台等方式，让家庭手工业牵手旅游业融合发展。目前，全省有 58 个旅游景点都建立了家庭手工业发展服务中心，培育巾帼乡村旅游示范点 400 个，扶持巧手脱贫示范基地 180 个，打造河北巾帼特色手工艺旅游品牌近 100 个；并搭建了"巧手坊"妇女手工旅游产品展示展卖电商平台。省妇联还联合省旅发委、省商务厅举办了"巧手融汇大美河北"巾帼特色手工艺旅游产品大赛，通过大赛挖掘、展示、宣传河北特色的手工艺旅游精品，评选出手工作品奖项 40 个、"河北巧姐" 10 名、巾帼特色手工项目 10 个，并积极加大与北京"巧娘"、天津手工协会的对接力度，将作品打造成具有当地特色和韵味的精品，进入高端旅游市场。

（三）河北省女性创业创新学院

2016 年 1 月，河北省女性创业创新学院在河北省女子职业技术学院成立，同时该学院还被中国妇女发展基金会授予"@她创业计划'河北省创业服务实践基地'"。现场启动了"河北女性创业创新e家"微信公众号（订阅号"hbnxcycx"），并为河北省专家志愿服务团成员颁发聘书，为全国巾帼现代农业科技示范基地、首批巾帼科技型中小企业省级示范点、京津冀手工作品大赛获奖作品授牌及颁奖。同时创建了河北省女性创新创业网。

（四）巾帼创客空间

巾帼创客空间定位为女性创客，通过石家庄市妇联及互联网＋巾帼创业创新联盟的内部推荐和市场化机制，打通农业、手工业、服务业、文化产业等产业，使创客项目在立项时就成为产业链的重要支撑组成部分，从而提高产品或服务的市场竞争力。巾帼创客空间以河北慧聪塔元信息技术有限公司为运营主体（以下简称河北慧聪），依托慧聪现有资源，打造"创客空间＋科技园区＋龙头企业＋专业合作社＋农户家庭"的闭环生产经营模式。通过规模化生产、标准化管理、工厂化加工、品牌化营销等方式为创客的成果转化提供空间，并提供专家导师服务、知识产权服务、创新资源共享、科技投融资服务、智力人才支撑、孵化器综合服务六大服务平台，降低创客经营的市场风险和落地转化难度，充分利用平台自身信息技术优势，为女性创客的创新创业提供培训、孵化和展示基地。

新疆维吾尔自治区促进女性创业的政策与活动

一、出台政策鼓励女性创业

（一）新疆维吾尔自治区大学生创业优惠政策

1. 税收优惠

持人社部门核发《就业创业证》（注明"毕业年度内自主创业税收政策"）的高校毕业生在毕业年度内（指毕业所在自然年，即1月1日至12月31日）创办个体工商户、个人独资企业的，3年内按每户每年8000元为限额依次扣减其当年实际应缴纳的营业税、城市维护建设税、教育费附加和个人所得税。对高校毕业生创办的小型微利企业，按国家规定享受相关税收支持政策。

2. 创业担保贷款和贴息

对符合条件的大学生自主创业的，可在创业地按规定申请创业担保贷款，贷款额度为10万元。鼓励金融机构参照贷款基础利率，结合风险分担情况，合理确定贷款利率水平，对个人发放的创业担保贷款，在贷款基础利率基础上上浮3个百分点以内的，由财政给予贴息。

3. 免收有关行政事业性收费

毕业2年以内的普通高校学生从事个体经营（除国家限制的行业外）的，自其在工商部门首次注册登记之日起3年内，免收管理类、登记类和证照类等有关行政事业性收费。

4. 享受培训补贴

对大学生创办的小微企业新招用毕业年度高校毕业生，签订1年以上劳动合同并交纳社会保险费的，给予1年社会保险补贴。对大学生在毕业学年（即从毕业前一年7月1日起的12个月）内参加创业培训的，根据其获得创业培训合格证书或就业、创业情况，按规定给予培训补贴。

5. 免费创业服务

有创业意愿的大学生，可免费获得公共就业和人才服务机构提供的创业指导服务，包括政策咨询、信息服务、项目开发、风险评估、开业指导、融资服务、跟踪扶持等"一条龙"创业服务。

6. 取消高校毕业生落户限制

高校毕业生可在创业地办理落户手续（直辖市按有关规定执行）。

7. 创新人才培养

创业大学生可享受各地各高校实施的系列"卓越计划"、科教结合协同育人行动计划等，同时享受跨学科专业开设的交叉课程、创新创业教育实验班等，以及探索建立的跨院系、跨学科、跨专业交叉培养创新创业人才的新机制。

8. 开设创新创业教育课程

自主创业大学生可享受各高校挖掘和充实的各类专业课程和创新创业教育资源，以及面向全体学生开发开设的研究方法、学科前沿、创业基础、就业创业指导等方面的必修课和选修课，享受各地区、各高校资源共享的慕课、视频公开课等在线开放课程，和在线开放课程学习认证和学分认定制度。

9. 强化创新创业实践

自主创业大学生可共享学校面向全体学生开放的大学科技园、创业园、创业孵化基地、教育部工程研究中心、各类实验室、教学仪器设备等科技创新资源和实验教学平台。参加全国大学生创新创业大赛、全国高职院校技能大赛，和各类科技创新、创意设计、创业计划等专题竞赛，以及高校学生成立的创新创业协会、创业俱乐部等社团，提升创新创业实践能力。

10. 改革教学制度

自主创业大学生可享受各高校建立的自主创业大学生创新创业学分累计与转换制度，和学生开展创新实验、发表论文、获得专利和自主创业等情况折算为学分，将学生参与课题研究、项目实验等活动认定为课堂学习的新探索。同时也享受为有意愿有潜质的学生制定的创新创业能力培养计划，创新创业档案和成绩单等系列客观记录并量化评价学生开展创新创业活动情况的教学实践活动。优先支持参与创业的学生转入相关专业学习。

11. 完善学籍管理规定

有自主创业意愿的大学生，可享受高校实施的弹性学制，放宽学生修业年限，允许调整学业进程、保留学籍休学创新创业等管理规定。

12. 大学生创业指导服务

自主创业大学生可享受各地各高校对自主创业学生实行的持续帮扶、全程指导、一站式服务。以及地方、高校两级信息服务平台，为学生实时提供的国家政策、市场动向等信息，和创业项目对接、知识产权交易等服务。可享受各地在充分发挥各类创业孵化基地作用的基础上，因地制宜建设的大学生创业孵化基地，和相关培训、指导服务等扶持政策。

（二）网络创业人员可享扶持政策

为了落实各类群体网络创业政策，我区就网络创业认定事项做了明确规定。其中认定对象为：在新疆维吾尔自治区范围内注册经营网店，申请认定时已在疆内公共就业和人才服务机构进行就业失业登记的人员并办理了《就业创业证》。与用人单位建立劳动关系兼职从事网络经营的人员，不在认定对象范围内。

申请网络创业认定还必须符合一定的条件，如网店在电子商务平台实名认证，申请认定时已连续从事网络经营 6 个月以上；诚信经营、信用良好，网络综合评价率或好评率在 95% 以上；申请认定时已连续 6 个月，平均月营业额在 3000 元以上等。

申请人只需持《新疆网络创业认定申请表》、身份证原件及复印件、《就业创业证》或《就业失业登记证》原件、货品邮寄凭单和交易流水证明，向社会保险参保地或网店注册地的县、市、区人力资源和社会保障部门或当地人力资源和社会保障部门授权的乡镇（街道）人力资源社会保障工作平台，提出认定申请。

一经认定，网络创业人员的贷款额度、期限及贷款的申请、审批、发放程序等，都将按照现行创业担保贷款政策执行。按规定缴纳社会保险的网络创业从业人员可以享受社会保险补贴。

（三）鼓励大众创业政策

《关于进一步促进就业创业工作的意见》将原来适用于实体创业的小额担保贷款和财政贴息政策延伸到网络创业，对于在电子商务网络平台开办网店等各种微创业的，同样可以享受创业指导、创业培训补贴、享受小额担保贷款及财政贴息和税费减免等创业扶持政策；将原来适用于就业困难人员创业、妇女创业、高校毕业生创业的创业扶持政策，扩大到农牧民创业，即农牧民从事玉石加工、地毯编织、民族手工艺品加工制作等，以及开办小商店、小作坊、小饭店和农家乐、牧家乐等各类微创业的，也可以享受上述创业扶持政策。同时，将原来适用于高校毕业生、登记失业人员创办个体工商户享受的税收减免政策扩展到他们创办的个人独资企业。

同时，推动拓展创业空间，鼓励利用财政性资金设立的科研机构、普通高校、职业院校通过合作实施、转让、许可和投资等方式对高校毕业生创设的小微企业优先转移科技成果。

二、提高女性创业能力

(一)亮丽工程

新疆维吾尔自治区女性"亮丽工程"自2011年2月实施以来,财政投入经费8000万元,自治区妇联紧紧围绕自治区党委工作重心,用好用足"亮丽工程"专项经费,以弘扬新疆民族特色服装服饰为切入点,大力实施"去极端化"系列活动,通过宣传教育和示范引领,加强基层组织建设、提高妇女素质等重点工作;面向各族妇女广泛传播现代文化,倡导健康文明的生活方式;开展职业技能培训,推动妇女创业就业;通过建立"亮丽工程"示范基地,多渠道促进服装、化妆品、饰品等适合妇女就业的特色产业发展,实现各族妇女与时代同步前进,做内外兼修的靓丽女性。5年来,自治区妇联在创业就业方面,开展以妇女编织刺绣为主的各类技能培训83.7万余人次,2.1万名妇女取得农民技术员证书。

(二)新疆维吾尔自治区农村妇女电子商务人才培养计划

大力实施"新疆农村妇女电子商务人才培养计划",打响新疆"@古丽"电子商务品牌,让妇女手工艺品等走向更广阔的市场,帮助更多的女创客、女电商实现线上销售,不断提高应用互联网+提升妇女创业发展水平。扶持女性领办的基地、合作社、协会等经济组织,用好就业实训基地、创业带动孵化基地,带动更多妇女实现就业。近3年来,自治区妇联组织4期妇女电子商务示范性培训班,共培训妇女140人次,选出35名优秀学员赴吉林长春培训,收到了很好的效果。这些人中,绝大部分人开了网店和微店,大多数学员都有了订单。这些鼓励、帮助各族妇女姐妹创业就业的举措,最终让她们脱贫致富。

(三)妇女创业就业基地(服务平台)

新疆维吾尔自治区各级妇联牵头创建各类妇女创业就业基地(服务平台)1800多个,辐射带动妇女创业就业5万人。目前,全区女性领办的企业有2341个。其中,从事编织、刺绣的妇女达30万余人,每年创造生产销售额达10亿元之多,直接带动数以万计的少数民族妇女实现就地就近转移就业。

(四)南疆星火工程项目和巾帼手工制品拓展项目

2016年,新疆维吾尔自治区妇联启动南疆星火工程项目和巾帼手工制品拓展项目,两大工程将新增就业岗位1.5万余个,促使近万个家庭实现脱贫。两大工程分别获得了自治区发展纺织服装产业带动就业领导小组办公室、自治区财政厅的支持，共投入资金 7947 万元。其中 5947 万元用于南疆四地州。借助项目，支持新疆各地尤其是南疆四地州企业、合作社等扩大规模，提升品质，拓展渠道，通过就业实现妇女脱贫致富。

（五）女性创业沙龙活动

2017 年 3 月，来自新疆维吾尔自治区各行各业的女性创业者、女企业家和怀揣创业梦想的女青年在凤凰妇产医院母婴大学，参与"魅力·女神节"女性创业沙龙活动。她们分享创业与生活经验，用最朴实的语言和故事讲述着她们在创业路上的点点滴滴。

陕西省促进女性创业的政策与活动

一、出台政策鼓励女性创业

（一）妇女小额贷款政策

自 2009 年全国妇联、人社部、财政部、中国人民银行联合出台妇女小额担保贷款财政贴息政策以来，陕西省妇联突破政策难点，放宽户籍限制、扩大贷款额度、降低贷款门槛，推广"五户联保"、试点"信用社区、信用乡村"建设，推动政策重点向大学生、返乡女青年等女性创业群体和妇女合作社、家庭农场、现代农业科技示范基地等创新创业实体倾斜，有效缓解了妇女贷款难问题。截至目前，累计发放妇女小额贷款 113.71 亿元，占全省总量的 40%，带动 61.2 万名城乡妇女创业就业。

（二）支持手工艺品特色产业发展促进妇女就业创业政策

陕西省妇联长期以妇女手工、巾帼家政产业为抓手，促进妇女自主创业、灵活就业。推动出台《关于支持手工艺品特色产业发展促进妇女就业创业的意见》，为妇女创办手工艺品小微企业、个体工商户落实税收优惠政策，并提供小额担保贷款、创业孵化支持。累计投入 1200 万元妇女创业就业项目资金，扶持妇女手工艺合作社和巾帼家政龙头企业开展培训、创新产品。连续举办 7 届省级妇女手工大赛和 3 届省级家政大赛，有力提升了行业整体发展水平，促进了规范化发展。目前，全省共有巾帼家政公司 247 家，妇女手工艺合作社 600 多家，两大产业带动近 40 万名妇女就业创业。

（三）妇女就业创业优惠政策

陕西省妇联联合省人社厅出台了《三秦巾帼创业创新行动实施意见》，着力在女性创业创新人才培养、女大学生创业引领、小额信贷、特色产业扶持、创业服务方面进行政策创新，为广大妇女提供更加便利、均等的优惠政策和公共服务；联合省扶贫办出台了《关于在脱贫攻坚战中实施"三秦巾帼脱贫行动"的意见》，开展扶贫工作八项重点任务，帮助城乡妇女就业脱贫；还深入开展"三秦巾帼创业创新宣讲活动"，成立了陕西省巾帼创业导师团，举办校园创业大赛、实施"@她创业计划"，推动建立女大学生（巾帼）就业创业实践基地300多个。

（四）创业补贴政策

2017年5月，《陕西省就业补助资金管理暂行办法》出台，里面包括各种创业补贴政策。

1. 求职创业补贴

补贴对象为学籍在本省行政区域内的普通高等学校、技师学院、特殊教育院校，毕业年度内其家庭享受城乡居民最低生活保障，或本人残疾、或已获得国家助学贷款的高校毕业生（含技师学院高级工班、预备技师班和特殊教育院校职业教育类毕业生）。补贴标准为每人1000元。

2. 一次性创业

实现自主创业的就业困难人员和毕业年度高校毕业生（含技师学院高级工班、预备技师班和特殊教育院校职业教育类毕业生），应在其办理工商营业执照后3个月内提出申请。补贴标准为每人3000元。

二、提高女性创业能力

（一）三秦巾帼创业创新系列活动

三秦巾帼创业创新系列活动自2016年4月开始，在陕西省女大学生相对集中的高校，开展创业政策宣讲及相关交流活动。聚集了省妇联、人社、扶贫、教育等部门相关领导及优秀女企业家代表、新锐创业精英、天使投资人等，共同组成"三秦巾帼创业导师"团队，建立校企战略联盟。携手为女大学生和就业困难女性群体，提供新的创业就业渠道、机会和项目，培养女性的创新创业意识，做创业政策的宣讲与解读，利用各类媒体推介宣传女性和女大学生的创新创业故事，通过各方聚力、上下联动，以创业促就业增收，促脱贫致富，以创新促事业发展。

（二）农村妇女人才培养

随着打工潮和人口老龄化叠加，陕西省农村妇女在全省农业劳动力中占比近60%，在农业生产中发挥着不可替代的半边天作用。为更好引领妇女投身现代农业，培养一批批有文化、懂技术、善经营、会管理的女农民，近年来，省妇联围绕新农村建设、精准脱贫,创新开展"双学双比"活动,组织动员农村妇女学技术、学科技、比增收、比贡献;争取省农业厅、扶贫办支持,每年组织动员100多万妇女参加农业实用技术、新型女农民培训;联合表彰陕西省优秀妇女专业合作社(家庭农场)146个,指导成立了我省唯一的农业合作社高级联社——西安秦尚八女子联合社。目前,全省由女性创办的农民专业合作社达1130个,入社农户10万多户。

(三)创新创业大赛

近年来,陕西省为深入贯彻落实中省"双创"和促进中小企业健康发展的战略部署,助力"中国制造2025"和"互联网+"行动深入实施,组织了2018年"创客中国"陕西创新创业大赛、2017"创青春"陕西省青年创新创业大赛、2017"创客中国"创新创业大赛陕西赛区决赛、2017"创业大西安"创业大赛、2016西安创业大赛等多场创新创业大赛,下面具体介绍2018年"创客中国"陕西创新创业大赛:

参赛项目不做行业限制。特别鼓励在技术或产品原创及运用互联网、云计算、大数据、人工智能或新材料、新工艺、新设计思路、新经营方式等创新手段、创业形式取得经济和社会效益的团队和企业参加。参赛团队分为创客组和企业组。获奖项目可获得以下支持:①对推荐参加2018年"创客中国"创新创业大赛全国决赛的企业组和创客组各排名前25个项目,纳入2019年省级中小企业专项发展资金扶持范围,可申报省级中小企业专项资金,优先给予安排。②向大赛合作的投资基金、创业投资机构推荐,进行投融资对接,争取投资支持;向大赛合作的银行机构推荐,争取贷款支持。③入驻国家新型工业化产业示范基地、国家小型微型企业创业创新示范基地、产业小镇,享受创新创业扶持政策和创业孵化服务,加速实现产业化。

青海省促进女性创业的政策与活动

一、出台政策鼓励女性创业

（一）妇女小额担保贷款财政贴息政策

青海省妇联主动加强与财政、人社、金融等部门的沟通与联系，印发了《关于进一步做好妇女小额担保贷款财政贴息工作的实施意见》，为妇女贷款提供便利、给予优惠。2014年以来，已发放妇女小额担保贷款9.15亿元，落实财政贴息资金4000多万元，在全省催生了15 200多人的"创业娘子军"，使许多农牧区妇女第一次有了自己的银行存折。

（二）促进妇女手工制品业和家庭服务业相关政策

为切实推动妇女手工制品业和家庭服务业发展，联合省财政厅、省人社厅、省文化厅、省扶贫开发局出台了《关于推动青海省"江源巧姑"手工制品业发展的实施意见》，联合省人社厅印发了《关于实施全省巾帼家政服务专项培训工程的通知》，编印了妇女就业创业政策宣传手册1000册、妇女创业就业政策问答20 000册，为促进广大贫困妇女就近就地居家灵活就业和转移就业中实现脱贫提供了政策保障。

（三）创业创新载体建设的支持政策

为发挥财政资金引导作用，青海省财政厅通过加大对创业创新基地、众创空间、小微企业公共服务平台等支持，推动全省经济社会持续健康发展筑牢坚实基础。据了解，青海省财政不断鼓励加快创业创新载体建设，贷款额在2000万元以内的固定资产投资贷款给予适当贴息补助；社会资本投资建设小微企业聚集区、商贸聚集区，对建设期间发生的、贷款额在2000万元以内的固定资产投资贷款，给予适当的贴息补助；小微企业聚集区、商贸聚集区实际投入运营后，对积极带动创业就业的给予适当奖励补助。

（四）小微企业的奖补政策

青海省不断支持小微企业创新，鼓励小微企业进行发明创造和技术创新，对当年新获得国家知识产权局授权的专利给予奖励：发明专利每件 5 万元奖励；实用新型专利每件给予 1 万元奖励；对年专利申请量超过 30 件或发明专利年申请量超过 10 件的小微企业，给予 10 万元奖励。对入驻小微企业创业创新基地、众创空间、科技孵化器、微型企业孵化园等，正常经营并依法纳税的小微企业，对其入驻后三年内的经营场所租金予以补助：按费用总额，入驻第一年补助不超过 80%；入驻第二年补助不超过 60%；入驻第三年补助不超过 40%。

（五）引导扶持大学生自主创业

一是实施创业引领计划。通过提供创业服务，落实创业扶持政策，提升创业能力，确保符合条件的高校毕业生都能得到服务和政策优惠，帮助和扶持更多高校毕业生自主创业。二是完善创业扶持政策。拓宽高校毕业生创办企业出资方式，落实工商登记制度改革措施，减免证照类行政性收费。对高校毕业生创办的小型微型企业，按规定落实好税收优惠政策。三是创新金融扶持方式。各银行业金融机构要积极探索和创新符合高校毕业生创业实际需求特点的金融产品和服务方式，降低贷款门槛，优化贷款审批流程，提升贷款审批效率，多途径为高校毕业生解决反担保难问题，切实落实银行贷款和财政贴息。

二、提高女性创业能力

（一）加强技能培训

青海省把加强妇女技能培训作为提高城乡妇女素质、增强创业自主能力和就业竞争力的关键环节。一是利用妇女干部学校和各级妇联业务骨干的资源优势，开展送培训到基层活动，紧紧依托"妇女之家"，举办大讲堂 300 余场，2 万多名妇女接受培训。二是狠抓妇女创业培训，举办妇女创业培训（SIYB）60 多期，培训妇女 1500 多名，其中 1100 多名受训学员创办经济实体，实现了从"打工者"向"经营者"的转变。三是发挥妇联的"联"字优势，主动承接政府公共服务，积极争取财政、农牧、科技、商务、扶贫、就业等部门支持，实施了家政服务、手工制品、雨露计划、农发基金、农家乐、生态保护异地搬迁等培训项目，累计培训妇女 3 万多人次。四是打造巾帼家政服务品牌，建成了家政服务实训基地，承接各地、各部门家政服务培训 120 多期，累计培训和储备女性家政服务类技能型人才 6200 多名。建成了家政服务职业技能鉴定站，累计开展家政服务员、育婴员、养老护理员、保洁员等工种的职业技能鉴定近 6000 名，一批家政服务人员开始持证上岗。举办了两届家庭服务职业技能风采大赛，有效地提升了妇女的创业技能。五是狠抓妇女手工制品发展，积极争取社会力量支持，多方筹资 800 多万元，在湟源县建成了青海巾帼手工制品培训基地和青海巾帼手工制品有限公司，培训妇女手工制品带头人 1000 多名。六是组织现代农牧业示范基地、巾帼专业合作社负责人、家庭服务业协会、手工制品协会部分会员赴陕西杨凌、浙江义乌参加新型职业女农民、电子商务培训班，不断增强女能人创业创新、带领贫困妇女脱贫致富的能力。

（二）搭建服务平台

青海省妇联在推进妇女创业就业中致力于搭建平台、做好服务。一是建成了青海省妇女创业就业综合服务大厅，为近万名妇女提供了就业服务和创业指导。二是组建了青海家庭服务业协会和青海妇女手工制品协会，分别发展会员 36 家和 400 多人，有力推进了家庭服务业和妇女手工制品的组织化、规范化发展。三是持续举办春风行动大型招聘会，组织了 75 家女性领办的企业参加了招聘活动；与省人才交流中心联合举办女性就业专场招聘会 3 场，共为 564 家用工单位提供了 4321 个用工岗位，涉及 30 多个工种，有 5000 余人前来咨询求职，据统计，共有 1000 多名求职者签订了意向性协议。四是积极搭建电商平台，在京东商城大美青海馆设立"江源巧姑"频道，专门宣传和推销青海妇女手工制品。五是组织女企业家、女致富能手、女大学生创业者组成"创业创新巾帼行脱贫攻坚展风采"报告团，赴部分市州和高校进行巡回宣讲，用榜样的力量激励更多女性创业创新，增强妇女群众脱贫致富的信心决心。

（三）打造"妇"字号品牌

青海省创建全国巾帼脱贫示范基地 23 个，创建省级巾帼现代农牧业科技示范基地 24 个、巾帼专业合作社 40 个、巾帼家政服务示范基地 24 个、妇女手工制品示范基地 10 个、全国和省级女大学示范基地 14 个、全省创建巾帼特色示范村 244 个，其中省级 36 个。共拨付基地建设经费 120 万元。

四川省促进女性创业的政策与活动

《四川省就业创业促进条例》(以下简称《条例》)经2017年9月22日四川省十二届人大常委会第36次会议通过,2017年9月22日四川省第十二届人民代表大会常务委员会公告第93号公布。该《条例》分总则、就业促进、创业促进、服务与管理、职业教育和培训、就业援助、法律责任、附则8章60条,自2018年1月1日起施行。

一、出台政策鼓励女性创业

(一)创业担保贷款政策

《四川省就业创业促进条例》规定,县级以上地方人民政府应当设立创业担保贷款担保基金,建立创业担保贷款风险补偿机制和激励机制。有关部门、经办银行、担保机构应当优化、简化创业担保贷款审批手续和服务流程,为小微企业、创业者提供创业担保贷款服务。对符合创业担保贷款贴息政策的贷款对象,由财政部门按照规定给予贴息。对提供创业贷款、促进创业带动就业业绩突出的经办银行、担保机构等,可以给予奖励补贴。

(二)扶持创业大学生相关政策

1. 扶持对象

四川省内普通高等学校全日制在校大学生和毕业5年内、处于登记失业状态的普通高等学校全日制毕业生(含国家承认学历的留学回国人员)。服务基层项目的大学生同等享受大学生创业培训补贴和创业补贴。大学生村官、服务期满"三支一扶"人员可按规定享受创业担保贷款政策。

2. 创业培训补贴

大学生可在常住地(在校生可在就读高校)参加创业培训并取得培训合格证的,可享受培训补贴。在校大学生可以利用周末、节假日和晚自习等时间,在40天内完成规定的培训内容。

3. 创业补贴

对大学生创业实体和创业项目，给予1万元补贴。领办多个创业项目，最高不超过10万元。

4. 省级创业大赛获奖项目前期孵化补助

对省级及以上相关部门（单位）组织的创业大赛获奖项目，进入前期孵化，可享受5万~20万元的补助。

5. 创业担保贷款贴息

高校毕业生创业可申请贷款额度最高不超过10万元、贷款期限最长不超过3年的创业担保贷款，贷款利率可在贷款合同签订日贷款基础利率的基础上上浮一定幅度，其中：贫困地区（含国家扶贫开发工作重点县、全国14个集中连片特殊困难地区）上浮不超过3个百分点，其余地区上浮不超过2个百分点（含）。对贫困地区高校毕业生由财政部门给予全额贴息；对其余地区高校毕业生由财政部门第1年给予全额贴息，第2年贴息2/3，第3年贴息1/3。同时，由政府设立担保基金提供担保。

领办创业实体的在校大学生，可向就读高校申请额度不超过10万元、期限不超过2年的创业担保贷款。获得贷款后，由所在县（市、区）人社部门负责贴息。

6. 创业吸纳就业奖励

大学生创业实体吸纳就业并按规定缴纳社会保险费的，可向创业所在地公共就业服务机构申请一次性奖励。招用3人（含3人）以下的按每人2000元给予奖励，招用3人以上的每增加1人给予3000元奖励，总额最高不超过10万元。

7. 青年创业基金贷款

创业大学生可向创业所在地市（州）团委申请额度不超过10万元、期限不超过3年的免息、免担保青年创业基金贷款，并配备一名志愿者导师"一对一"帮扶。在蓉在校大学生创业，可向省大学生创新创业活动中心申请。

8. 新型职业农民培育

在项目区域内，将符合政策条件的从事农业就业创业的大学生纳入新型职业农民培育计划，享受培训补贴。

9. 税费减免

2016年12月31日前，对持《就业创业证》（注明"自主创业税收政策"或"毕业年度内自主创业税收政策"）或2015年1月27日前取得的《就业失业登记证》（注明"自主创业税收政策"或"毕业年度内自主创业税收政策"）的大学生从事个体经营的，在3年内按每户每年9600元为限额依次扣减其当年实际应缴纳的增值税（全面推开营改增试点前为营业税）、城市维护建设税、教育费附加、地方教育附加和个人所得税。毕业2年内从事个体经营（除国家限制的行业外）的大学生，自登记之日起，3年内免收管理类、登记类和证照类等有关行政事业性收费。

10. 创业典型补助

省委组织部（省人才办）会同人力资源社会保障厅、教育厅、团省委定期开展优秀大学生创业典型评选，并给予创业典型每人10万元的奖励性资助。

11. 科技创新苗子补助

科技厅采取"人才+项目"的方式，对大学生创新创业给予支持，其中，重点项目补助10万元/个，培育项目补助2万~5万元/个。

（三）扶持创业服务平台和创业指导专家

1. 省级大学生创新创业园区（孵化基地）补贴

对评定为省级大学生创新创业园区（孵化基地）的，由人力资源和社会保障厅给予30万元补助；对每年复核合格的省级大学生创新创业园区（孵化基地），由人力资源和社会保障厅给予15万元补助。

2. 创业指导补贴

县级以上人社部门认定的创业专家、顾问，为大学生创业提供指导服务的，给予一定补贴。

3. 大学生创新创业园区补助

根据大学生创新创业园规模和发展情况，由科技厅、经信委、发改委给予100万元至500万元的资金补助。对在"51025"重点产业园区中的创新创业园，所需补助资金从科技厅管理的创新驱动发展专项资金、省经信委管理的产业园区产业发展引导资金等列支，对在其他园区中的创新创业园，由市（州）、县（市、区）政府给予资金补助。

4. 科技创新苗子基地补助

重点支持大学生创新创业苗圃等基地建设，补助不超过100万元/个。

5. 省级大学生创新创业俱乐部补助

对高校自建或与省级以上产业园区共建并经认定的省级大学生创新创业俱乐部，省委组织部一次性给予100万~300万元的一次性补助，各地各高校按不低于补足总额的50%给予配套。

（四）扶持大学生创业服务活动

1. 创业活动补贴

县级以上人社部门和省级相关部门为增强大学生创业意识，提高大学生创业能力，举办创业讲座、报告、大赛、表彰、宣传等活动，可给予大学生创业活动补贴。

2. 享受公共就业创业服务

公共就业人才服务机构为大学生提供免费的就业失业登记、职业指导、职业介绍、就业见习、人事档案管理等公共就业服务，以及项目选择、开业指导、投（融）资等公共创业服务。各地将符合当地住房保障条件的稳定就业创业的大学生纳入住房保障范围，支持使用住房公积金贷款购房，使其留得下、稳得住、有发展。

3. 就业创业指导教师队伍建设

建设职业化、专业化、专家化的就业创业指导工作队伍，建立相关专业教师、创新创业教育专职教师每2年至少2个月到行业企业挂职锻炼制度。高等学校、园区对做出贡献的导师，在工作量认定、职称评定、待遇报酬等方面给予激励。专职就业指导教师和专职工作人员，与应届毕业生的比例原则上不低于1∶500。

4. 学分管理

高校将就业创业课程列入必修课或必选课，纳入学分管理。建立创新创业档案和成绩单，实施弹性学制、保留学籍休学创新创业等具体措施，优先支持参与创新创业的学生转入相关专业学习。设置合理的创新创业学分，建立创新创业学分积累与转换制度，设立创新创业奖学金。

二、提高女性创业能力

（一）四川自贸区"妇女之家"

"妇女之家"聚集了12位来自创业服务、文化艺术、生物医药、高新技术等产业领头人，组成产业小组，各项活动都通过这些产业小组进行链接匹配。时至今日，基于四川自贸区"妇女之家"，巾帼创业的影响力正不断地沿着"一带一路"走出去，目前已在摩尔多瓦、以色列等"一带一路"国家建立了四川自贸区"妇女之家"的海外基地，吸引全球优秀女性。该平台从2015年成立至今共吸纳了14000多名创业女性。

（二）打造"巾帼云创"品牌

四川省妇联将继续深化妇女创新创业工作，在5年内打造100个巾帼脱贫"百村示范点"，以"互联网＋女性双创"模式做大"巾帼云创"品牌，打造"天府妹子"巾帼家政品牌。2016年，全省建成全国现代农业巾帼科技示范基地63个，省级妇女居家灵活就业示范基地83个，就地解决了168.5万名妇女的就业问题。今年，各级妇联将继续深化妇女创新创业工作。推进孵化园运营，把省妇女居家灵活就业孵化园建成女性创新创业孵化器、女性培训交流平台、妇女居家灵活就业发展总部，辐射、带动各地建立妇女居家灵活就业基地；做实巾帼脱贫工作，继续实施"巾帼脱贫双向培养千人计划"和"春蕾绽放——女大学生创业微计划"等女大学生创业指导行动。2018年5月，全球女性创新创业高峰论坛"一带一路·巾帼云创"在成都举办，首次发布并解读《成都市女性创业蓝皮书（2017版）》，打造"女性创新创业中国第一城"。

（三）Vgirl创投孵化器基地

Vgirl创投孵化器基地成立于2015年，她们致力探索女性创业的"成都模式"，为有志向的女性实现梦想提供资金、项目、场地、人才、活动、资源等全方位创业帮扶。截至目前，基地已通过线上服务形式为创业者提供超过6000人（次）的创业指导，累积项目近400个，先后入驻孵化项目100余个。

（四）"女性创新创业嘉年华"系列活动

女性创新创业嘉年华活动从学习、培训入手，提升女性素质。整合社会资源，拓宽女性创业思路，普及政策知识，促进女性创业机会。据介绍，此次活动旨在为妇女群体提供创业环境、创业政策、项目扶持和更多的就业岗位选择。帮助广大妇女群体了解就业信息，获取创业辅导，增加就业实践经验。本系列活动将每月举办一场。

云南省促进女性创业的政策与活动

为了扶持更多女性实现创业就业,云南省妇联五年来,扶持26.36万名妇女创业、辐射带动55.62万名妇女创业就业。创建了省级巾帼创新业示范基地、省级"三八绿色基地"、女大学生创业实践基地,搭建女性创客空间、服务平台、孵化器。2017年,云南省妇联创建"巾帼脱贫示范基地"100个,带动贫困妇女实现增收;新增发放"贷免扶补"、小额担保贷款21.04亿元。

一、出台政策鼓励女性创业

为贯彻落实《国务院关于做好当前和今后一段时期就业创业工作的意见》(国发〔2017〕28号)和《中共中央办公厅、国务院办公厅印发〈关于进一步引导和鼓励高校毕业生到基层工作的意见〉的通知》(中办发〔2016〕79号)相关精神,结合云南省实际,近期出台了2个促进就业创业的政策文件:一是9月30日以省政府的名义出台了《关于做好当前和今后一段时期就业创业工作的实施意见》(云政发〔2017〕58号);二是以云南省委办公厅和省政府办公厅名义印发了《关于进一步引导和鼓励高校毕业生到基层工作的实施意见》(云办发〔2017〕43号)。

(一)创业相关政策

云南省提出了营造更优市场准入环境、加大减税降费力度、完善创业担保贷款扶持政策、加大创业补贴资金支持、实施"创业孵化基地建设计划"、拓宽创业投融资渠道、鼓励农民工等人员农村创业的政策举措。

1. 提升创业担保贷款服务水平

扩大"贷免扶补"经办银行范围,扩大创业贷款扶持对象范围,贷款期限从2年延长至3年。

2. 拓宽失业保险基金使用范围

自2017年起从当年征缴的失业保险基金中提取10%的资金,用于对自主创业重点群体的创业扶持补助。

3. 继续推进创业孵化基地建设

到2020年,全省再建设认定40个县市区创业园,40个园区众创空间,20

个校园创业平台。

4. 实施省级创业园区建设升级计划

从 2018 年起每年重点培育建设 3 个省级创业园示范基地,并给予不超过 500 万元的补助资金。

5. 鼓励社会投资机构开办创业孵化基地或创业园区

对直接购买或租赁已开发闲置房地产楼盘作为创业孵化示范基地和创业示范园区,且符合条件通过评审的,最高给予 200 万元的一次性奖补。七是鼓励农民工等人员农村创业,促进电商创业示范村建设,提出到 2020 年全省建成 600 个"云岭电商创业村"。

(二)扶持创业大学生相关政策

1. 创业补贴扶持政策

云南省原对高校毕业生创业扶持的"无偿资金资助""场租补贴""网店补贴"统一调整为"创业补贴",对毕业 3 年内(含毕业学年)在云南省创办具有带动脱贫效果明显、创新示范效应显著的大学生创业实体,给予创业补贴扶持。

2. 引导高校毕业生投身农业现代化建设

鼓励高校毕业生依托高原粮仓、山地牧业、淡水渔业、高效林业、特色经济作物和开放农业 6 大建设重点,以创办农业企业、专业合作社等多种经营方式投身农业现代化建设。

3. 加快基层创业平台建设

鼓励高校毕业生入园创业,为高校毕业生搭建低成本、全方位、专业化的创新创业孵化平台。为在"双创"平台就业创业的高校毕业生提供政策咨询、融资贷款、跟踪指导等"一站式"公共服务,支持高校毕业生到基层创业。

4. 加大教育培训力度

建立健全面向基层高校毕业生的多层次、多元化培训和实训体系。实施高校毕业生创业培训(实训)年度计划,全省每年组织不低于 1 万名高校毕业生参加创业培训(实训)。

二、提高女性创业能力

(一)云南青年创业省长奖

"云南青年创业省长奖"由云南省政府批准设立,自 2009 年起每年颁发一次,是全省青年创业活动的最高荣誉奖项,旨在通过树立创业青年典型,营造全社会关注、支持青年创业就业的良好氛围。"他们为青年树立了一批可学可敬的创业模范，使广大青年从身边人的创业故事和成长经历中收到启迪和激励，引导广大青年转变就业观念，提高创业意识，成就红土地上的'中国梦'"。

（二）打造"七彩云绣"等特色品牌

为持续推动"七彩云绣"这一云南特色文化产业名片价值的深度开发，不断培育云南省民族刺绣产业示范名村，云南文博会组委会连续启动了几届"云南十大刺绣名村"评选，评选活动受到广泛关注，共有来自曲靖、玉溪、保山、大理、红河、文山、楚雄等在内的13个州市、近40个村寨报名参赛。参加评选的村寨各具特点，刺绣产业和刺绣从业者皆具规模。

（三）中国少数民族青年和女性创业就业发展项目

"中国少数民族青年和女性创业就业发展项目"是联合国开发计划署在云南开展的扶贫和青年女性创业项目，由联合国开发计划署、中国商务部中国国际经济技术交流中心、伽蓝集团和云南省青年创业就业基金会共同实施，得到楚雄州各级党委、政府和共青团组织的全力支持。自2015年起，该项目在牟定县实施"美素野生小玫瑰园种植"和"彝族手工艺传承"两个子项目，累计投入资金189.6万元。

（四）女性创业就业公益大讲堂

2017年7月1日，"云南首届女性创业就业公益大讲堂"在昆明举行。该活动是中国关心下一代工作委员会事业发展中心（简称：国家关工委）5月启动"巾帼创业就业圆梦行动"以来，在云南站的考察项目之一。

（五）首届新女性创业论坛

"2018凝心聚力、迎势起航"云南省首届新女性创业论坛在昆明举行，国内3名杰出女性企业家面对面分享创业人生智慧，500余名创业女性现场聆听，5位家庭贫困创业女性获得"女性创业扶持计划"专项基金捐赠。本次论坛由昆明市妇联巾帼带头人和全国第一家女性创业服务平台——昆明妇女创业创新示范中心特别支持，四川她她美贸易有限公司主办并提供"女性创业扶持计划"专项基金。

辽宁省促进女性创业的政策与活动

随着辽宁妇女创业担保贷款政策的落实,各级妇联把妇女创业贷款政策与引导妇女利用贷款发展"一县一业""一村一品"主导产业项目结合,在促进农业产业结构调整、助推地方产业发展中充分释放政策"红利",推动形成了"妇女创业贷款+主导产业+女能手带动+精准扶贫"的大好局面,各项举措逐一跟进保障,全省呈现出了从扶持妇女个体创业致富,扩大到拉动地方主导产业发展、帮助贫困妇女脱贫、促进社会和谐稳定综合效应日益显现的良好局面。93亿多元妇女小额担保贷款不仅辐射带动了16万名妇女创业,提高了贷款妇女及家庭的经济收入,还解决了一批农村妇女的创业就业问题,促进了当地主导产业又好又快发展。

一、出台政策鼓励女性创业

1. 工商优惠政策

辽宁省财政厅、辽宁省物价局在《转发财政部国家发展改革委关于对从事个体经营的有关人员实行收费优惠政策的通知》中规定:登记失业人员、残疾人、复转军人,以及毕业3年以内的普通高校毕业生,从事个体经营的,自其在工商部门首次注册登记之日起3年内,免交有关省政府及省财政、物价部门批准设立的登记类、证照类等有关行政事业性收费。具体项目包括:

卫生部门收取的中医西医专业技术资格评审费;

公安部门收取的特种行业许可证工本费、印章防伪网络登记费;

旅游部门收取的导游人员资格报名考试费;

建设部门收取的城市占道费;

国土资源部门收取的城市私房占地费、城市临时占地费;

省政府及省财政、物价部门批准设立的涉及个体经营的其他登记类、证照类和管理类收费项目。

2. 税费优惠政策

《辽宁省人民政府办公厅转发省劳动保障厅等部门关于做好促进创业带动就业工作实施意见的通知》规定,对于符合条件的自主创业企业,将其营业税按月纳税的起征点由月营业额2000元提高至5000元。《辽宁省人民政府关于切实做好稳定就业促进就业工作的通知》规定，对高校毕业生创办企业初期，按每户每年8000元为限依次扣减其当年实际应缴纳的营业税、城市维护建设税、教育附加和企业所得税；对该企业吸纳高校毕业生按实际招用人数每人每年4800定额依次扣减其营业税、城市维护建设税、教育附加和企业所得税；减半征收房产税、城镇土地使用税。

3. 小额担保贷款政策

根据《辽宁省人民政府办公厅转发省劳动保障厅等部门关于做好促进创业带动就业工作实施意见的通知》规定，要进一步扩大小额担保贷款扶持范围，将城镇登记失业人员、大中专毕业生、军队退役人员、军人家属、残疾人、低保人员、外出务工返乡创业人员纳入小额担保贷款政策范围。对符合条件人员申请小额担保贷款的，每人最高额度为5万元。对大学生和科技人员在高新技术领域实现自主创业的，每人最高为10万元。贷款期限不超过2年，财政部门按贷款基准利率的50%给予贴息，展期不贴息。

4. 地方财政贴息资金政策

2013年9月底，妇女小额担保贷款财政贴息资金由中央财政据实全额贴息，调整为中央财政承担贴息资金的75%，由地方财政承担25%，省妇联与省财政厅沟通，争取省财政在地方财政负责贴息中多承担的建议，得到省财政支持，在《转发财政部、人力资源和社会保障部、中国人民银行〈关于加强小额担保贷款财政贴息资金管理的通知〉》中把妇联列为发文单位，并明确"地方财政承担贴息资金的25%部分，由省财政承担15%，市县财政承担10%"，为妇女创业担保贷款工作持续、健康发展奠定了基础。

5. 沈阳市促进创业相关政策

为贯彻落实《中共中央印发〈关于深化人才发展体制机制改革的意见〉的通知》（中发〔2016〕9号）和《中共辽宁省委印发〈关于深化人才发展体制机制改革的实施意见〉的通知》（辽委发〔2017〕3号）和市第十三次党代会精神，沈阳市实施高精尖优才集聚工程，未来五年，围绕传统优势产业和战略性新兴产业，重点引进500名创业型领军人才，对其给予100万元资金资助。对引进的顶尖人才实行"一人一议"解决住房问题，创业型领军人才给予50万元购房补贴。对顶尖、杰出、领军人才领衔的创新创业团队，给予一次性最高1000万元项目启动资金资助。对高层次人才领衔的创新创业团队，给予50万~3000万元项目资助。其中，对顶尖人才重大项目实行"一事一议"，最高给予1亿元项目资助。外籍人才申报沈阳市创新创业项目、科学技术奖项，不受国籍、身份等条件限制，享受国内人才同等政策待遇，实现"同规则、同待遇"。对自主择业在沈阳创新创业的高层次军事科研人才，综合其职称与科研能力，分别给予50万元、30万元、15万元奖励补贴，对创业团队项目给予100万元启动资金。对创新型企业家创办或领办的企业按当年实际还贷额度和银行贷款基准利率，以贷款总额最高2000万元给予最多3年贷款贴息。入选国家"万人计划"的创新型企业家，给予30万~250万元资金奖励。对创新型企业家前往科技创业先进地区开展专题研修和技术成果、产业合作等对接活动的研修费用和交通费用给予补贴。首次在沈就业创业的全日制博士、硕士和创业的本科毕业生，在我市无任何形式自有住房的，分别按每月800元、400元和200元标准，给予最多3年租房补贴。大学生初创企业首次入驻孵化器、众创空间的实行2年"场租全额补贴"，未入驻孵化器、众创空间的，给予2年每年6000元创业场地补贴（困难家庭高校毕业生按每年1万元给予补贴）。大学生在高新技术领域实现自主创业的，给予最高20万元创业担保贷款扶持；创业项目可纳入财政贴息范围，符合规定条件的，按基准利率给予100%贴息。鼓励博士创业，技术或专利达到国内外领先水平的，给予10万~50万元创业启动资金。

二、提高女性创业能力

（一）"邮储银行杯"辽宁女性人才创新创业大赛

辽宁女性人才创新创业大赛是由省妇联、省教育厅、省科技厅、省人社厅和省商务厅五家单位共同主办的。大赛参赛对象不限户籍，不限地域，凡有意向在辽宁创业并愿意落户辽宁的女性创新创业企业及项目均可参赛。大赛分成创意组、初创组、成长组，分别对应未创业的创意项目、创业三年以内的初创项目以及创业三年以上的成长性项目。参赛项目覆盖创业各阶段。大赛设特等奖一名，将其纳入辽宁省"兴辽英才计划"，给予100万元资助，同时为其开辟高层次人才医疗保健绿色通道以及给予其子女义务教育阶段就学"零门槛"的政策优惠。此外，省妇联与金融部门全面开展"金融助力妇女创业创新行动"，在搭建服务平台、优化服务方式、创新金融产品、实施精准扶贫、开展信用建设等方面，对获奖选手给予贷款授信额度及其他信贷融资支持，破解创新创业女性人才的资金难题，让引进的女性人才能留在辽宁、服务辽宁。

（二）巾帼创业创新行动

辽宁省妇联持续深入开展"巾帼创业创新行动"，实施"金融支持妇女创业计划",引领广大妇女在双创中实现发展。通过写入该省政府工作报告、列入重点民生实事、纳入绩效考核、季度通报等措施,辽宁强力推进妇女创业担保贷款政策,累计发放贷款96.12亿元,扶持16.6万名妇女,争取省女性中小微企业发展专项资金400万元,扶持115个科技创新项目、女大学生创业项目和巾帼电商项目,滚动发放省巾帼再就业资金3379万元,扶持1055个妇女创业项目,直接带动安置68 986名妇女就业。

（三）辽宁巾帼扶贫馆

辽宁巾帼扶贫馆是全国首个在京东平台上建立的以女性创业创新产品、建档立卡贫困妇女生产农副产品为主的特色馆。巾帼扶贫馆启动后,将围绕助推辽宁妇女创业创新及省内贫困地区特别是建档立卡贫困妇女集中地区脱贫致富,着重为女性创业创新提供平台,为贫困妇女增收拓展渠道。重点服务两类女性群体和产品,一是有意愿依靠电商创业的城镇与农村待业女性、女性初创企业经营者、返乡创业女大学生等,二是省内贫困地区特别是建档立卡贫困妇女集中地区农产品生产企业、以女性经营者为主的名优特企业及老字号产品、地理标志产品、非物质文化遗产等产品。

附录 A　旅游创业创新研究院

一、目的

2016年是中国旅游产业发展的重要一年，李克强总理在首届世界旅游发展大会上指出，旅游业是"大众创业，万众创新的大舞台"，各地政府也加快产业布局与政策落地，全国上下掀起一股创业创新热潮。正值此时，由中关村智慧旅游创新协会发起，特邀行业顶级学术专家及产业领军人物为核心组建"旅游创业创新研究院"，并于2016年9月27日在京成立。本院将为旅游行业创业创新提供理论支持与实战分享，为营造创业创新环境，提供创业创新建议及服务，以助推旅游产业健康有序发展为重要使命。

二、名称

中文：旅游创业创新研究院
英文：Academy of Tourism Entrepreneurship and Innovation（缩写为 ATEI）

三、宗旨

助力旅游企业创新　　推动旅游产业升级

四、任务

1. 统筹及出版《中国旅游创业创新智库丛书》；
2. 发布旅游创业创新相关指数、报告等；
3. 组织学术会议及征文、大赛等；
4. 创新旅游人才培训、培养；

五、组织架构

首席顾问：魏小安
学术院长：厉新建
执行院长：张德欣

副院长：易开刚　郭万超　赵新良
中心主任：钟栎娜　李　彬　刘宏伟　周　彬　董文萃　孙憬
院办：苗利娟　贾轲

六、专家顾问团

学术专家：

张凌云　张　辉　谷慧敏　易开刚　秦　宇　江金波　张玉钧　乔秀全
白　凯　郭英之　李　想　信宏业　吴忠宏　李　原　张朝枝　周玲强
曾博伟　卢政营　郑向敏　徐　虹　张河清　薛兵旺　沈建龙　周春林
陈安国　李燕琴　明庆忠　王兆峰　方远平　马　勇

产业专家：

罗　军　洪清华　于敦德　曾　松　叶一剑　郑敏庆　陈云岗　张晓军
黄栋庆　刘汉奇　荀　亮　朱万峰　刘玉兰　洪　维　单　平　汪早荣
黄　俭　严力蛟　余学兵　吴建华　吴　峥　董　锗　易文捷　金　松
刘　春　姜　颖　陈长春　王京凯　张海峰　张广福　龚德海

投资专家：

蒋　涛　陈　亮　袁润兵　钱建农　何士祥　王利杰　马培瑞　梁　军
董长破　李瑞跃　李　飞　庄　岩

七、附录

职务	姓名	说明
首席顾问	魏小安	著名旅游经济和管理专家，世界旅游城市联合会专家委员会首席专家
学术院长	厉新建	北京第二外国语学院旅游科学学院教授，中国旅游改革发展咨询委员会副秘书长，文化和旅游部十三五规划专家委员会委员，世界旅游城市联合会特聘专家
执行院长	张德欣	中关村智慧旅游创新协会会长，《中国旅游创业创新智库丛书》总主编
副院长	易开刚	浙江工商大学旅游与城市管理学院院长、教授、博导
副院长	郭万超	中宣部专家，国家科技部专家，北京市政府文化创意产业专家，博导
副院长	赵新良	中关村科技园区海淀园创业服务中心主任，中关村高聚工程创新创业服务业领军人才
中心主任	钟栎娜	文旅规划研究中心主任，北二外旅游科学学院副教授
中心主任	李　彬	大住宿业研究中心主任，北二外旅游科学学院副教授
中心主任	刘宏伟	信息安全研究中心主任，资深信息安全专家

续表

职务	姓名	说明
中心主任	周 彬	海洋旅游研究中心主任，宁波大学中欧旅游与文化学院教授
	董文萃	信息中心主任，资深媒体人
	孙 憪	旅游电商运营研究中心主任，"目的地旅游+互联网"探索者&践行者
院办	苗利娟	主任，中关村智慧旅游创新协会秘书长
	贾 轲	副主任，中关村智慧旅游创新协会副秘书长
学术专家	张凌云	《旅游学刊》执行主编，教授，博导
	张 辉	北京交通大学经管学院教授、博导
	谷慧敏	北京第二外国语学院旅游科学学院院长、教授
	张玉钧	北京林业大学园林学院教授、博导
	徐 虹	南开大学旅游与服务学院党委书记、教授、博导
	秦 宇	北京第二外国语学院旅游科学学院教授
	张朝枝	中山大学旅游学院副院长、教授、博导
	周玲强	浙江大学旅游管理系教授、博导
	郭英之	复旦大学旅游学系教授、博导
	白 凯	陕西师范大学旅游与环境学院教授、博导
	郑向敏	华侨大学旅游安全研究院院长、教授、博导
	李 原	四川大学旅游学院教授
	张河清	广州大学（中法）旅游学院院长、教授
	吴忠宏	台湾台中教育大学教授
	李 想	美国天普大学旅游与酒店管理学院教授
	信宏业	北京理工大学、北京邮电大学教授，高级工程师
	薛兵旺	武汉商学院武汉旅游研究院院长、教授
	沈建龙	浙江旅游职业学院教授
	周春林	南京旅游职业学院院长、教授
	曾博伟	北京联合大学中国旅游经济与政策研究中心主任
	卢政营	天津财经大学旅游研究与规划中心主任，天津市旅游协会教育分会秘书长
	陈安国	国家行政学院/清华大学教授、博导
	李燕琴	中央民族大学管理学院教授、博导
	明庆忠	云南财经大学首席教授、博导
	王兆峰	湖南师范大学旅游学院院长、博导
	方远平	华南师范大学旅游管理学院教授
	马 勇	湖北大学旅游发展研究院院长、教授、博导，中组部国家高层次人才"特支计划"领军人才
	乔秀全	北京邮电大学教授、博导

续表

职务	姓名	说明
产业专家	罗 军	途家网联合创始人CEO，斯维登集团CEO
	洪清华	景域集团董事长，驴妈妈旅游网创始人
	于敦德	途牛网创始人、CEO
	曾 松	百程旅行网创始人、CEO
	叶一剑	方塘智库创始人
	张晓军	唐人智库创始人
	黄栋庆	华宿荟创始人
	郑敏庆	台湾亚太休闲智库执行长，亚太创新知识学院执行院长
	陈云岗	香港城市经营研究院院长
	刘汉奇	原中国旅游车船协会秘书长
	荀 亮	中国智慧酒店联盟秘书长
	朱万峰	北京九鼎辉煌旅游发展研究院院长
	刘玉兰	科技部中国生产力促进中心协会理事长
	洪 维	旅游族（Travelzoo）亚太区联席CEO
	单 平	中国主题饭店研究院执行院长，皇金管家创始人
	汪早荣	深大智能集团董事长，智游宝创始人
	黄 俭	中国航空文化主题酒店创始者之一，"世界酒店·十大杰出经理人"
	严力蛟	农业部休闲与旅游农业专家组专家，安吉美丽乡村总规划师
	余学兵	联众休闲产业集团董事长兼总裁
	吴建华	全球旅游目的地品牌联盟秘书长
	吴 峥	氪空间CTO
	董 锴	北京首旅景区投资管理有限公司总经理助理，原首旅酒店集团COO
	易文捷	三鼎控股集团旅业总裁
	金 松	万观文旅董事长
	刘 春	万达集团体育控股中国公司市场营销中心总经理
	姜 颖	山水盛典联合创始人，国家一级演员
	陈长春	隐居乡里创始人，乡建专家
	王京凯	世纪明德联合创始人，明德未来国际营地董事长
	张海峰	中华户外网创始人，体育旅游专家
	张广福	中国管理科学学会旅游管理专业委员会秘书长
	龚德海	世纪中润总经理，趣游学教育创始人

续表

职务	姓名	说明
投资专家	袁润兵	清科创投董事总经理
	蒋 涛	戈壁创投管理合伙人
	陈 亮	泰山天使、泰山兄弟创始合伙人
	钱建农	复星集团全球合作人,复星旅游文化集团董事长兼总裁
	何士祥	达晨创投合伙人
	王利杰	知名天使投资人,PreAngel Fund创始合伙人
	马培瑞	投融中国联盟秘书长、紫荆花科技孵化园董事长
	梁 军	梁山资本创始人,原国泰君安力鼎资本合伙人
	董长破	赛伯乐投资集团智慧旅游产业合伙人
	李瑞跃	中信文化旅游产业投资管理公司董事长
	李 飞	创园国际资本联合创始人
	庄 岩	双创空间合伙人

注:排名不分先后,数据截止到2018年12月

关注我们:

旅游创业创新研究院

附录 B 中关村智慧旅游创新协会

2016年1月15日，中关村智慧旅游创新协会在京成立。来自百度、阿里巴巴、腾讯、IBM、神州数码、携程、去哪儿、途牛、同程、穷游、马蜂窝、凯撒、众信、国旅、平安集团、滴滴出行等50余家互联网公司及旅游相关企业参会。

中关村智慧旅游创新协会是以"旅游创业创新"为核心，跨界旅游及科技领域，经民政部门正式注册的全国性社会团体。协会由知名互联网旅游企业及旅游相关的社会团体、企业单位共同发起，协会遵守宪法、法律、法规和国家政策，遵守社会道德风尚，以"中国旅游互联网产业技术创新发展与服务"为导向，构建"政府引导、科技支撑、企业参与、合作共赢"的旅游互联网产业技术创新环境，通过"资源对接、行业聚合、创新实践、服务社会"持续提升旅游互联网创新能力，积极推进旅游互联网创新成果推广和学术交流，促进中国旅游业创业创新建设。

被中国国家旅游2016旅游年度榜单评为"最佳旅游创业创新服务机构奖"，2018旅榜单评为"最佳文化旅游创新机构奖"。

协会致力于做政府与企业沟通的桥梁、做企业与企业沟通的纽带、做提升企业成长的平台。

一、承接政府职能转移，承接政府交付的任务，积极购买政府社会服务；

二、协助政府进行旅游行业评级系统与旅游行业标准制定；

三、建立行业自律机制，规范行业秩序，促进行业发展；

四、向企业提供和发布行业政策、发展信息、统计资料、行业分析；

五、及时向会员传达政府的政策、法规等行业相关信息；

六、作为行业代表，维护会员正当权益，向政府反映企业和行业要求，代表行业企业参与制定与行业相关的发展规划、产业政策、行规法规和法律；参与行业利益相关的政府决策论证；

七、扶持优秀的会员企业上市，对接政府相关资源；对快速成长的会员企业进行定制服务；

八、举办经济、科技、金融、法律、企业管理培训、交流；

九、加强旅游人才职业化建设，为旅游行业企业输送合格人才；

十、研究旅游行业相关的法律、法规、政策，对旅游行业及会员企业的重要经营决策和重大经济活动提出意见、建议；

十一、举办行业评选以及评比活动；

十二、组织或举办各种会展、商务考察和交流，开展国内外经济技术交流与合作。

联络我们：

旅创协

旅游创业创新研究院